dtv
premium

TERRA X
Große Mythen

Von Helga Lippert und Claudia Moroni

Deutscher Taschenbuch Verlag

Als Ko-Autorinnen waren tätig:
Heike-Nelsen-Minkenberg (Im Bann des Priesterkönigs)
Renate Beyer (Kleopatras schwarze Schwestern)
Tamara Spitzing (Weihrauch für den Pharao)

Der Inhalt dieses Buches wurde auf einem nach den Richtlinien des Forest Stewardship Council zertifizierten Papier der Papierfabrik Munkedal gedruckt.

Originalausgabe
Januar 2008
3. Auflage April 2008
Deutscher Taschenbuch Verlag GmbH & Co. KG,
München
www.dtv.de
Lizenz durch: ZDF Enterprises GmbH

Umschlagkonzept: Balk & Brumshagen
Umschlagfoto: Bridgeman Giraudon (oben links) und akg-images
Satz: Greiner & Reichel, Köln
Gesetzt aus der Plantin
Druck und Bindung: Kösel, Krugzell
Gedruckt auf säurefreiem, chlorfrei gebleichtem Papier
Printed in Germany · ISBN 978-3-423-24647-7

INHALT

VORWORT
MYTHEN – BESTSELLER DER WELTGESCHICHTE

Was ist eigentlich ein Mythos? Faktisch orientierte und der Logik zugeneigte Menschen benutzen den Begriff gerne, wenn sie vornehm zum Ausdruck bringen wollen, dass eine Geschichte völlig aus der Luft gegriffen ist. Prosaischer formuliert heißt das, bei dem Erzählten handelt es sich um eine Lüge. Doch die Liebhaber rationaler Erklärungen und wissenschaftlicher Nachweise tun dem Mythos damit Unrecht. Denn Mythen tragen stets einen wahren Kern in sich, auch wenn dieser eine andere Qualität besitzt als die nüchterne Information über historische oder ähnliche Sachverhalte. Schlägt man den Begriff im Philosophischen Handbuch nach, so lautet die Definition: »Ursprünglich eine alt überlieferte Erzählung (Mythe), die in bildhaft- anschaulicher Sprache ein urzeitliches Ereignis vergegenwärtigt«. Das Meyers Lexikon erklärt weiter, dass die Mythe eine Weltdeutung aus vorgeschichtlicher Zeit beinhaltet. Sie versinnbildlicht die Suche des Menschen nach dem eigenen Selbstverständnis und dem Ursprung der Welt. Übersetzt bedeutet »Mythos« einfach nur »Wort«. Erst im erweiterten Sinn gelten für den altgriechischen Ausdruck auch die Bezeichnungen »Rede, Erzählung oder Sage«. Ein wesentliches Charakteristikum zum Verständnis der Begrifflichkeit liegt dabei klar auf der Hand: Mythen wurden zunächst ausschließlich mündlich weitergegeben – mutmaßlich über viele Jahrhunderte, wenigstens aber über mehrere Generationen hinweg. Erst seit der Erfindung der Schrift haben talentierte Autoren die symbolgeladenen Erzählungen in wohl formulierte Verse gegossen und so den Mythos auf ewig an die Dichtung gebunden.

Fast immer erzählen die sagenhaften Storys von Göttern und ihren kleinen Verwandten – den Halbgöttern – sowie von anderen übernatürlichen Wesen. Ganz gleich, ob die Hauptfiguren in Mythen über die Schöpfung oder den Untergang der Welt, die Naturgewalten, die Entstehung des himmlischen Pantheon, der Menschheit, der Völker, Kulte oder Religionen auftreten, stets demonstrieren die Unsterblichen Stärke und Allmacht. Unbestechlich gebieten sie über das Wohl und Weh eines jeden Lebewesens auf der Erde. Selbst die frühesten Abhandlungen wie das Gilgamesch-Epos um 1800 vor Christus vermittelten in ausgefeilter Sprache vor allem moralische Grundwerte und universelle Wahrheiten, die unter anderem darauf abzielten, den Völkern ein wirkungsvolles Ordnungsinstrumentarium an die Hand zu geben. Und nicht nur das: Die Dichtungen spendeten auch Trost und die Hoffnung auf eine bessere Zukunft nach dem Tod, in der jenseitigen Welt. Die einzige Voraussetzung dafür war der bedingungslose Glaube an eine übergeordnete Instanz, die alles Irdische zusammenhält. Längst hat das rückhaltlose Vertrauen in den Fortschritt von Technik und Wissenschaft die Strahlkraft der Mythen geschwächt. Den Boden dafür bereiteten die griechischen Philosophen Sokrates, Platon und Aristoteles bereits ab dem 5. Jahrhundert vor Christus. Sie setzten dem nur schwer greifbaren Mythos den sachlichen Logos, die Vernunft, als alternatives Denkmodell Welt umfassender Wahrheiten entgegen.

Zwar hat die neue Geisteshaltung ihren Siegeszug in die Köpfe der Menschheit erst in der Renaissance angetreten, dafür aber ist die Auswirkung der philosophischen Ideen von Platon & Co umso nachhaltiger. In der neueren Forschung kursieren immer wieder Aufsätze von Gelehrten, die für eine gleichberechtigte Rolle beider Erkenntniswege eintreten. Ihren Ausführungen zufolge vermag der »Logos allein nicht die Gesamtheit des Seins und der Erfahrung erklären«. Aus heutiger Sicht jedenfalls bieten die großen Mythen der Menschheit einen unerschöpflichen Fundus an wertvollen Informationen über alte Kulturen und ihre Vorstellungen. Das vorliegende Buch zur ZDF-Dokumentarreihe ›Terra X‹ stellt sieben berühmte Überlieferungen vor, beleuchtet den historischen Hintergrund ihrer jeweiligen Entstehungszeit und liefert wissenschaftlich gesicherte Beweise für den »wahren Kern« der fabelhaften Geschichten.

Helga Lippert und Claudia Moroni

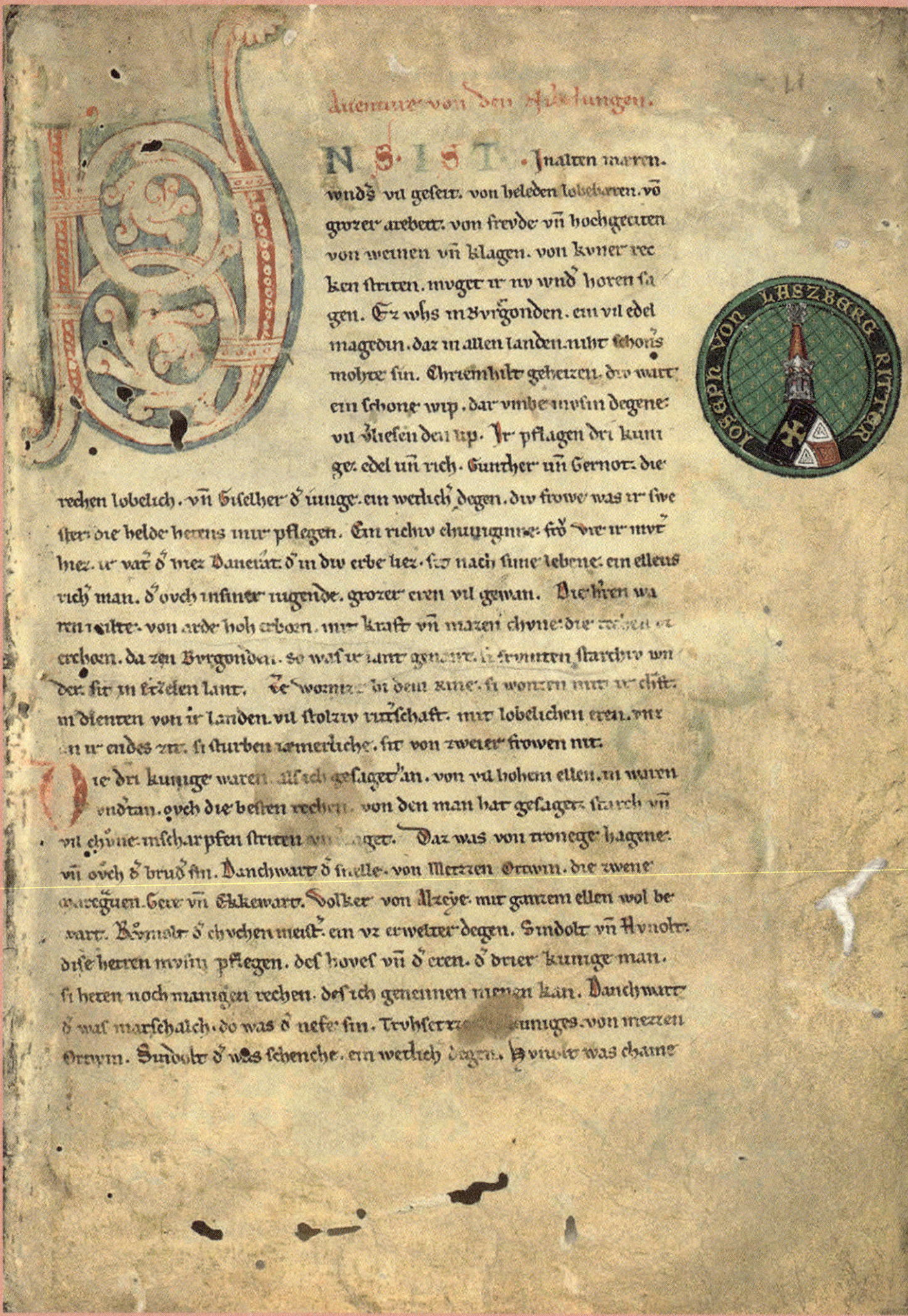
Auentiure von den Nibelungen.

UNS IST. In alten mæren.
wnd's vil geseit. von heleden lobebæren. vō
grozer arebeit. von frevde vn̄ hochgeciten
von weinen vn̄ klagen. von kvner rec
ken striten. muget ir nv wnd' horen sa
gen. Ez whs in Bvrgonden. ein vil edel
magedin. daz in allen landen niht schons
mohte sin. Chriemhilt geheizen. div wart
ein schone wip. dar vmbe mvsin degene
vil verliesen den lip. Ir pflagen dri kuni
ge. edel vn̄ rich. Gunther vn̄ Gernot. die
rechen lobelich. vn̄ Giselher d' iunge. ein werlich' degen. div frowe was ir swe
ster. die helde hetens in ir pflegen. Ein richiv chuniginne. frō Vte ir mv̊t
hiez. ir vat' d' hiez Danchrat. d' in div erbe liez. sit nach sime lebene. ein ellens
rich' man. d' ovch in siner iugende. grozer eren vil gewan. Die h'ren wa
ren milte. von arde hoh erborn. mit kraft vn̄ mazen chvne. die rechen vz
erkorn. da zen Burgonden. so was ir lant genant. si frvmten starchiv wn
der. sit in Etzelen lant. Ze Wormze bi dem Rine. si wonten mit ir chraft.
in dienten von ir landen. vil stolziv ritterschaft. mit lobelichen eren. vnz
an ir endes zit. si sturben iemerliche. sit von zweier frowen nit.
Die dri kunige waren als ich gesaget han. von vil hohem ellen. in waren
vnd'tan. ovch die besten recken. von den man hat gesaget. starch vn̄
vil chvne. in scharpfen striten vnu'zaget. Daz was von Tronege Hagene.
vn̄ ovch d' brud' sin. Danchwart d' snelle. von Metzen Ortwin. die zwene
marcgraven. Gere vn̄ Ekkewart. Volker von Alzeye. mit ganzem ellen wol be
wart. Rvmolt d' chvchen meist'. ein vz erwelter degen. Sindolt vn̄ Hvnolt.
dise herren mvsin pflegen. des hoves vn̄ d' eren. d' drier kunige man.
si heten noch manigen recken. des ich genennen niht en kan. Danchwart
d' was marschalch. do was d' neve sin. Truhsezze des kuniges. von Metzen
Ortwin. Sindolt d' was schenche. ein werlich degen. Hvnolt was chame

DER NIBELUNGEN-CODE – DEM HELDENEPOS AUF DER SPUR

Deckname Siegfried

Helden tragen große Namen. Sie sind Lichtgestalten der Weltgeschichte mit fast überirdischen Fähigkeiten. Zudem dürfen sie sich schmücken, das einzigartige Produkt einer göttlichen Liebesverbindung zu sein. Dies gilt zumindest für alle Heroen der Vorzeit bis in die Antike. Unerschrocken kämpfen die Supermänner mit der Figur eines Vorzeigeathleten und mindestens der Intelligenz eines Einstein gegen barbarische Zustände auf der Erde. Ob Gilgamesch, Odysseus oder König Artus – stets nehmen die Stars aus Mythen, Legenden und Sagen ihr zumeist tragisches Schicksal an und überwinden jede noch so bedrohliche Gefahr, ganz gleich, wo und wie unerwartet sie sich ihnen in den Weg stellt. Den Eifer legen sie nicht nur an den Tag, um sich selbst und die Ihren zu retten, sondern auch, um in Zeiten sozialer Umwälzungen und innerstaatlicher Krisen für eine bessere Zukunft aller Menschen zu sorgen. Dass sie ihren Heldenmut womöglich mit dem Leben bezahlen müssen, ist für sie eine Frage der Ehre und hält die Kämpen zu keiner Zeit davon ab, hartnäckig ihr erhabenes Ziel zu verfolgen. Und weil sie dabei bis zuletzt edelmütig und gerecht vorgehen, brennen sie sich mit ihren kühnen Taten unwiderruflich ins Gedächtnis der Menschheit ein.

Auch Siegfried aus dem Nibelungenlied gehört in den erlauchten Kreis dieser strahlenden Vorbilder. Doch anders als viele seiner Vorgänger hatte der Königssohn aus Xanten am Niederrhein die wundersamsten seiner Heldentaten bereits vollbracht, als er die Bühne betrat. Siegfrieds Vorgeschichte reicht in den Erinnerungsraum griechisch-römischer Mythen zurück – in eine Zeit, als die Götter noch ihre Hände im Spiel hatten. Über die mündliche Erzähltradition gelangte der deutsche Held mit seinen fantastischen Abenteuern auch in die großen nordischen Sagen. Im Nibelungen-Epos aber verkörpert er die Ideale eines Ritters. Er besitzt die Tugenden der damals neu gegründeten höfischen Kriegerkaste, die da lauteten: Kraft, Ausdauer, körperliche Gewandtheit und List. Darüber hinaus sollten den Edelmännern Selbstzucht, Anstand, Beständigkeit, Treue und Großmut zur zweiten Natur geworden sein. Die besondere Fußnote im Ehrencodex der Rittersleute aber galt der Minne, der bedingungslosen Frauenverehrung – wenn nötig, sogar bis in den Tod.

Das Nibelungenlied gehört spätestens seit der Romantik zu den viel gelesenen Dichtungen der deutschsprachigen Literatur. Die gelehrten Vertreter jener Epoche deklarierten das Werk sogleich zum Nationalepos, denn sie fanden darin, wonach sie schon lange suchten: den wahren Charakter des deutschen Volkes mit einer eigenständigen Identität, frei von jeglicher Fremdbestimmung. Der Lindauer Arzt Jacob Hermann Obereit entdeckte das Opus am 29. Juni 1755, als er dem Grafen von Hohenems seine Aufwartung machte. Der Adlige besaß in seiner Residenz in Vorarlberg eine umfangreiche Bibliothek mit seltenen Büchern und Folianten. Da der Mediziner und Hobbysammler Obereit auf der ständigen Suche nach Kostbarkeiten deutscher Literatur war, stöberte er bei jeder Gelegenheit in den Studierzimmern seiner wohlgeborenen Bekannten. Er staunte nicht schlecht, als er eines der verstaubten Bücher aus dem Regal zog, das sich rasch als wertvolle Inkunabel aus dem Hochmittelalter entpuppte. Eine Handschrift, die in rund 2440 Strophen die dramatische Geschichte der Nibelungen erzählt. Und weil die Schlusszeile mit den Worten endet: »Hie hât daz mære ein ende: daz ist der Nibelunge liet – hier hat die Mär ein Ende. Das ist der Nibelunge Lied«, tauften die Literaturpäpste des ausgehenden 18. Jahrhunderts das nahezu vollständige Manuskript ›Nibelungenlied‹. Noch zwei weitere Handschriften tauchten in jener Zeit auf, die ähnlich gut erhalten waren. Um 1826 kategorisierte sie der Germanist Carl Lachmann in A, B und C. Dichtung C ist die von Jacob Hermann Obereit gefundene Fassung. Nach Meinung der Forscher ist sie das älteste und zugleich christlichste Zeugnis der Sage. Seit 2001 hütet die Badische Landesbibliothek in Karlsruhe den wertvollen Schatz. Die Ausfertigungen A und B werden in Fachkreisen auch als »Not-Fassung« bezeichnet, da die Verse mit den Worten »daz ist der Nibelunge nôt – das ist der Nibelunge Untergang« schließen.

Heute existieren insgesamt 37 Originale des germanischen

Jacob Hermann Obereit (1725–1798)

Wolfger von Erla, auch Wolfger von Passau (1140–1218)

Heldenliedes, die zwischen dem 13. und 16. Jahrhundert entstanden. Ein Indiz für die lang anhaltende Beliebtheit des Stoffes. Zehn davon sind relativ vollständig, drei enthalten nur ›Diu Klage‹ – eine Art Anhang, in dem geschrieben steht, wie die wenigen Überlebenden über jeden einzelnen Gefallenen trauern – und ein Verzeichnis der 39 Aventüren, wie die kapitelartigen Vortragseinheiten genannt werden. Angelegt ist das Nibelungenlied als Zweiteiler. In der ersten Folge (Aventüren 1–19) geht es um Siegfrieds Tod, die zweite erzählt von Kriemhilds Rache (Aventüren 20–39). Das räumliche Umfeld der Handlung umfasst zahlreiche Schauplätze vom Reich der Burgunden am Rhein quer durch Deutschland bis hinein nach Österreich und Ungarn. Viele Fassungen stellen den einzelnen Abenteuern eine Überschrift voran. Eine praktische Hilfestellung, denn das Nibelungenlied wurde grundsätzlich häppchenweise in einer Art Sprechgesang vorgetragen. Die Spielleute rezitierten es auf den prominentesten Schlössern und Burgen des deutschen Reiches vor einem durchweg vornehmen und christlich geprägten Publikum von Fürsten, Vasallen, Markgrafen, Ministerialen und adligen Damen. Es waren kurzweilige Abende, an denen die bewegende Geschichte aus der Zeit der Germanen erzählt wurde. Gebannt lauschten die Zuhörer den Reimen über Liebe, Ehre, Verrat, Rache, Goldgier und Untergang. Die Dichtung übernahm dabei eine wichtige gesellschaftliche Funktion. Sie sollte zur Freude und Besinnung beitragen und in überhöhten Bildern die höfische Wirklichkeit in ihren ambivalenten Facetten reflektieren. Der mündliche Vortrag mit spontanen Änderungen war über Generationen der Normalfall, bevor es zur Verschriftlichung kam. Das ist eine Erklärung dafür, warum später Fassungen in Umlauf gerieten, die sich so deutlich voneinander unterscheiden, dass die Forschung lange

Zeit über Entstehungsort, Dichter und Datierung des Nibelungenliedes rätselte. Diese Frage können die Experten zwar bis heute nicht eindeutig beantworten, aber es gelang ihnen zumindest eine ziemlich verlässliche Annäherung.

Unzählige Literaturwissenschaftler haben sich seitdem mit der Aufgabe befasst, das fulminante Werk zu datieren und zu deuten. Die Sprache, die sie lasen, musste etwa 800 Jahre alt sein. Sie verglichen Wortwahl, Grammatik, Versmaß und andere linguistische Merkmale mit bereits bekannten Epen des Hochmittelalters und kamen schon bald zu Ergebnissen. Zunächst stellten sie formal fest, dass die Aventüren aus Strophen von jeweils vier, in der Mitte durch eine Zäsur getrennten Langversen bestehen. Dabei bilden in der Regel zwei Zeilen einen Paarreim. Die letzte Zeile einer Strophe enthält fast durchgängig eine Ankündigung auf das Geschehen in der nächsten Strophe – sozusagen als literarischen Cliffhanger, der Appetit machen soll und Spannung aufbaut. Auch konstatierten die Professoren eine Fülle von Sprachübertreibungen sowie einen auffällig umfangreichen Wortschatz. Der Autor vermied Wortwiederholungen, wann immer es sich mit der Kunst des Reimens vereinbaren ließ. Die stilistische Untersuchung ergab weiter, dass Alltags- und Hochsprache gleichermaßen in das Heldenlied einflossen.

Die Absicht ist klar: Dieser Kniff garantierte einen lebendigen Vortrag, der selbst gelangweilte Gäste zum Zuhören zwang. Ebenso geschickt verband der Dichter altes Vokabular mit aktuellen Begriffen aus dem frühen 13. Jahrhundert – die literarische Show als Programm für ein breites Publikum jeden Alters und unterschiedlicher Bildung. Mit Ausnahme der Überschriften über den einzelnen Aventüren, die nur knapp das Thema ankündigen, fehlen jede Art von belehrenden Sprichwörtern, wie sie eigentlich aus höfischen Ritterromanen kaum wegzudenken sind. Der Schreiber des Nibelungenliedes startet sofort durch und stürzt sich nach einer vierzeiligen Einleitung in die erste Story: »Wie Kriemhild bei den Burgunden aufwuchs«. Das Werk erzählt in der Manier eines Thrillers. Ein Plot löst den anderen ab und treibt das Geschehen unaufhaltsam weiter bis zum bitteren Ende. Ein dramaturgischer Geniestreich, wie es ihn zuvor in der mittelalterlichen Literatur noch nicht gegeben hat. In dieser Hinsicht hat das Nibelungenlied zweifelsfrei Vorbildcharakter. Auch wenn das ›Carmen heroicum‹ an die Arbeiten eines Hartmann von der Aue, Wolfram von Eschenbach oder auch Walther von der Vogelweide erinnert, so folgt es doch einer völlig anderen Absicht. Denn es geht nicht um christliche Erlösungsabenteuer oder die alles überwindende Macht der Liebe, sondern um Leid und Untergang eines Volkes, aus dem es für Siegfried & Co kein Entrinnen zu geben scheint, weil in jener Welt kein abendländischer Gottesglaube das Leben der Menschen in eine gute Ordnung brachte. Es geht um die heidnische Vergangenheit der germanischen Stämme, um historische Zustände, die in den Wirren der Völkerwanderungszeit Ende des 4. Jahrhunderts ihren Anfang nahmen. Und genau an jene blutige Epoche wollen die nahezu 10 000 Zeilen erinnern. Vor diesem Hintergrund liest sich die erste Strophe wie eine Mahnung:

Uns sind in alten Mären Wunder viel gesagt
Von Helden, reich an Ehren, von Kühnheit unverzagt,
von Freude und Festlichkeiten, von Weinen und von Klagen,
von kühner Recken Streiten mögt ihr nun Wunder hören sagen.

Trotz formaler Vergleichsmöglichkeiten im künstlerischen Umfeld des Dichters spürten die Wissenschaftler die sichersten Hinweise auf eine Datierung im Text selbst auf. Bereits in der zehnten Strophe der ersten Aventüre wird Rumolt, der Küchenmeister am Hof der Burgunder, vorgestellt. Er erhält zwar nur eine kleine, dafür aber durchaus ernstzunehmende Rolle, rät er doch nach Siegfrieds Tod und Kriemhilds neuer Eheschließung mit König Etzel davon ab, ihrer Einladung in die neue Heimat Ungarn zu folgen. Da das gewichtige Amt des Küchenmeisters in einem Dokument aus dem Jahr 1205 zum ersten Mal erwähnt wird, sehen die Forscher in Rumolt den Hinweis auf einen historischen Hintergrund, den der Autor in das Nibelungenlied einbaute. Auch Wolfram von Eschenbachs ›Parzival‹, der etwa zwischen 1200 und 1210 entstand, brachte ein wenig Licht ins Dunkel. Denn sowohl der unbekannte Nibelungenschreiber als auch Wolfram von Eschenbach nennen in ihren Werken gleichzeitig die damals bekannten Seidenproduktionsstätten »Zazamanc« und »Azagaug«.

Weitere Hinweise auf das Zeitfenster lieferte aber vor allem der zweite Teil der Sage mit der Erwähnung von Bischof Pilgrim, der mit seiner Nichte Kriemhild unweit von Passau zu-

Figurine der Uraufführung der Wagner-Oper ›Siegfried‹

Johann Heinrich Füssli ›Brunhilde beobachtet den von ihr an der Decke gefesselt aufgehängten Gunther‹ (1807)

sammentrifft und ihr für rund 120 Kilometer als Reisebegleiter zur Verfügung steht. In dem kirchlichen Würdenträger soll sich niemand Geringeres als der Auftraggeber des Epos verbergen: Bischof Wolfger von Erla, der von 1191 bis 1204 als geistliches Oberhaupt die Diözese Passau verwaltete. Ein Mäzen und Liebhaber höfischer Kultur, der schon die Kunst von Walther von der Vogelweide mit einem Pelzmantel honorierte. Der Bischof begleitete auch den Kreuzzug von 1197/98. In seinem Dunstkreis ist der Dichter des Nibelungenliedes zu suchen. Dafür spricht unter anderem auch die auffällig ausführliche Beschreibung der Reiseroute zwischen dem heutigen Ingolstadt und der kleinen ungarischen Stadt Esztergom, die auf eine überdurchschnittliche Kenntnis der Örtlichkeiten schließen lässt. Die Suche nach dem Verfasser bringt aber kaum weitere Erkenntnisse. Sicher verfügte er über eine gute Bildung, weit reichende Kontakte und ein außergewöhnliches Talent. Keinem Wissenschaftler ist es bisher gelungen, den Namen herauszufinden – er bleibt anonym. Ein Schicksal, das er übrigens mit zahlreichen Kollegen seiner Zeit teilt. Es war damals einfach nicht üblich, sich mit seiner Signatur zu verewigen. Und vielleicht, so einige Sprachforscher, steht die Urheberschaft sogar mehreren Verfassern zu. Dann hätte der Autor des Nibelungenliedes eher die Aufgabe eines mittelalterlichen Redakteurs übernommen, der aus mündlich überlieferten Mythen, Sagen und Tatsachenberichten, die jeder kannte, eine imposante Geschichte zusammenfügte.

Gleich zu Beginn führt der Autor seine weibliche Hauptfigur ein, die den dramatischen Verlauf der Handlung maßgeblich beeinflusst. Die adlige Jungfrau Kriemhild ist die Tochter von Königin Ute, der Schwester von Bischof Pilgrim, und ihrem bereits verstorbenen Gemahl Dankrat. Sie lebt am Hof zu Burgund in Worms am Rhein unter dem Schutz ihrer ritterlichen Brüder Gunther, Gernot und Giselher. Ein tugendhaftes Fräulein, das für seine engelsgleiche Schönheit von vielen Prinzen des mächtigen Reiches und über die Grenzen hinaus verehrt wird. Zu dem höfischen Personal gesellt sich der furchtlose Hagen von Tronje, Gunthers enger Berater. Als Kriemhild träumt, dass zwei Adler einen Falken, den sie groß gezogen hat, in der Luft zerfleischen, deutet ihre Mutter Ute dies als düstere Vorahnung auf den Tod von Kriemhilds zukünftigem Ehemann. Der Unglückselige heißt Siegfried, der mittelalterliche Supermann aus Xanten am Niederrhein, Sohn von König Sigmund und seiner Frau Sigelind. Siegfried ist aber nicht nur schön, reich und heldenmutig, sondern auch leichtsinnig und draufgängerisch. Darüber hinaus erzählt man von ihm, dass er bereits in jungen Jahren wundersame Taten vollbrachte. Nach seinem Ritterschlag zieht der prächtige Siegfried samt Schwert und Rüstung in Begleitung von 12 Getreuen an den Hof nach Worms, um die stolze Kriemhild zur Frau zu nehmen. Seine Eltern zeigen sich wenig begeistert von den anstehenden Verwandtschaftsverhältnissen.

Hagen von Tronje erkennt den selbstbewussten Recken und erzählt Gunther, mit welcher List Siegfried die Nibelungen besiegte, das Schwert Balmung und die Tarnkappe des Zwerges Alberich an sich riss und den unermesslichen Schatz des sagenhaften Volkes ergatterte. Auch die Mär vom edlen Helden als Drachentöter gibt er zum Besten. Und dass sich Siegfried im Blut des Lindwurms badete. Seine lederne Haut sei seither unverwundbar. Es kommt zur Begrüßung zwischen den adligen Herren von Burgund und dem Ankömmling aus Xanten. Doch statt geradeheraus zu sagen, welche Liebessehnsucht ihn nach Worms treibt, fordert der kecke Jüngling König Gunther heraus: »Seid ihr nun so tapfer, wie euch die Kunde zeiht, so frag ich nicht, ob es jemand sei lieb oder leid. Ich will von euch erzwingen, was euch gehöret an; Land sowie Burgen, das soll mir werden untertan.« Nicht gerade ein diplomatisches Vorgehen, doch die Lage beruhigt sich schnell, und Siegfried bleibt als gern gesehener Gast ein Jahr am Hofe, bevor er Kriemhild überhaupt zu sehen bekommt. Eines Tages erscheinen Boten in Worms mit der Nachricht, dass die Könige von Sachsen und Dänemark die Burgunden angreifen wollen. In seiner Not und auf die Empfehlung von Hagen bittet Gunther den übermenschlich starken Siegfried um Hilfe. Eine Schlüsselszene, in der Siegfried seinem neuen Freund auf ewig bedingungslose Treue schwört. Mit etwas mehr als 1000 Mann zieht der frisch gebackene Vasall gegen den Feind, der immerhin 40 000 Soldaten ins Feld führt. Seitenlang ergießen sich die Strophen über das blutige Gemetzel, aus dem der Unverwundbare dank seiner Fähigkeiten und seines wundersamen Schwertes als Sieger hervorgeht – zum Wohle des Reiches. Die Rückkehr in die Residenz gleicht einem Triumphzug, an dessen Ende der Erzähler ankündigt, dass Gunther ein glanzvolles Fest plant. An jenem Tag begegnen sich Siegfried und Kriemhild zum ersten Mal. (Aventüren 1–4)

Aus allen Ecken des Reiches strömen die Menschen heran: Allein 32 Fürsten, Hunderte adliger Damen und Herren, Kinder, Alte, Kranke und Verwundete. Auch die gefangenen Könige von Dänemark und Sachsen dürfen an der prunkvollen Feierlichkeit teilnehmen, die zwölf Tage lang dauert. Höhepunkt des ausgelassenen Gelages ist das Zusammentreffen der beiden Liebenden. Gunther erlaubt Kriemhild, den Kriegshelden zu begrüßen. Die kostbar gekleidete Schöne errötet beim Anblick des edlen Ritters, der ihr »minniglich« zugetan ist und sogleich seine Dienste anbietet. Nach dem Kirchgang im Münster steht die Sache zwischen beiden gut, doch Siegfried kann sein Glück noch immer nicht fassen. Er fühlt sich hin und her gerissen zwischen Hoffen und Bangen. Auch in dieser Szene zögert der Autor nicht, vom Herzensleid des entflammten Jünglings zu singen. Eine ganze Strophe widmet er dem drohenden Tod seiner Heldenfigur, wenn dieser nicht nach Xanten zurückkehrt. Nur wenig später verfällt auch Gunther in Liebe zu einer königlichen Frau, die »… überm Meer weilt, eine die ihr gliche, fände man wohl schwer: schön war sie über die Maßen, gewaltig ihre Kraft; sie warf mit schnellen Degen um die Minne den Schaft«. Die Rede ist von Brünhild aus dem fernen Island, die der Regent von Burgund zu ehelichen gedenkt. Aus heutiger Sicht eine Art Amazone, die jeden Bewerber totschlägt, der ihr in einer von ihr ausgedachten dreiteiligen Eignungsprüfung unterliegt.

Nach sechs Wochen Vorbereitung machen sich Gunther, Siegfried, Hagen und sein Neffe Dankwart über den Rhein auf den Weg nach Burg Isenstein im fernen Norden. Der Königssohn aus Xanten will dem Herr der Burgunden helfen, die schöne Wilde zu freien. Offensichtlich kennt er Brünhild aus vergangenen Tagen und weiß von ihrer sagenhaften Stärke. Dafür erhält Siegfried das Versprechen, Kriemhild heiraten zu dürfen. Brünhild begrüßt den blonden Hünen zuerst. Sie glaubt und hofft vielleicht sogar, er wolle um ihre Hand anhalten. Der Angesprochene aber gibt ihr gleich zu verstehen, er sei nur ein Vasall von Gunther. Mit der legendären Tarnkappen-List, durch die Siegfried Gunther unsichtbar beisteht, gelingt es dem verliebten Herrscher vom Rhein, die hochmütige Fürstentochter im Speerwerfen, Steinschleudern und Springen zu bezwingen. Einer Hochzeit steht nichts mehr im Wege, doch die Isländerin zögert die Reise nach Worms hinaus. Wieder tritt Siegfried in Aktion. Er eilt heimlich ins Land der Nibelungen, das er zuvor schon besiegt hatte, kämpft am Berg, in dem der Nibelungenschatz verborgen liegt, gegen einen Riesen und zwingt den grimmigen Zwerg Alberich, ihm die 1000 besten Recken mitzugeben. So gerüstet kehrt der Held nach Island zurück. Die Drohgebärde verfehlt nicht ihre Wirkung. Obwohl in den Versen immer wieder das Unheil durchklingt, das die Verbindung zwischen Brünhild und Gunther hervorrufen wird, erfüllt die Besiegte ihr Versprechen. Die illustre Gesellschaft tritt die Reise nach Worms an. Und wieder ist es Siegfried, der Gunther zuliebe als Bote mit der Kunde von der Vermählung vorauseilt. Auch soll er Kriemhild bitten, dass sie mit Brünhild eine freundschaftliche Verbindung aufbaut. Als Zeichen dafür möge sie am Strand von Worms einen angemessenen Empfang mit Ritterspielen vorbereiten. Über die gesunde Wiederkehr der Abenteurer erleichtert, geschieht alles wie gewünscht. Die zehnte Aventüre gehört zweifellos zu den erotischsten Geschichten im Epos: Darin erfährt Brühnhild während des Hochzeitsmahls, dass Siegfried selbst ein König ist und kein »Eigenhold« von Gunther. Die Isländerin kann die Tränen der Verzweiflung und des Hasses nicht zurückhalten. Spätestens jetzt ist klar: Brünhild liebt Siegfried und tobt innerlich vor Eifersucht. Folgerichtig wird die »Minnenacht« für Gunther zum Fiasko. Das »Teufelsweib« will sich so lange nicht verführen lassen, bis er ihr die ganze Wahrheit über Siegfried erzählt. Doch der Burgunderkönig schweigt. Als er hartnäckig ihre Unschuld begehrt, bindet Brünhild ihrem Angetrauten kurzerhand Hände und Füße zusammen, packt ihn brutal und hängt ihn an einem Haken an die Wand.

Siegfried und Kriemhild hingegen finden in zärtlicher Liebkosung zueinander. Ihr Glück scheint perfekt. Als Gunther seinen Freunden Hagen und Siegfried am nächsten Morgen von seiner Schmach berichtet, verspricht ihm der »Degen aus Xanten« erneut, die Sache für ihn zu regeln. Gunther ist dabei zwar nicht wohl zumute, fürchtet er doch, Siegfried könnte Spaß am Bettgeflüster mit Brünhild haben, doch dieser beteuert noch einmal seine bedingungslose Liebe zu Kriemhild. Der Plan steht: Die Tarnkappe muss erneut herhalten, um Gunthers Gemahlin zu bezwingen. Das Frauenzimmer wehrt sich mit aller Gewalt, er zerreißt ihr das Hemd, sie schmettert ihn gegen die Wand. Voller Zorn wirft sich Siegfried auf sie. Als er ihr nach stundenlangem Ringen die Jungfernschaft genommen hat, versiegen Brünhilds zaubergleiche Kräfte für immer. Übermütig nimmt Siegfried ihren goldenen Ring und den Gürtel an sich. Doch die Trophäen sollten ihm kein Glück bringen.

Schon bald darauf verlassen Siegfried und Kriemhild den Hof zu Worms. Zuvor schwören sich Gunther, Gernot, Giselher und Siegfried ewige Treue – ein Bündnis fürs Leben. Kriemhild bekommt ihren Erbteil an Ländereien und Personal. Als der frisch gebackene Ehemann und Kriemhild in Xanten eintreffen, werden sie herzlich und unter großem Jubel empfangen. Neben dem privaten Glück stellt sich auch der Erfolg ein: Siegfried erhält die Königswürde, sein Vater tritt ihm zuliebe ab. Kriemhild gebärt einen Sohn, den das Paar Gunther tauft, und auch Brünhild in Burgund kommt mit einem Thronfolger nieder. Sie nennt ihn Siegfried. Scheinbar eine Idylle, wäre da nicht der plötzliche Tod von Siegfrieds Mutter Siegelind sowie die kritische Bemerkung des Autors, dass sich der Held zum hochmütigen und gefürchteten Regenten entwickelt habe. (Aventüren 5–11)

Zwölf friedliche Jahre gehen ins Land. Allein Brünhild nährt Missgunst und Neid in ihrem Busen. Immer wieder geht ihr Siegfried durch den Kopf. Sie kann Kriemhilds Glück nicht ertragen. Auch giftet sie, dass Siegfried keinen Zins an ihren Gatten zahlt. Unter dem Vorwand, die beiden zu vermissen, bezirzt sie ihren Mann, das Königspaar nach Worms einzuladen. Gunther willigt schließlich ein, und ein Bote reitet ins Reich der Nibelungen, wie der Landstrich am Niederrhein zum ersten Mal genannt wird. Ahnungslos freuen sich Kriemhild, Siegfried und sein Vater Sigmund über die verlockende Aus-

Der Streit der Königinnen. Gemälde von Julius Schnorr von Carolsfeld

Das Nordportal des Wormser Doms, vor dem der Streit stattgefunden haben soll.

sicht einer Feier anlässlich der Wintersonnenwende, obwohl die Reise an den Rhein lang und strapaziös ist. Auch Hagen fiebert dem Ereignis entgegen. Er hofft, dass die Burgunden einen Teil des sagenhaften Hortes erhalten. Die dreizehnte Vortragseinheit bereitet in düsteren Prophezeihungen den Boden für den Konflikt vor, der die Tragödie zum Höhepunkt treibt. Zunächst finden ein oberflächlich herzlicher Empfang und ein pompöses Gelage am Hof von Gunther und Brünhild statt. Der einzige Wermutstropfen für die Eheleute aus Xanten ist die Trennung von ihrem geliebten Kind, das zu Hause bleiben muss. Brünhild aber wartet nur auf eine Gelegenheit, um einen Streit vom Zaun zu brechen. Bei der Vesper platzt die Bombe. In einem verbalen Kräftemessen zwischen den beiden Frauen geht es darum, wer der edlere und mächtigere König sei und ob Siegfried als Lehnsmann von Gunther gewisse Pflichten zu erfüllen habe. Voller Zorn will Kriemhild ihrer Schwägerin eine Lehre erteilen und beschließt, beim Messgang vor der Burgunderkönigin den Dom zu betreten. Prächtig gekleidet und Schmuck behangen treffen die »edle Kriemhild« und »Gunthers Weib« vor dem Gotteshaus zusammen. Als Brünhild der schönen Regentin den Vortritt verwehrt und sie beschimpft, hält Kriemhild nicht länger an sich. Sie schmettert ihr das Wort »Kebse« entgegen und verrät der stolzen Isländerin, wie sie von Siegfried hinterhältig entjungfert wurde. Dann schreitet sie zur Messe, Brünhild weint. Als der Gottesdienst vorbei ist, fordert sie einen Beweis für den perfiden Akt in der Hochzeitsnacht. Kriemhild zeigt den gestohlenen Ring an ihrem Finger und den Gürtel, den sie um die Hüften trägt. Sofort erkennt Brünhild ihr Eigentum und beklagt sich tränenreich bei ihrem Mann. Der Streit scheint zu eskalieren, aber Siegfried und Gunther einigen sich, dass Siegfried öffentlich schwört, sich nicht gerühmt zu haben, Brünhilds erster Mann gewesen zu sein.

Hagen von Tronje treibt das Drama zu einem neuen Höhepunkt, als er Gunther nach langem Hin und Her zum Mord an Siegfried überredet, weil er eine Bedrohung für das Königshaus und das Land sei. Auf einem vorgetäuschten Kriegszug gegen die Dänen und Sachsen soll der Plan ausgeführt werden – und das mit Hilfe der naiven Kriemhild. Geschickt webt der Dichter die Intrige um die vermeintliche Kriegsfehde. Als Siegfried aus treuer Gefolgsamkeit seine Hilfe auf dem Schlachtfeld anbietet, nehmen Hagen und Gunther sein Angebot nur zu gerne an. Scheinheilig sucht Hagen daraufhin Kriemhild auf, die ihren Streit mit Brünhild längst bereut. Vor allem, weil ihr starker Ehemann sie dafür grün und blau geprügelt hat. Hagen gelingt es, Kriemhild das Geheimnis um Siegfrieds verwundbare Stelle zu entlocken: Als sich der Held damals im heißen Blut des Drachens badete, haftete ein Lindenblatt zwischen seinen Schulterblättern. Nur an dieser Stelle kann man ihn verwunden, verrät sie. Auf das Versprechen Hagens, ihren Liebsten zu schützen, näht die besorgte Gattin ein »kleines Kreuzlein« auf Siegfrieds Gewand. Hagen weiß endlich, was er wissen wollte. Bevor es zur Schlacht kommt, lässt er bestochene Boten am Hof der Burgunden verkünden, dass die Könige von Dänemark und Sachsen ihre Kriegserklärung zurückziehen. Tatendurstig folgt Siegfried daraufhin Gunthers Vorschlag, im Odenwald auf Treibjagd zu gehen. Keiner von Gunthers königlichen Brüdern warnt den gutgläubigen Recken vor der schändlichen Intrige, obwohl sie einander einst ewige Treue versprachen. Geplagt vom schlechten Gewissen über ihr heimliches Bündnis mit Hagen, fleht Kriemhild ihren Gatten an, bei ihr zu bleiben. Siegfried umarmt sie innig, reitet aber dann mit Gunther und Hagen gut gelaunt davon. Im Wald stehen Treiber, Waffen und Hunde schon bereit. Hagen schlägt vor, dass jeder für sich jage und seine Künste unter Beweis stelle. Dem Besten sei große Ehre zuteil.

Über viele Strophen schildert der Dichter Siegfrieds geschickten Umgang mit seinem Schwert Balmung und dem Ger, dem Wurfspieß. In rasantem Tempo erlegt der Ritter Wildschweine, einen Löwen, Wisente, Elche und einen Bären. An jenem Tag machen die hohen Herren so viel Beute, dass die Jäger sie inständig bitten, wenigstens den Bestand an Jungtieren

Hagens heimtückischer Mord an Siegfried (Gemälde von Julius Schnorr von Carolsfeld)

Kriemhild weint um den toten Siegfried (Fresko von W. Hauschild)

zu verschonen. Auf einer sonnigen Lichtung treffen die Männer schließlich wieder zusammen, um sich zu laben. Speisen höchster Güte werden aufgetischt, nur Wein gibt es nicht, für die Pferde kein Wasser. Auf Siegfrieds verwunderte Nachfrage empfiehlt Hagen eine kühle Quelle in der Nähe von Odenheim, an der ein Lindenbaum in den Himmel ragt. Dabei schlägt der Listige Siegfried vor, die kurze Strecke dorthin in einem Wettlauf zu bestreiten. Nur noch mit dem Hemd bekleidet, rennen beide Kämpen los, der König folgt langsam hinterher. Der glorreiche Siegfried gewinnt, lehnt sein Schwert an den Stamm und will schon durstig trinken, als ihn seine Tugendhaftigkeit daran erinnert, zuerst »seinen Herrn« an die Wasserstelle zu lassen. Eine Wiedergutmachung für Kriemhilds ungehöriges Betragen vor dem Wormser Dom. Doch die feinsinnige Geste kommt zu spät. Als er schließlich an der Reihe ist und sich niederkniet, tötet Hagen den kühnen Helden aus dem Hinterhalt mit Siegfrieds eigenem Speer: »... dass aus der Wunde sprang das Blut von seinem Herzen bis an Hagens Hemd. Solche schwere Untat ist jedem anderen Degen fremd.« Noch im Todeskampf sucht Siegfried vergeblich nach seinem Zauberschwert. Nur den Schild kann er ergreifen und drischt auf den Mörder ein, bis dieser panisch die Flucht ergreift. Bleich sinkt der König von Xanten nieder, beklagt die Niedertracht, ersucht Gunther um Schutz für Kriemhild und stirbt. Seine Treue zu den Burgunden hat er mit dem Leben bezahlt. Hagen triumphiert mit den Worten, dass nun das Reich unbesiegbar sei und dass er Siegfrieds Tod im Land bekannt geben wolle. (Aventüren 12–16)

Eine Nacht bleiben Gunther, Hagen und das Gefolge im Wald, bevor sie in die Festung nach Worms zurückkehren. Zufrieden mit seiner Tat, lässt Hagen den Toten vor die Kemenate

Hagen versenkt den Schatz im Rhein (Hagendenkmal in Worms)

Das Kloster Lorsch. Nach dem Nibelungenlied die letzte Ruhestätte Siegfrieds.

von Kriemhild legen, damit sie ihn auf ihrem Gang zur täglichen Frühmesse auch gleich findet. Als sie den blutüberströmten Leichnam erblickt, bricht sie zusammen. Schon bald erfüllt ihr Geschrei die weiten Hallen des Palastes. Die junge Frau ahnt sofort, wer hinter dem Meuchelmord steckt: Hagen als Täter, Brünhild als Auftraggeberin und der ehrlose Gunther als Dritter im Bunde, der das Komplott stillschweigend hinnimmt. Sie schickt einen Boten zu Siegfrieds Vater Siegmund, der in tiefem Schmerz die Reise ins Land der Burgunden verflucht und in bitterem Zorn das Mörderpack mit 1100 Recken niederstrecken will. Doch Kriemhild geht dazwischen, sie fürchtet um das Leben der Getreuen. Die Schmiede fertigen umgehend einen prächtigen Sarg aus wertvollem Marmor, den die Witwe am Morgen unter Glockengeläut vor den Dom schaffen lässt. Königin Ute trauert still, das Volk strömt zusammen, die Geistlichkeit eilt herbei. Auch Gunther und der grimmige Hagen treten heran. Kriemhild klagt ihren Bruder öffentlich an. Doch dieser schwört: »Hagen hat es nicht getan.« Da spricht die Königin von Xanten: »Die ohne Schuld sein wollen, die heißet näher gehen, an die Bahre, dass wir die Wahrheit nun sehn.« Dem damaligen Glauben nach brechen die Wunden wieder auf, wenn der Mörder den Toten ansieht. Das Wunder geschieht, als sich Hagen nähert: Das Blut fließt ohne Unterlass.

Kriemhild vertraut auf die Strafe Gottes, die der Freveltat folgen muss, und beweint mit ihren Mägden, Mönchen und Priestern drei Tage und Nächte den frühen Tod des Helden, dem seine übermenschliche Stärke nichts nutzte. Doch selbst im Schmerz verhält sich die tugendhafte Königin, wie es sich damals geziemte. Großzügig verteilt sie 30 000 Mark an die Armen, verschenkt ihre schönsten Ländereien an die Kirche zum Bau von Klöstern und gibt Nahrungsmittel und Kleider aus, soviel die Bevölkerung begehrt. Nach einer feierlichen Messe und zahlreichen Opfergaben durch die Untertanen wird Siegfried ehrenvoll begraben. Kriemhild hofft, an gebrochenem Herzen zu sterben, doch das Schicksal hat ihr ein anderes Los beschieden. Kurz darauf beschließt König Siegmund, die Heimreise anzutreten. Er fühlt sich bei den hinterhältigen Burgunden nicht mehr sicher. Seine geliebte Schwiegertochter möchte er unbedingt mitnehmen. Schließlich ist sie die rechtmäßige Herrscherin von Xanten und die zärtliche Mutter von Siegfrieds Sohn. Zunächst willigt Kriemhild ein, doch dann überreden sie Gernot, Giselher und Mutter Ute, am Hof zu bleiben. Die Familienbande zählt mehr als der Schmerz über Verrat und Mord an ihrem Angetrauten. Siegmund kann die Absage kaum ertragen und zieht leidvoll von dannen – der Bruch zwischen den beiden Königreichen ist vollzogen. Vier Jahre lang weint sich Kriemhild die Augen aus. Inzwischen wohnt sie in einem eigens für sie errichteten Domizil unweit des Wormser Doms. Ihre Brüder empfängt sie nicht, nur ihr enger Berater Graf Eckward darf ihr zu Diensten sein. Hagen aber schmiedet schon längst an der nächsten Intrige. Immer wieder drängt er Gunther, seine Schwester zu besänftigen. Nicht, weil er das Zerwürfnis zwischen den Geschwistern befrieden will, sondern weil er plant, den Nibelungenschatz an sich zu reißen. Er weiß, Siegfrieds einstige »Morgengabe« an Kriemhild kann er nur mit ihrer Unterstützung ins Reich holen. Es kostet Überredungskünste, bis die reiche Witwe den Bruder endlich begrüßt. Was wie eine ersehnte Versöhnung erscheint, ist in Wahrheit eine perfide Inszenierung, wie der Dichter sogleich verrät: »Nie ward eine Sühne nach so viel Tränen eh in Falschheit geleistet. Nicht endete ihr Weh. Doch verzieh sie allen bis auf den einen Mann. Niemand hätt ihn erschlagen, hätt es Hagen nicht getan.«

Schon bald scheint der Plan aufzugehen: Kriemhild stimmt zu, und die beiden jüngeren Brüder Giselher und Gernot reiten mit 1200 Mann ins Reich der Nibelungen – zu dem namenlosen Berg mit dem sagenhaften Schatz, den Zwerg Alberich als Reichskämmerer hütet. Der Kleinwüchsige spricht nicht gut über Siegfrieds Herrschaft und bedauert noch einmal den Verlust der Tarnkappe. Dann übergibt er den Fremden den unermesslichen Hort aus Gold und Edelsteinen sowie eine goldene Wünschelrute. Zwölf Wagen brauchten vier Tage à neun Stunden, um das kostbare Gut zu einem Schiff auf dem Rhein zu schaffen. Der Tresor füllt Kriemhilds Kammern und Türme bis zur Decke. Doch ihr Herz empfindet nur dann Freude, wenn sie die Bedürftigen im Land reichlich beschenkt. Und sie gibt Siegfrieds Schatz mit vollen Händen aus. Ein weiteres Mal überlistet Hagen die verzweifelte Frau. Erst schlägt er Gunther vor, sie entmündigen zu lassen. Als er sich weigert, nimmt ihr der Fiesling den Hort einfach weg. Gunther sieht dabei tatenlos zu, ebenso Giselher und Gernot. Skrupellos bringt Hagen Gold und Silber an sich und versenkt den Schatz »... zu Lochheim allen in den Rhein. Er dacht ihn selbst zu nützen; doch das konnte nimmer sein.« Der Dieb kommt auch dieses Mal ungeschoren davon, denn der rückgratlose Herrscher tut so, als sei nichts geschehen. Aller Dinge beraubt, die ihr wert sind, verschlimmert sich Kriemhilds Leid. Im zwölften Jahr steht es so arg um sie, dass ihre Mutter Ute sie einlädt, zu ihr nach Lorsch zu ziehen. Sie lebt dort in einem geräumigen Haus nahe des Klosters, das Kriemhild gestiftet hat. Auch Siegfrieds Leichnam wird in die Fürstabtei Lorsch überführt. Plötzlich trifft eine Botschaft aus der Ferne ein und verheißt neue Möglichkeiten. (Aventüren 17–19)

Die neunzehnte Aventüre beendet den ersten Teil des Dramas mit der überaus modern anmutenden Vorankündigung, was den Zuhörer in der Fortsetzung erwartet. Selbst in der antiquierten Sprache des Mittelalters liest sich das geschickt aufgebaute Werk wie ein packender Politthriller. Ähnlich wie bei Ian Flemmings James Bond geht es um ein Thema mit weit reichenden Folgen: Es geht um die Rettung der damaligen Welt. Dabei treibt die große Anzahl der Action-Szenen den Handlungsstrang gnadenlos voran. Das Hauptpersonal – wie kann es anders sein – stellen die Mächtigen und Reichen des Landes, die in die beiden groben Charakterschubladen Gut und Böse passen. Die restliche Bevölkerung brilliert in der Rolle der braven und treuen Untertanen, die von jedem Unheil verschont bleiben, aber an den seelischen Freuden und Leiden der Herrscherclans mitfühlend teilnehmen. Noch ein weiterer Kunstgriff machte das Epos im Mittelalter so unterhaltsam und eingängig: und zwar die Einbeziehung von Schauplätzen, die es tatsächlich gab und die jeder im Publikum kannte. So schuf der Autor bereits um 1200 eine »Fact-und-Fiction-

Story«, die – beabsichtigt oder nicht – ein hohes Maß an Wahrscheinlichkeit garantierte. Ein Erfolgsrezept, das auch noch im 21. Jahrhundert sowohl in den Romanschmieden als auch bei der Entwicklung von Drehbüchern praktiziert wird – gemäß der Devise: Nichts ist so spannend wie das Leben selbst. An der enormen Wirkung auf die Zuhörer hat sich bis heute wenig geändert. Wie sonst lässt sich erklären, dass seit 1827 allein in Deutschland immerhin 46 Neuauflagen der Dichtung erschienen sind und Wissenschaftler ebenso wie Hobbyforscher noch immer die Orte des Geschehens aufsuchen. Ganz zu schweigen von den zahllosen Abenteurern, die seit Jahrhunderten nach dem Schatz der Nibelungen fahnden.

Weniger eindeutig verfuhr der Verfasser mit der Gestaltung der Zeitebene. Schon lange steht fest, dass er historische Großereignisse und herausragende Figuren, die ihm als Vorlage dienten, aus unterschiedlichen Epochen zusammen suchte und in eine Handlung verwob, die etwa im 6. Jahrhundert spielt. Er musste dies tun, da die Moral seiner Geschichte auf aktuelle Umstände abzielte, die durchaus politischen Zündstoff enthielten. Die Botschaft des Dichters an die Menschen des Hochmittelalters steckt also zwischen den Zeilen. Auf den kleinsten Nenner gebracht, ist sie eine Mahnung an den Frieden und eine Hommage an den Ehrencodex der Ritter, die sich dem Christentum und der herrschenden Kirchenmacht verpflichtet fühlten. Eine Hypothese, die aber plausibel erklärt, warum der enge Vertraute von Papst Innozenz III.(1198 bis 1216), Bischof Wolfger von Passau, das Werk in Auftrag gab. Der Würdenträger galt weithin als unbestechlicher Friedensstifter.

Die Zustände im Heiligen Römischen Reich um 1200 lassen ahnen, wie dringlich der Wunsch nach Einigkeit und Aussöhnung war. Als Heinrich VI. auf dem Weg zum vierten Kreuzzug 1197 im sizilianischen Messina plötzlich verstarb, war die Macht der Staufer auf dem Höhepunkt angelangt. Ohne den charismatischen Regenten aber brach Chaos aus. Die Fürsten und Adligen sorgten sich nicht länger um das Wohl von Religion und Staat. Vielmehr lösten sie Fehden aus, plünderten, mordeten oder ließen unliebsame Kirchenvertreter von der Bildfläche verschwinden. Der Boden war bereitet für einen erbitterten Kampf zwischen Staufern und Welfen, die jeweils die Nachfolge auf den Kaiserthron beanspruchten. Der Titel ver-

Heinrich VI., deutscher Kaiser 1190–1197

Philipp von Schwaben, deutscher Kaiser von 1197–1208

hieß nicht nur enorme finanzielle Vorteile und Hoheitsrechte, sondern vor allem uneingeschränkte Macht über das weitläufige Reich nördlich und südlich der Alpen – mit Ausnahme einiger Ländereien in Italien, die der Römischen Kirche gehörten. Im Mittelpunkt der imperialen Auseinandersetzungen standen Heinrichs jüngerer Bruder, Herzog Philipp von Schwaben, und der Welfe Otto von Braunschweig, der jüngere Sohn Heinrichs des Löwen. Beide erlangten kurz hintereinander durch geschicktes Taktieren die Königswürde: Philipp mit Hilfe von Erzbischof Konrad in Mainz, Otto durch Erzbischof Adolf in Köln. Die Bevölkerung sah sich auf einmal von zwei rivalisierenden Herrschern regiert. Zehn Jahre dauerten die blutigen Kriege, in dem jeder der Gegner darum bemüht war, dem anderen größtmöglichen Schaden zuzufügen. Viele Orte am Nieder- und Mittelrhein, in Mitteldeutschland und im Elsass wurden überfallen, niedergebrannt und dem Erdboden gleichgemacht. Schließlich mischte sich Papst Innozenz III. ein und favorisierte öffentlich Otto als zukünftigen Kaiser. Der Gottesvertreter auf Erden wollte mit Hilfe des Anwärters aus dem Geschlecht der Welfen die staufische Übermacht in Italien und Sizilien brechen und die Existenz des Kirchenstaates absichern.

Kurz darauf schlossen sich die niederrheinischen Fürsten sowie der Erzbischof von Köln dem Stauferkönig Philipp an. König Otto handelte entschlossen, verwüstete ganze Ortschaften und setzte den Kölner Würdenträger ab. In dem Moment, als sich Innozenz auf die Seite der Staufer schlagen wollte, ermordete ein Wittelsbacher Graf den ehrgeizigen Philipp wegen eines nicht eingehaltenen Heiratsversprechens. Innozenz krönte 1209 wider Erwarten nun doch den Welfen zum Kaiser und sah schon glanzvolle Zeiten für das Patrimonium Petri herannahen. Doch der frisch Inthronisierte wollte nichts davon wissen. Im Gegenteil: Otto IV. eiferte dem staufischen Reichsgedanken der Weltherrschaft nach und bereitete einen Angriff auf Sizilien vor. Über das kleine Reich herrschte der junge König Friedrich II., der leibliche Sohn Heinrichs VI. Weil Otto seine Zusage, Sizilien nicht anzutasten, gebrochen hatte, schlug sich der Papst nun wieder auf die Seite der Staufer und sprach über den Kaiser den Bann aus. Die Folge: Otto holte sich Hilfe bei seinem Onkel Johann von England und rief zum Kampf. Erneut entbrannte ein Gefecht, in dem Frankreich als Verbündeter der Staufer gegen Ottos Truppen antrat und schließlich als Sieger hervorging. Daraufhin befürwortete Innozenz die Wahl Friedrichs zum Kaiser. 1215 ließ sich der Staufer in Aachen zunächst zum deutschen König krönen. Aber es dauerte noch fünf weitere Jahre, bis ihm der neue Papst Honorius III. in Rom schließlich die Kaiserwürde verlieh. Die Regierungszeit Friedrichs II. sollte zwar als glanzvolle Epoche in die Geschichte eingehen, doch den schleichenden Niedergang der Dynastie konnte auch er nicht verhindern.

Vor den politischen Wirren jener Zeit fällt es nicht schwer zu glauben, dass sich der Dichter des Nibelungenliedes nicht traute, direkt auszusprechen, was er eigentlich zu sagen beabsichtigte. Er formulierte ein Gleichnis, in dem er die sagenhafte Eroberung der Nibelungen durch den Helden Siegfried und den tatsächlichen Untergang der Burgunden erzählt. Ein Ereignis, das zur Entstehungszeit des Epos längst zur grauen Vorzeit gehörte und das Publikum nicht an tagespolitische Zusammenhänge denken ließ. Erst die moderne Forschung setzte alles dran, den historischen Kern herauszufiltern.

Die Geschichte der Burgunden ist ein markantes Beispiel für den ewigen Kampf um Siedlungsraum, Gebietssicherung und Machtausdehnung während der Völkerwanderung. Dabei weiß die Forschung nach wie vor nur wenig über die Herkunft der Burgunden. Angeblich zog der germanische Stammesverbund bereits im 1. Jahrhundert nach Christus von Polen über die Insel Bornholm immer weiter nach Süden. Erste archäologische Spuren entdeckten Wissenschaftler an der mittleren Oder im heutigen Brandenburg und der Lausitz. Weitere gesicherte Daten existieren erst wieder aus dem Rhein-Donau-Gebiet, als die Burgunden im Jahr 278 von den Römern im Kampf niedergeschlagen wurden. Am 31. Dezember 406 drangen sie über den Rhein und gründeten unter ihrem Anführer Gundahar ein Reich, das sich von Mainz über Alzey bis nach Worms erstreckte. Als Bundesgenossen der Römer sollten sie die Rheingrenze sichern – ein Arrangement, das etwa 20 Jahre gut funktionierte. Doch dann versuchten die Burgunden, ihre Herrschaft nach Westen ins römisch besetzte Gallien auszudehnen. Der Konflikt war programmiert: Der römische Feldherr Aetius besiegte mit hunnischen Hilfstruppen ein Heer der Burgunden und zwang sie zum Rückzug an den Rhein. Ein Jahr später schlugen die Hunnen auf Geheiß der Römer erneut zu und vernichteten das Reich endgültig. Dabei kamen Gundahar und die meisten seiner Gefolgsleute ums Leben. Aetius siedelte die wenigen Überlebenden des Germanenstammes an der oberen Rhone zwischen Lyon und Dijon an. Der neue Anführer hieß Gundobad, der um 516 ein geltendes Volksrecht für die Burgunden verfassen ließ. Darin verzeichnet sind die Namen seiner Vorfahren, die in leicht veränderter Form im Nibelungenlied wieder auftauchen: Gundahar als Gunther, Godomar als Gernot, Gislahar als Giselher.

Für den Untergang der Burgunden am Rhein wurde immer wieder der Hunnenkönig Attila, der sich im zweiten Teil des Nibelungenliedes in König Etzel widerspiegelt, verantwortlich gemacht. Eine Behauptung, die nach neuerer Forschung keine Gültigkeit mehr besitzt. Trotzdem liefert auch Attila einen Beitrag zur Entschlüsselung der Figuren im Nibelungenlied. Ein byzantinischer Chronist schreibt nämlich, dass der erfolgreiche Feldherr und enge Verbündete der Weströmer um 453 eine Germanin namens Hildiko heiratet und in der Hochzeitsnacht an einem Blutsturz stirbt. Ende des 9. Jahrhunderts ging die Mär, Attila sei von seiner Angetrauten vergiftet worden – als Blutrache für die Ermordung ihrer Brüder. Da der Name Hildiko tatsächlich aus dem Germanischen herrührt und übersetzt »Hildchen« bedeutet, glauben viele Forscher, Hildiko sei eine Burgunderin und mit Kriemhild identisch. Zumindest hätten sie damit das Grundmotiv für ihre maßlose Vergeltungsaktion freigelegt, die sie nach Siegfrieds Tod anzettelte.

Die am meisten gestellte Frage jedoch lautet, welche historische Persönlichkeit steckt hinter dem sagenumwobenen Helden Siegfried. Die überzeugendste Spur führt zum Geschlecht der Merowinger, die vom 6. bis 8. Jahrhundert über das Frankenreich herrschten und als Bezwinger der an die Rhone umgesiedelten Burgunden in die Chroniken eingingen. Auch die merowingischen Frankenkönige blicken auf eine Geschichte aus Machtansprüchen, Intrigen und Kriegen zurück – vor allem, als ihr Territorium um 561 in ein west- und ostfränkisches Gebiet zerfiel. Einer der ostfränkischen Herrscher ist König Sigibert I., der aus politischen Gründen die westgotische Königstochter Brunichildis in Metz heiratet. Die Schönheit der Adligen aus dem spanischen Toledo ist ebenso legendär wie ihre Leidenschaft, in Männerrüstung aufzutreten. Ein stolzes Weib mit Tendenzen zur Amazone – die Ähnlichkeit zur Figur der Brünhild ist nicht von der Hand zu weisen. Sigiberts Bruder und Gebieter über den westfränkischen Abschnitt, Chilperich I., ehelicht ebenfalls aus Machtinteresse Brunichildis Schwester Galswintha, obwohl er bereits mit Fredegund liiert ist. Fredegund stiftet ihren Geliebten zum Mord an seiner Gemahlin an. Nach der Tat werden Chilperich und Fredegund ein Brautpaar. Jetzt kommt Sigibert auf den Plan, denn Brunichildis bittet ihn, den Tod ihrer Schwester Galswintha zu sühnen. Doch Fredegund handelt schneller und lässt Sigibert im Jahr 575 hinterhältig ermorden. Brunichildis besteigt daraufhin den Thron und regiert mit unglaublicher Brutalität, wie die Quellen verlauten lassen. Auch soll sie ihren Schwager Chilperich auf dem Gewissen haben, den es 584 aus ungeklärten Gründen dahinraffte. Anfang des 7. Jahrhunderts wird Brunichildis gefangen genommen, weil sie nicht weniger als zehn Könige ermorden ließ. Ihr Schicksal ist grausam. Sie wird öffentlich von einem wilden Pferd zu Tode geschleift. Auch wenn heute kaum jemand das Eifersuchtsdrama aus dem Hause der Merowinger kennt, um 1200 bewegte es noch die Gemüter der höfischen Gesellschaft entlang des Rheins. Immerhin residierte Brunichildis über längere Zeit auch in Worms, wie eine Münze mit ihrem Konterfei und der Signatur »Varmacia« (in Worms hergestellt) aus der Nationalbibliothek in Paris beweist. König Sigibert wiederum herrschte über den Osten des fränkischen Territoriums, aus dem später das Heilige Römische Reich Deutscher Nation hervorging. Beide waren nicht nur mächtig, sondern auch populär und könnten als Leitfiguren für Siegfried und Brünhild gedient haben.

In den 1960er Jahren sorgte die seither immer wieder kontrovers diskutierte Formel »Siegfried ist gleich Armin der Cherusker« für Aufsehen, die der Wiener Germanist Otto Höfler entwickelte. Seine Annahme baut auf der legendären Lindwurm-Szene Siegfrieds auf, die im Nibelungenlied eigentlich nur am Rande erwähnt wird. Drachen gelten seit jeher als Sinnbild für das Urchaos, das im Kampf zumeist von himmlischen Wesen überwunden wird. In der christlichen Symbolik steht das Ungetüm für die Verkörperung des Teufels, des Heidentums und des Bösen schlechthin. Als der Dichter das Nibelungenlied auf Pergament brachte, stand einer der berühmtesten Drachenkämpfer hoch im Kurs. Der heilige Georg war nicht nur ein Soldat Gottes, der von den Römern wegen seines Glaubens gefoltert und enthauptet wurde. Der ›Legenda Aurea‹ nach, dem um 1270 zusammengestellten Werk über Heilige, besiegte er eines dieser Fabelwesen, indem er ihm die Kreuzstandarte vor die Nase hielt und ihn dann mit dem Schwert durchbohrte. Da er dabei eine Königstochter rettete, ließen sich ihr Vater und alle Untertanen taufen. Ein Grund, warum die Kreuzritter den Schwertkämpfer zu ihrem Schutzheiligen erhoben. In diesem Fall war der Drache die islamische Religion, die es niederzuwerfen galt. Das Römisch-Germanische Zentralmuseum in Mainz hütet einen einmaligen Schatz, der den Weg zum historischen Vorbild der Siegfried-Figur ebnet. Es handelt sich um die einzige erhaltene Standarte einer römischen Kohorte – eine aus Bronze getriebene Drachenfigur. An ihrem Ende ist ein Textilschlauch befestigt, der sich bei Wind aufbläst. Unter dem Banner zogen die Soldaten des Imperium Romanum ins Feld. Für Höfler steht fest: Der Drache im Nibelungenlied verkörpert das Ungeheuer Rom, das Siegfried alias Armin der Cherusker kaltblütig absticht. Die Weltmacht rückte unaufhaltsam über die Alpen bis an die Donau, erbaute zahlreiche Kastelle am Rhein und schob sich immer weiter nach Norden vor. Im Jahr 9 nach Christus versetzte der germanische Anführer den römischen Legionen bei Kalkriese, etwa 20 Kilometer von Osnabrück entfernt am Teutoburger Wald, eine schwere Niederlage. Er lockte das aus drei Legionen, drei Reiter- und sechs Infanterie-Einheiten bestehende Heer des Varus in einen Hinterhalt und hinterließ ein blutiges Schlachtfeld. Roms Ziel, die Vorverlegung der Reichsgrenzen bis zur Elbe, scheiterte kläglich. Die Niederlage war für Kaiser Augustus so traumatisch, dass er zunächst jeden Versuch aufgab, weiter auf germanisches Territorium vorzudringen. Der Triumph der Germanen hingegen ging in die Weltgeschichte

rmin der Cherusker (Hermanns-
enkmal im Teutoburger Wald)

War die sogenannte Schlacht im Teutoburger Wald Vorbild für Siegfrieds Drachenkampf? (Römischer Offizier mit Gesichtsmaske)

ein und war im Hochmittelalter sicher noch in lebhafter Erinnerung.

Höfler stützt sein Gedankengebäude auf wenige, aber wesentliche Details: In Xanten am Niederrhein, dem Heimatort Siegfrieds, unterhielten die Römer vor 2000 Jahren eine bedeutsame Garnison. Von dem strategisch wichtigen Ort schwärmten die Truppen regelmäßig aus, um gegen die Germanen im Osten vorzugehen. Auch Armin der Cherusker, der lange als Söldner und hoher Offizier in Diensten der Römer stand, soll dort immer wieder Station gemacht haben. Siegfrieds Tarnkappe interpretiert der Wiener Professor als Symbol für Armins berühmte Kriegstaktik. Der Cherusker vermied die offene Feldschlacht und kämpfte lieber nach Guerilla-Art. So blieb der unberechenbare Gegner für die Römer meist unsichtbar. Eine andere Erklärung lautet, dass die silbernen Gesichtsmasken, wie sie die römischen Offiziere im Kampf trugen, mit der Tarnkappe identisch sind. Die Bedeckung bietet einerseits Schutz, andererseits bleibt der Träger unerkannt. Zudem wirkt sie bedrohlich und einschüchternd, verleiht also Macht. Der Lindwurm mit dem langen, funkelnden Körper schließlich ist Höflers Ansicht nach ein verschlüsselter Hinweis auf die blitzenden Metallhemden und Helme der Soldaten, die in einer sechs Meter langen geschlossenen Formation in die Schlacht marschierten.

Nach Höfler verbirgt sich eine weitere spannende Fährte im Namen des Cheruskers. Nur die römischen Quellen führen Hermann, wie er im Deutschen heißt, als Arminius auf. Ursprünglich, so sagen Historiker, muss sein Name, mit den Buchstaben »Segi« angefangen haben. Von den bezeugten Mitgliedern der cheruskischen Königssippe tragen immerhin fünf von acht Herrschern eben diese Vorsilbe im Namen. Die Beifügung bedeutet soviel wie »Sieg«, der den Cheruskern sozusagen schon in die Wiege gelegt wurde. Das 26 Meter hohe Hermannsdenkmal bei Detmold unweit des Teutoburger Waldes wurde im 19. Jahrhundert errichtet zur Erinnerung daran, dass der Befreier Germaniens seiner Bestimmung gefolgt war. Auch der Hort der Nibelungen, den Siegfried an sich reißt, passt für den Gelehrten ins Bild: Er soll neben Gold, Edelgeschirr und Silber eine Menge an Kriegsgerät umfassen, darunter »Schreckenshelme« und Brustpanzer – Gegenstände, die Archäologen bereits 1868 unweit von Hildesheim entdeckten und eindeutig als römische Besitztümer identifizierten. Germanische Kriegsbeute, wie sie Armin sicher auch von den Römern bei Kalkriese erbeutete. Wahrscheinlich verschleppten die Stammesbrüder das Raubgut und opferten es ihren Göttern. So gerieten die Schätze nach Hildesheim, obwohl die Region nie von Römern besetzt war. Es gibt aber noch ein weiteres Indiz, das den Drachentöter mit Armin dem Cherusker in Verbindung bringt. Es stammt aus den Reiseaufzeichnungen eines Benediktinermönches, der im Jahr 1150 von Island nach Rom pilgerte. Auf seinem Weg durch das Stauferreich gelangte er in die Knetterheide bei Schötmar, unweit von Herford, die er als den Ort beschrieb, an dem Siegfried gegen den Drachen gekämpft habe. Die Verfechter der These »Siegfried ist gleich Armin« glauben nicht an einen Zufall, liegt der Landstrich doch nur etwa 50 Kilometer von Kalkriese und rund 18 Kilometer vom Hermannsdenkmal entfernt. Und blickt man auf das Finale beider Helden, so lassen sich auch in diesem Punkt Parallelen entdecken. Siegfried wird ermordet, weil Hagen den strahlenden und ewig erfolgreichen Siegfried als ständige Bedrohung seiner eigenen Machtinteressen sah. Und genau so erging es dem Cheruskerhäuptling, den ein enger Verwandter um 21 nach Christus irgendwo zwischen Hannover und Göttingen heimtückisch ermordete.

Auch wenn die Forschung noch weitere historische Persönlichkeiten wie Victor von Xanten oder Ritter Siegfried II. von Mörle ins Feld führt, so bleiben sie im Vergleich zu Armin dem Cherusker oder dem Merowingerkönig Sigibert als mögliche Siegfried-Kandidaten zu blass, um über Jahrhunderte im Gedächtnis der Menschen zu haften. Es waren die Heldentaten mächtiger Könige, die derartige Wellen schlugen, so dass ihre Schicksale – über Mundpropaganda – sogar in die Sagen und

Rüdiger freit um Kriemhild (Farblithographie um 1910)

Attila (Etzel), König der Hunnen (Relief aus dem 16. Jahrhundert)

Mythen ferner Länder eingingen, bevor sie schriftlich fixiert wurden. Besonders die nordischen Lieder und Dichtungen wie das Alte Atli-Lied, die Völsungasaga, die Ältere Edda und viele andere überliefern einen rasanten Cocktail über die bewegte Lebens- und Liebesgeschichte von Siegfried und Konsorten. Ein undurchdringlicher Dschungel von Anspielungen und Motiven, der den historischen Kern der Figuren im Lauf der Jahrhunderte immer weiter überwucherte.

Kriemhilds Todesspiel

Nach dem Mord an Siegfried durchlebt seine Witwe Kriemhild 13 schmerzvolle Jahre, bis eines Tages ein reich gekleideter Bote edler Abstammung am Wormser Hof erscheint. Markgraf Rüdiger von Pöchlarn soll im Auftrag von König Etzel aus dem fernen Hunnenland um die Hand der edlen Dame anhalten. Der ebenfalls verwitwete Herrscher sucht für sich eine neue Gemahlin und für seine sieben Töchter eine Mutter. Obwohl er selbst Heide ist, scheint dem Ehrenmann die tugendhafte Christin aus Burgund die geeignete Kandidatin zu sein. Kriemhilds Brüder Gunther, Gernot und Giselher hoffen auf eine Zusage ihrer Schwester. Nur Hagen fürchtet, nach der Heirat könnte die schöne Frau ihre Rachepläne wieder aufnehmen. Kriemhild, was so viel wie die »Kämpferin mit der Maske« bedeutet, lehnt die Minne zunächst ab, erlaubt dem Gesandten aber, bei ihr persönlich vorzusprechen. Mit vielen Worten rühmt er seinen Herrn und lockt sie mit der Aussicht, über zwölf Reiche, dreißig Fürsten und sämtliche Soldaten zu gebieten. Doch erst als ihr Rüdiger schwört, dass all das Leid, das ihr je widerfahren ist, nicht ungesühnt bleibt, willigt Kriemhild schließlich ein. Denn sie wittert Morgenluft. Hinter ihrer Trauer lodert die Sehnsucht nach Vergeltung gegen ihre Peiniger. Noch einmal zeigt Hagen seine ganze Macht und verhindert, dass sie den ihr verbliebenen Rest des Nibelungenschatzes mitnimmt. Schon bald zieht die Burgunderkönigin mit riesigem Gefolge ins Land des Etzel. Zu ihren Begleitern gehören Markgraf Eckewart, für eine kurze Wegstrecke ihre Brüder Giselher und Gernot sowie Ortewein, Gere und der Küchenmeister Rumolt.

Präzise benennt der Verfasser des Nibelungenliedes die einzelnen Stationen der Reiseroute. Von Worms geht es durch das Burgundenland entlang der Donau zur ersten Raststation im bayerischen Plattling unweit von Passau. Kurz darauf gesellt sich Bischof Pilgrim zu ihnen. Erfreut über den Entschluss seiner Nichte, bietet er ihr Geleit an. Ohne irgendwo lang zu verweilen, zieht der Tross über Eferding und Enns nach Pöchlarn, dem Stammsitz Rüdigers und seiner Frau Gotelind. Dort übernachtet Kriemhild mit ihrem Hochzeitszug, bevor sie über das österreichische Melk und Mautern nach Traismauer weiterreist, wo König Etzel eine große Festung sein eigen nennt. Die Kunde vom Liebreiz der Königin aus Burgund macht rasch die Runde. In freudiger Erwartung eilt der Herrscher der Hunnen Kriemhild entgegen. Mit ihm reiten Russen, Griechen, Polen, Wallachen, Ungarn, Dänen und Thüringer – eine internationale Schar christlicher und heidnischer Fürsten und Verwandter. In Tulln kommt es zur feierlichen Begrüßung, bei der auch Etzels Verbündeter, der gütige und weise Dietrich von Bern, zum ersten Mal in Erscheinung tritt.

Mit großem Pomp findet in Wien die Vermählung zwischen Kriemhild aus Burgund und Etzel aus dem Land der Hunnen statt. 17 Tage dauern die Feierlichkeiten, das Volk erhält zum Gedenken an das glanzvolle Ereignis zahlreiche Geschenke und Goldstücke aus dem prall gefüllten Staatssäckel. Am 18. Tag steht die Weiterfahrt zur Etzelburg in Ungarn bevor. In Hainburg legen die frisch Vermählten einen Zwischenstopp ein, bevor sie am nächsten Morgen bei Wieselburg das Schiff nehmen und auf der Donau gen Heimat segeln. Dort angekommen, erlebt das Paar einen warmen Empfang. Ausnahmslos jeder im Hofstaat ist von Kriemhilds Anmut und Lieblichkeit angetan – die neue Königin ein Gewinn für das Reich der Heiden. Im siebten Jahr bringt Kriemhild einen Sohn mit Namen Ortlieb zur Welt. Die Idylle scheint perfekt, Etzel liebt seine Gemahlin, die Untertanen achten und verehren sie. Nur Kriemhild kann ihren Kummer um Siegfrieds Tod nicht verwinden. Selbst jetzt sinnt sie noch immer auf Rache. So überredet sie Etzel, ihre Familie und Freunde aus Worms zum Sonnenwendfest nach Ungarn einzuladen. Den Überbringern der Nachricht befiehlt sie, nichts von ihrem Schmerz verlauten zu lassen und Mutter Ute, Gernot sowie Giselher ihre tiefe Zuneigung zu übermitteln. Auch sollen sie Hagen von Tronje unbedingt mitbringen. Das Unheil nimmt seinen Lauf. (Aventüren 20–23)

Nach zehn Tagen erreichen Etzels Boten die Feste zu Worms

Auf der Reise zum Hof König Etzels versucht Hagen, einen Priester zu ertränken.

Volker von Alzey, Spielmann am Hof der Burgunder (Skulptur von Georg Wrba)

und sprechen wie befohlen die Einladung aus. Hagen von Tronje reagiert sofort misstrauisch, während Gunther, Gernot und Giselher die Fahrt unbedingt antreten wollen. Andere Höflinge werden um Rat befragt – darunter auch der Küchenmeister Rumolt, der ebenfalls eindringlich zur Absage mahnt. Über viele Verse erstreckt sich das Für und Wider. Schließlich einigen sich die Männer, mit einem waffenstarrenden Heer aus den 1000 besten Soldaten des Landes ins Hunnenreich zu ziehen. Etzels Gesandte werden so lange am Hof festgehalten, bis der Burgundertrupp selbst reisefertig ist. Eine List, um einen etwaigen Hinterhalt durch Kriemhild zu vereiteln. Im fliegenden Galopp reiten die Kuriere voraus und kündigen die Ankunft der Gäste an. In Etzels Palast werden daraufhin die notwendigen Vorbereitungen für das Ereignis in Angriff genommen. In Worms heißt es Abschiednehmen. Mutter Ute orakelt über den Ausgang der Reise und erzählt den Söhnen ihren aufwühlenden Traum, in dem alle Vögel des Landes tot vom Himmel fielen. Doch wie es Helden geziemt, nehmen die Ritter ihr Schicksal furchtlos an. Brünhild und Gunther verbringen noch eine stürmische Liebesnacht – dann überqueren die Burgunden den Rhein. Auf der weiten Expedition nach Ungarn unterstützt ein Kaplan die Schar, täglich liest er den Gläubigen die Messe. Schon jetzt erfährt der Zuhörer, dass der fromme Mann als einziger das bevorstehende Drama überleben wird. Hagen von Tronje und sein Marschall Dankwart führen die Nibelungen, wie die Burgunden fortan immer wieder mal genannt werden, sicher durch Ostfranken bis an die Donau. Doch der Fluss ist angeschwollen und die Strömung stark, so dass die Männer die Boote nicht besteigen können, ohne in Lebensgefahr zu geraten. Das Hochwasser verrät nicht nur, dass die Reise zum Sonnenwendfest im Frühjahr stattgefunden hat. Die Beschreibung symbolisiert auch, dass die Welt der Burgunden aus den Fugen gerät.

Hagen sucht nach einem Fährmann, der sie übersetzen könnte, und trifft dabei auf zwei Nixen. Die hellsichtigen Frauen sagen ihm den Tod der gesamten Sippschaft mit Ausnahme des Kaplans voraus, sollten sie je die Etzelburg betreten. Als er nicht auf sie hören will, verraten ihm die weisen Wasserfrauen den Aufenthaltsort des einzigen Fährmannes der Region. Doch der Alte lehnt den Auftrag ab, so dass der Burgunder ihn wutentbrannt enthauptet und das große Schiff selbst steuert. Die Aktion gelingt – 1960 Frauen und Männer gelangen sicher ins Etzelland. Den Kaplan aber stößt Hagen zuvor ins Wasser, um das Eintreffen der Weissagung zu verhindern. Vergeblich, der Pfaffe kann sich retten. Von da an weiß Gunthers Vogt: Das Schicksal lässt sich nicht abwenden. Entschlossen zertrümmert er die Fähre, damit keiner dem tragischen Los entgehen kann. Der starke Spielmann Volker übernimmt fortan die Führung der Reisegruppe – dicht gefolgt vom Markgrafen von Bayern. Mit einem riesigen Heer will er den Mord an seinem Fährmann rächen. Eine heftige Schlacht entbrennt, aus der die Nibelungen als Sieger hervorgehen. Nach einer Rast auf dem Sitz des Bischofs Pilgrim von Passau erreicht der Tross die Grenze zu Österreich. Dort stoßen sie auf den schlafenden Wächter Eckewart, einen Getreuen Kriemhilds und des Markgrafen Rüdiger von Pöchlarn. Der Vasall organisiert für die übermüdete und hungrige Schar eine Unterkunft. Die Nibelungenkönige und ihr Gefolge nehmen bei Rüdiger für vier Tage Quartier. Während der großzügigen Festgelage auf der Burg verlobt sich Giselher mit der lieblichen Tochter Rüdigers. Bevor der Gastgeber die illustre Gesellschaft endlich an den Hof von König Etzel geleitet, erhalten die Hoheiten aus Burgund – wie in jener Zeit üblich – kostbare Geschenke: Gunther dankt für ein Streitgewand, Gernot nimmt ein Schwert an, Hagen bekommt auf seinen Wunsch einen Schild aus dem Familienbesitz und Spielmann Volker schmückt sich mit sechs Ringen aus der Truhe der Gotelind. Dem Gutmenschen Giselher steht der Sinn nicht nach Kriegsgerät und Tand – er bevorzugt die liebevolle Umarmung seiner frisch gewählten Braut. Und wie stets am Ende einer Szene kündigt der Verfasser der Verse das dramatische Ende des Epos durch Kriemhilds gnadenlose Rache an.

Dietrich von Berns Waffenmeister, der alte Hildebrand, erfährt als Erster von der Ankunft der Burgunden. Gemeinsam mit seinem Herrn, der bei Etzel im Exil lebt, und einigen Rittern aus dem Land der Amelungen empfangen sie die Reisegesellschaft vor den Toren. In aller Eindringlichkeit warnen sie die Gäste vor Kriemhilds Rache und raten zur Umkehr. Vor allem Hagen, dem groß gewachsenen Helden mit dem düsteren Blick, gilt der Zorn des unglückseligen Weibes. Zunächst lässt sie heimlich die mitgereisten Knechte erschlagen. Dann erst begrüßt sie ihre angereiste Familie, beschimpft Hagen als Mörder und Dieb und fragt ihn, warum er ihr Eigentum, den Nibelungenschatz, nicht mitgebracht habe. Die Antwort, er liege unwiederbringlich im Rhein versenkt, quittiert sie mit den Worten: »Ein Mord und zwei Raubtaten, war mir dadurch genommen, dafür möchte ich Arme meine Sühne nun bekommen.« Sie verbietet den Recken, ihre Waffen zum Festmahl in den großen Saal mitzubringen, stößt aber auf Gegenwehr. Als Kriemhild wütend wird, stellt sich Dietrich von Bern schützend vor Hagen und weist die Königin in ihre Grenzen. Auch Etzel ist Siegfrieds Mörder herzlich willkommen, denn vor vielen Jahren erteilte der Hunnenherrscher Hagen den Ritterschlag und nahm ihn eine Zeit lang in seine Dienste. (Aventüren 24–28)

Ab dem 29. Abenteuer spitzt sich die Lage unaufhaltsam zu. Hagen von Tronje und der hünenhafte Spielmann Volker setzen sich auf eine Bank vor dem Palast der schönen Kriemhild. Beide beobachten durchs Fenster das bitterliche Jammern der gefühlskranken Frau. Sogleich eilen eine Handvoll Ritter in ihre Kemenate, die ihr Leid sühnen wollen. Mit 300 Recken im Schlepptau nähert sich Kriemhild ihrem Erzfeind, der Volker noch schnell zur Rittertreue verpflichtet. Um die Königin zu demütigen, bleiben beide Edelleute sitzen, als sie vor der Bank anhält. Hagen hat Siegfrieds Schwert, mit dem er ihn einst durchbohrte, demonstrativ auf seinen Schoß gelegt. Schmerzerfüllt stellt ihn die Gastgeberin zur Rede, doch Hagen verhöhnt sie. Ein Kampf findet nicht statt, zu sehr fürchten Kriemhilds Getreue die beiden Degen. Auch erinnern sie sich an Hagens enge Verbundenheit mit König Etzel. Einmal mehr wird die Machtlosigkeit Kriemhilds klar – trotz ihres hohen Ranges. Schon bald danach findet die Zusammenkunft mit dem Herrscher der Hunnen statt. Es folgt eine Aufzählung namhafter Persönlichkeiten, die bei der Sonnenwendfeier zugegen sind. Getafelt wird im Prunksaal der Etzelburg mit mehr als 1000 Mann. Wie der Autor versichert, ist es ein rauschendes Fest mit erlesenen Speisen und Getränken. Die Nacht verbringen die Burgunden in einem riesigen Saal, der für jeden einzelnen Gast ein luxuriöses Lager bereit hält. Doch die Männer sind in Sorge um ihr Leben. Deshalb bietet Hagen an, selbst die Schildwache zu übernehmen. Volker hilft ihm dabei, nicht ohne zuvor ein Gute-Nacht-Ständchen zu fiedeln. Dann postiert er sich vor der Tür. Kriemhilds Attentäter lassen nicht lange auf sich warten, doch der Plan misslingt, sie werden rechtzeitig entdeckt und in die Flucht geschlagen. Am nächsten Morgen läuten die Glocken zur Messe – Heiden und Christen beim gemeinsamen Gebet. Das kann nicht gut gehen, obwohl in Etzels Reich Religionsfreiheit herrscht. Hagen und Volker nutzen jede Gelegenheit zur Provokation. So lassen sie ihre Gefolgsleute in voller Rüstung zum Gottesdienst aufmarschieren. Damit nicht genug: Die Männer verursachen ein Gedränge, so dass Kriemhild nur mit Mühe an ihnen vorbei kommt.

Nach dem Kirchgang finden im Burghof Kampfspiele nach Landessitte der Gäste statt. Dietrich von Bern und Markgraf Rüdiger verbieten ihren Truppen, daran teilzunehmen. Sie spüren den Unmut unter den Burgunden und wollen die Lage nicht verschlimmern. Dafür treten die Thüringer und Dänen gegen Gunthers Heere an. Es kommt, wie es kommen muss: Aus bösem Willen sticht Volker einen Hunnen nieder. Als sich Tumult anbahnt, fährt Etzel zornentbrannt dazwischen und stellt sich hinter Hagens treuen Gesellen. Er droht seinen Leuten mit Enthauptung und erlaubt den Edelleuten aus Burgund, zum eigenen Schutz mit Degen und Schild zum Mahl zu erscheinen. Kriemhild wendet sich hilfesuchend an Dietrich von Bern. Der aber beschwört sie, Gnade walten zu lassen und verweigert seine Unterstützung. So wendet sich die Königin an Etzels Bruder Blödelin, der den Auftrag, Hagen zu töten, gegen ein großzügiges Honorar bei nächster Gelegenheit ausführen will. Wieder zu Tisch, führt Etzel den gemeinsamen Sohn Ortlieb stolz an Hagens Platz. Er rühmt die Burgunden als »edel, mächtig, stark und wohlgetan« – so, wie sein Sohn einmal werden soll. Daher schlägt er zum Entsetzen seiner Gemahlin vor, dass Ortlieb am Wormser Hof zum Manne erzogen wird. Hagen aber verspottet den Buben mit den Worten: »Doch ist der junge

König so schwächlich anzusehen.« Die Anwesenden zeigen sich verstimmt, selbst Etzel würde seinen ehemaligen Getreuen nun lieber tot als lebendig sehen. Kurz darauf zieht Etzels Bruder Blödelin mit seinen Soldaten zur Herberge, in der sich Hagens Bruder Dankwart mit Rittern und Knechten die Zeit vertreibt. Der Hunne fordert den Burgunder zum Kampf, um endlich Siegfrieds Tod zu rächen. Es entsteht eine blutige Auseinandersetzung mit hohen Verlusten auf beiden Seiten. Blödelin stirbt als Erster und nach ihm noch 9000 Mann – so zumindest vermeldet es der Dichter. Nur der furchtlose Dankwart übersteht den Angriff unbeschadet und eilt zu Hagen auf die Etzelburg. Als er berichtet, was geschehen ist, enthauptet der Vogt vom Rhein kurzerhand den kleinen Ortlieb. Der Kopf des Knaben fällt in Kriemhilds Schoß. Von da an gibt es kein Halten mehr. Hinter verschanzten Toren hauen und stechen die Männer wie Barbaren aufeinander ein. Dazu spielt der starke Volker auf seiner Fiedel. Ein makabres Szenario.

Selbst der gütige Dietrich von Bern muss um sein Leben fürchten. Kriemhild fleht den friedfertigen Mann an, ihr zur Flucht zu verhelfen. Da verschafft sich Dietrich lautstark Gehör und fordert Gunther eindringlich auf, die Waffen niederzulegen. Er bittet für König Etzel, Kriemhild, sich und seine Amelungen um freies Geleit – im Gegenzug sei er den Burgunden stets ein treuer Diener. Auch Markgraf Rüdiger kann mit seinem Heer abziehen. Dann geht der Kampf weiter. Am schlimmsten treibt es Volker, der jeden, der sich der Tür naht, tötet. Giselher und die anderen schleppen 2000 schwer verwundete und getötete Hunnen vor den Palast und werfen sie die steinernen Stufen hinunter. Spätestens nach dem Sturz in die Tiefe sind alle tot. Überall auf der Burg erhebt sich Wehklagen, auch König Etzel trauert um seine Getreuen. Volker verhöhnt ihn daraufhin mit unziemlichem Spott. Kriemhild hetzt erneut und fordert Hagens Kopf. Doch niemand hat den Mut, gegen die schlagkräftige Truppe aus Worms anzutreten. Nur Iring von Dänemark greift zum Schwert und fordert den grimmigen Recken heraus. Als er ihm nichts anhaben kann, versucht er sich an Volker, Gunther, Gernot und schließlich an Giselher. Das Kind, wie ihn der Dichter häufiger nennt, setzt Iring schwer zu, er strauchelt, Waffe, Schild und Rüstung sind beschädigt. Umgehend erhält er eine bessere Garnitur – doch sie nutzt ihm nichts. Plötzlich wirft Hagen seinen Ger nach ihm und durchbohrt sein Haupt. Iring ist tot. Sofort drängen die Gewährsleute nach. Bis in die Nacht dauert der erbitterte Kampf um Leben und Tod. Dass so viele ihr Leben lassen, ist nach Ansicht des Verfassers die alleinige Schuld des teuflischen Hagen. Durch sein Verhalten hat er die Gastgeber bis aufs Messer provoziert und alle in den Rachefeldzug hineingezogen. Gunther, Gernot und Giselher treffen mit Etzel und Kriemhild zusammen und beteuern ihre Unschuld an dem Unheil. Sie beschwören, sie seien als Freunde gekommen und fordern freies Geleit. Etzel lehnt dies kategorisch ab. Die zornige Kriemhild schaltet sich ein und verspricht, dass sie gegen Hagen als Geisel die Brüder ziehen lassen wolle. Doch König Gunther händigt seinen Vasallen nicht aus. Die sprichwörtliche »Nibelungentreue« unter den Rittern wiegt stärker als Familienbande, das muss die Königin zum zweiten Mal in ihrem wechselvollen Leben erfahren. Daraufhin erteilt sie den Befehl, den Palastsaal abzusperren und anzuzünden. Ein vernichtendes Feuer bricht aus und wütet viele Stunden lang. Der kaltblütige Hagen rät seinen Leuten, das Blut der Toten zu trinken, um bei Kräften zu bleiben. 600 Mann erleben den nächsten Morgen, als sich die Hunnen noch einmal zum Angriff formieren. Aus dem Festsaal ist längst ein Schlachtfeld geworden. (Aventüren 29–36)

Markgraf Rüdiger von Pöchlarn betritt den Schauplatz. Wie gerne würde er das Elend abwenden. Als Rüdiger dann aber vernimmt, wie ihn einer von Etzels Getreuen beschimpft, weil er bislang nicht gekämpft habe, tötet er den Lästerer mit einem Hieb. Von da an kann er sich nicht länger raushalten. Kriemhild kommt hinzu und fordert ihren Vasallen auf, seine bedingungslose Treue, die er ihr einst schwor, unter Beweis zu stellen. Die Majestäten werfen sich ihm flehend zu Füßen und offerieren ihm die Königswürde. Rüdiger fürchtet zunächst um den Verlust seiner ritterlichen Ehre, seines reinen Gewissens und seiner Redlichkeit, wenn er die Burgunden bedrängt. Umso schwerer ringt er mit sich, da er Giselher seine Tochter versprochen hat. Ein Dilemma, denn entweder gilt Etzels Vasall als Hochverräter oder er muss gegen seine christliche Überzeugung handeln. Lieber würde Rüdiger all sein Hab und Gut hergeben und ins Elend ziehen als gegen die Burgunden anzugehen. Doch schließlich steht er zu seinem Eid, sein Leben aufs Spiel zu setzen. Kriemhild ahnt, welche Konsequenzen

Rüdigers Zustimmung bedeuten kann und bricht in Tränen aus. Dennoch unternimmt sie nichts, um die Eskalation der Gewalt einzudämmen. Mit 500 Soldaten und 12 Rittern tritt Rüdiger den Feinden vom Rhein entgegen. Bevor irgendetwas passiert, entschuldigt er sich wortreich, dass er sein Gelübde Kriemhild gegenüber erfüllen muss. Gernot warnt den Mutigen, ihn mit jenem Schwert zu erschlagen, das er von ihm als Geschenk erhalten hat. Auch Giselher mahnt, der Markgraf möge doch an Frau und Tochter denken, die doch seine Verlobte sei. Als Rüdiger dem kampfbereiten Hagen dann noch seinen eigenen Schutzschild schenkt, beginnen die anwesenden Ritter zu weinen. Selbst der eiskalte Hagen verbirgt seine Gefühle nicht. Er versichert, dass er nie gegen Rüdiger Hand anlegen wolle, selbst wenn dieser alle Burgunden erschlüge. Im anschließenden Waffengefecht halten sich Gunther, Hagen und Volker tatsächlich vom Heerführer der Hunnen fern, der im Verlauf des Scharmützels unzählige Gegner niederstreckt. Als Kriemhilds »Soldat« schließlich mit Gernot zusammentrifft, töten sich die beiden Männer gegenseitig. Rüdigers Schicksal ist erfüllt.

In 206 Versen schildert der Dichter den letzten Akt des Dramas, in dem die Burgunden den Soldaten des Dietrich von Bern gegenüber stehen. In jenem Kampf verlieren schließlich auch die Edelmänner Giselher und Volker ihr Leben, ebenso das gesamte Heer des Königs von Bern. Nur sein getreuer Freund Hildebrand überlebt das Desaster. Fassungslos über die große Not auf beiden Seiten, rüstet sich nun auch Dietrich und tritt vor Hagen und Gunther. Er wirft ihnen das Unrecht vor, das sie Rüdiger und seinen Soldaten angetan haben und fordert sie auf, sich als Geisel nehmen zu lassen. Wenn sie seiner Aufforderung folgten, würde er sie sicher an den Rhein zurück geleiten. Dafür garantiere er mit seinem Leben. Doch die Fürsten aus Worms wollen davon nichts hören. Nach heftigem Wortwechsel überwindet Dietrich zuerst seinen Gegner Hagen im Zweikampf und verwundet ihn schwer. Königin Kriemhild ist selig und lässt Gunthers Vasallen in ein Haftgemach bringen. Auch ihr Bruder wird von Dietrich überwältigt und in die Kammer mit Hagen gelegt. Als sich dieser hartnäckig weigert, der triumphierenden Herrscherin den Nibelungenhort wieder zu beschaffen und auch keine Reue wegen des Mordes an Siegfried zeigt, lässt Kriemhild kurzerhand ihren Bruder Gunther

Kriemhilds Ende (Gemälde von Julius Schnorr von Carolsfeld)

enthaupten. Den Kopf präsentiert sie dem Helden von Tronje, der seinen Schmerz nicht verhehlen kann. Er beschimpft die Regentin als Teufelin, worauf hin sie Siegfrieds Schwert Balmung ergreift und dem verhassten Mann den Kopf abschlägt. König Etzel steht fassungslos da, während Dietrichs Vertrauter Hildebrand seine Waffe ergreift und Kriemhild in »Stücke haut«. Die wenigen Überlebenden klagen und jammern über die vielen Toten – ein Bild des Grauens: »Mit Leid war beendet des Königs Festlichkeit«. Den Schluss des Epos verkünden acht Zeilen:

Ich kann euch nicht bescheiden, was später nun geschah.
Die Christen und die Heiden man weinen da sah,
Weiber und Knechte und manche schöne Maid.
Die trugen um ihre Freunde das allergrößeste Leid.

Ich sage euch nicht weiter von der großen Not –
Die da erschlagen waren, die lasset liegen tot –
was das Geschick den Hunnen fürderhin beschied.
Hier hat die Mär ein Ende. Das ist der Nibelunge Lied.
(Aventüren 37–39)

Das Lied der Nibelungen – ein symbolstarkes Sittengemälde, das über einprägsame Charaktertypen die gültigen Werte um 1200 propagiert und zugleich die verheerenden Auswirkungen unchristlichen Verhaltens anprangert. Die Anklage gilt hauptsächlich der schönen Kriemhild, der alles überragenden Hauptfigur. Nach Ansicht vieler Forscher könnte die gesamte Dichtung auch unter dem Titel »Kriemhilds Liebe und Rache« zusammengefasst werden. Denn von Anbeginn bestimmt sie das wesentliche Geschehen im Epos. Sie erfährt als Einzige eine innere Wandlung und löst durch ihre Fehde mit Brünhild die schicksalhafte Wendung der Burgunden aus und aller, die in ihrem nahen Umfeld leben. Kriemhild entwickelt sich vom tugendhaften Backfisch über die liebende Ehefrau zur stolzen Königin, die einem Racheengel gleich ohne Rücksicht auf Verluste ihr grausames Ziel verfolgt. Dabei sprengt sie alle höfischen Sitten jener Zeit und lässt sogar den gemeinsamen Sohn mit Siegfried ohne mütterliche Liebe bei ihrem Schwiegervater in Xanten aufwachsen. Offensichtlich ignoriert sie sämtliche Moralvorstellungen – eine merkwürdige Frau. Ihre Ermordung durch den rechtschaffenen Hildebrand muss das mittelalterliche Publikum als gerechte Strafe ihres unvernünftigen Handelns empfunden haben. Gemäß der damaligen Vorstellung stellt seine Tat die von Gott vorgesehene Ordnung auf Erden wieder her. Wie diese im Detail auszusehen hat, unterliegt allein Kirche und Staat als oberster Gesetz gebender Gewalt. Allgemeiner ausgedrückt: Die Mahnung des Dichters geht an den machtbewussten Adel, der frei nach der Devise »Faustrecht und Blutrache« seine Privilegien missbraucht.

Kriemhilds Gegenspieler ist Hagen von Tronje. Nach Stand der Forschung existiert für ihn kein historisches Vorbild, auch wenn er immer mal wieder mit Hakon von Trondheim verglichen wird, der 1217 als erster König eines vereinten Norwegen den Thron bestieg und seinem Volk Gerechtigkeit und Wohlstand brachte. Vielmehr herrscht die allgemeine Meinung, dass es sich bei Hagen um eine alte Sagenfigur handelt, die im Epos die Rolle des einzig echten Germanen erfüllt. Das hindert Fachleute aber nicht daran, sein Auftreten und Handeln im Nibelungenlied kontrovers zu diskutieren. Die einen sehen in ihm einen klugen Realpolitiker, andere behaupten, er personifiziere das Böse schlechthin. Er sei es, der Kriemhild in die Raserei getrieben und so den Untergang der Burgunden forciert habe. Fakt ist, der Kronvasall besticht durch seine unumstößliche Königstreue und durch sein geschicktes Ränkespiel, mit dem er die eher blassen Brüder Gunther, Gernot und Giselher wie Figuren auf dem Schachbrett hin und her schiebt – natürlich ausschließlich für die Ehre des Reiches, wie er behauptet. Dabei helfen dem ehrgeizigen Mann Charaktereigenschaften, die auch im 21. Jahrhundert noch viele mächtige Persönlichkeiten aus Politik und Wirtschaft kennzeichnen. Er agiert kaltblütig, vorausschauend, listig, rücksichtslos und entschlossen – Gewissensbisse, Großmut oder Milde gehören nicht zu seinen Tugenden. So gibt es auch für ihn nur ein mögliches Ende: den Tod. Sozusagen als Quittung für sein barbarisches Vorgehen als Mensch und Politiker.

Anders Dietrich von Bern, der als unbestechlicher Gutmensch bis zuletzt die Fahne der Ehrbarkeit hochhält und neben Etzel und dem alten Hildebrand den blutrünstigen Zwist auf der Etzelburg überlebt. Dietrich gilt den Burgunden und Hunnen als überlegener König der Amelungen, obwohl er bereits seit rund 30 Jahren bei Etzel im Exil lebt, ohne sein verlorenes Reich je zurückzuerobern. Die Amelungen in der Heldensage entsprechen den historischen Amalern, einem Herrschergeschlecht der Ostgoten. Das Volk siedelte nach mehreren Kriegen und Wanderungsphasen ab Mitte des 5. Jahrhunderts in der römischen Provinz Pannonien. Das Gebiet umfasste den westlichen Teil Ungarns, das Burgenland, Teile der Ost-Steiermark, Serbien sowie das heutige Slowenien und Kroatien. Der schillerndste Vertreter der Dynastie ist Theoderich der Große, der 489 auf Befehl des oströmischen Kaisers Zenon von Byzanz in Italien einfiel und seinen Erzfeind Odoaker bei Verona besiegte. Anschließend ließ er sich für mehrere Jahre in der norditalienischen Stadt nieder. Im Jahr 493 trat er bei Ravenna erneut gegen den germanischen König an und erschlug ihn eigenhändig nach einem gemeinsamen Versöhnungsmahl. 497 wurde Theoderichs Herrschaft als Vizekönig in Italien offiziell anerkannt. Er galt als Friedensfürst, weil es ihm mit geschickter Politik gelang, Goten und Italer zu einem Leben in einträchtiger Koexistenz zu bewegen. Als hartnäckigster Konkurrent außerhalb des Reiches trat der Frankenherrscher Chlodwig I. auf, der Theoderichs Bündnisbestrebungen immer wieder durchkreuzte. Er konnte aber nicht verhindern, dass der mächtige Ostgote seine Schwester heiratete und so an Einfluss gewann. Am Ende seiner Herrschaft aber musste Theoderich kapitulieren. Sein Versuch, mit Burgunden, Vandalen, Thüringern und Westgoten im Kampf gegen Byzanz ein Staatengefüge zu etablieren, scheiterte aufgrund innergermanischer Glaubensstreitigkeiten. Mit dem Tod Theoderichs 529 in Ravenna begann schließlich der unaufhaltsame Niedergang der Goten, die 553 endgültig besiegt wurden.

Dictrich von Bern alias Theoderich der Große – daran scheint seit dem frühen Mittelalter kein Zweifel zu bestehen.

Dietrich von Bern ist nicht nur schlichtweg die deutsche Übersetzung für Theoderich von Verona, auch grundlegende Charakterzüge und historische Schlüsselszenen verweisen auf den legendären Gotenkönig. Als »Inbegriff des rechtmäßig erworbenen germanischen Herrschertums in Italien« markiert er den Anfang abendländischer Kaiser, die aus den Reihen der Germanen an die Spitze drängen. Um 1220, als das Nibelungenlied entsteht, steht Theoderich noch immer als Leitfigur herrschaftlicher Ziele hoch im Kurs. Seine Person spiegelt sich im zweiten Teil des Epos vor allem in Dietrichs Rolle als Mahner für Recht und Ordnung. Wo und wann aber aus Theoderich die Sagenfigur Dietrich entstand und welche Entwicklungen die späteren Niederschriften beeinflusst haben, liegt weitgehend im Dunkel. Wahrscheinlich stammen die ersten Informationen aus der ›Getica‹, einer frühen Geschichte der Goten, die der Gelehrte und Geschichtsschreiber Jordanes Mitte des 6. Jahrhunderts verfasste und die weithin bekannt war. Von dort gelangte der Held womöglich in das ›Hildebrandlied‹ aus dem 9. Jahrhundert. In dem unvollendeten Skript schildert der Autor die Geschichte des Waffenmeisters Hildebrand, der seinem Herrn Dietrich ins Hunnenland folgt, weil sich dieser vor seinem Widersacher Odoaker in Sicherheit bringen muss. Die Flucht werten Wissenschaftler als Reminiszenz an Theoderichs unfreiwilligen Aufenthalt in Byzanz. In seiner Jugend lebte er dort knapp zehn Jahre als Geisel von Kaiser Zenon, der ihn dort unter anderem an der Waffe ausbilden ließ. In den Quedlinburger Annalen aus der Wende zum 11. Jahrhundert ist Odoaker zum ersten Mal gegen den Gotenkönig Ermanerich ersetzt, obwohl dieser weder ein Zeitgenosse Dietrichs noch Odoakers war. Trotzdem verursacht die Umwandlung keinen Widerspruch, denn es entspricht dem Wesen des Heldenepos, Ereignisse und Personen aus verschiedenen Epochen auf eine Ebene zu heben, um eine Heldenwelt zu erschaffen, in der jeder jeden kennt, wie der Germanist Joachim Heinzle anmerkt. Fortan also ist Ermanerich, der vermeintliche Onkel Dietrichs von Bern, der Widersacher, der seinen Neffen in der Schlacht bei Verona bekämpft, die Dietrich jedoch gewinnt. Da der Amaler aber seine siegreichen Kämpfer nicht bezahlen kann, schickt er sieben Recken aus, um neues Gold zu holen. Sie werden von Ermanerich gefangen genommen und erst frei gelassen, als Dietrich das Land verlässt. Sein erster Weg führt ihn zum Hunnenkönig Etzel, der ihm freundschaftlich zugetan ist. Er hilft ihm, ein neues Heer auszustatten, mit dem der mutige Degen erneut gegen seinen Verwandten ins Feld zieht. Bei Ravenna kommt es zum Gefecht, in dem Dietrich unterliegt. Erst den zweiten Kampf kann er für sich entscheiden, doch der Sieg kostet Etzels Söhne das Leben. Zurück am Hof von Etzel vergibt ihm der mildtätige Herrscher, seine Frau aber stirbt an gebrochenem Herzen.

Genau jene Zeit im Exil greift die Thidrekssaga, die altnordische Variante der Dietrichsage, auf – und zwar in Zusammenhang mit dem Schicksal der Niflungen, wie die Burgunden des Nibelungenliedes in der Niederschrift heißen. Das Sammelwerk aus dem 13. Jahrhundert existiert in drei unterschiedlichen Fassungen und erzählt die gesamte Vita des Heroen Dietrich. Obwohl, wie in jeder Dichtung üblich, manche Figuren andere Namen tragen und bestimmte Geschehnisse und Lokalitäten anders skizziert sind, lässt sich die Übereinstimmung beider Erzählungen nicht von der Hand weisen. Die Thidrekssaga verdeutlicht auch, warum Etzel im Nibelungenlied auf Dietrichs Seite steht. Der historische Anknüpfungspunkt verweist auf die tatsächliche Niederlage Ermanerichs gegen die Hunnen, die für die Goten Ende des 4. Jahrhunderts in eine Gefolgschaft mündete, die erst 454 endete. Daher lässt der Dichter Dietrich von Bern im Nibelungenlied als Vasall und engen Vertrauten von König Etzel auftreten, hinter dem sich niemand Geringerer als der historische Attila verbergen soll, der unerschrockene Anführer der Hunnen. Sein Name basiert auf dem gotischen Wort »atta«. Forscher erklären, dass in jener Epoche die wechselseitige Verwendung gotischer und hunnischer Namen bei beiden Völkern durchaus üblich war. Das verwundert wenig, siedelten sie doch in Ungarn in unmittelbarer Nachbarschaft. Attila, übersetzt »Väterchen«, galt als düsterer und brutaler Geselle, der sich mit seinem Vielvölkerheer grausamen Ruhm erwarb, was ihm den Beinamen »Geißel Gottes« einbrachte. Ganz anders als er gebärdet sich sein Alter Ego Etzel im Nibelungenlied, der als tolerant, erhaben und edel charakterisiert wird. Im Epos tritt er als mächtiger, aber passiver König in Erscheinung, den Kriemhild für die Vollstreckung ihrer Blutrache mühelos instrumentalisiert. Der Aristokrat unternimmt praktisch nichts, um die Burgunderin an ihrer Tat zu hindern. Der offensichtliche Widerspruch zur

Dietrich von Bern (Theoderich der Große, König der Ostgoten)

Stephan I., der Heilige, König von Ungarn

historischen Vorlage von Etzel brachte eine weitere Persönlichkeit der Geschichte ins Spiel, die vielleicht in die dichterische Ausgestaltung des Hunnenkönigs mit einfloss, ihn vielleicht sogar überlagert. Gemeint ist der Arpadenfürst Stephan I., der 1001 als erster König von Ungarn den Thron besteigt. Er ging in die Geschichte ein, weil er seinem Volk eine christliche Verfassung bescherte und zwei Erzbistümer sowie acht Bistümer gründete. Wenige Jahrzehnte nach seinem Tod wurde er 1083 für seine tugendreichen Taten von Papst Gregor VII. heilig gesprochen. Zu ihm passt nicht nur das milde Charakterbild Etzels im Nibelungenlied, auch die Etzelburg stimmt mit dem Standort der Residenz Stephans I. überein. Sie lag auf einem Hügel der Stadt Esztergom direkt an der Donau. Noch heute strömen Touristen zu der teilweise restaurierten Kernfestung, die erst 1934 freigelegt wurde.

Dass es sich beim Großteil der Schauplätze im Nibelungenlied um historisch nachweisbare Örtlichkeiten handelt, darin sind sich die Fachleute längst einig. Die in der Dichtung beschriebene Bühne des Geschehens liest sich wie ein mittelalterlicher Reiseführer entlang der großen Ströme Rhein und Donau mit ihren Burgen, Städten und Wäldern, Klöstern, Kirchen und Plätzen. Da die meisten Orte und mehr oder minder gut erhaltene Hinterlassenschaften noch existieren, erhält die Geschichte der Burgunden um Liebe, Ehre, Verrat und Rache einen glaubwürdigen Rahmen, der längst vergangene Zeiten in die Gegenwart hinein rettet. Davon ausgeschlossen sind lediglich das diffuse Reich der Nibelungen sowie das Stammgebiet der schönen Isländerin Brünhild. Ihre Heimat auf der Ritterburg Isenstein vor dem unwirtlichen Felsen Hindarfjall lässt sich wohl eher als mythische Chiffre einer sagenumwobenen Anderswelt deuten. Ähnlich verhält es sich mit dem Land

Der Lindenbrunnen von Heppenheim

Der Siegfriedbrunnen in Odenheim

Der Lindelbrunnen in Hiltersklingen

der Nibelungen, aus dem Siegfried den unermesslichen Schatz erlangt und das er schon beherrscht, als er um Kriemhilds Hand anhält. Vom Machtzentrum der Burgunder über Kriemhilds Reisestationen bis hin zu Etzels Residenz in Ungarn aber lässt sich eine Landkarte entwerfen, die auch beweist, dass im Nibelungenlied ständige Bewegung herrscht – und zwar von Westen nach Osten. Xanten am Niederrhein erstrahlt zwar nur kurz im Glanz, doch die Wahl als Siegfrieds Geburtsort geschah nicht zufällig. Xanten nahm um 1200 eine bedeutende Rolle ein und diente lange als Bischofsitz. Darüber hinaus könnte auch das Martyrium des heiligen Victor die Entscheidung beeinflusst haben. Dem römischen Legionär zu Ehren, der ebenfalls als Drachentöter in die Annalen einging, gründeten die Stadtväter im 4. Jahrhundert ein Kloster, das Ende des 12. Jahrhunderts um einen Dom erweitert wurde. Und nicht zuletzt bedeutet Victor »Sieger« – vielleicht die nächst liegende Verbindung zu Siegfried. Bis heute jedenfalls veranstalten die Bürger von Xanten alljährlich ein mittelalterliches Spektakel in Erinnerung an den Sagenhelden.

Von Xanten aus machte sich der junge Degen auf nach Worms. Auch wenn die Reiseroute nicht beschrieben steht, muss Siegfried über die bekannte Nord-Süd-Straße geritten sein. Sie begann an der Nordsee, führte durch das Rheintal vorbei an Xanten, Köln, Mainz, Worms über den Sankt Gotthard bis nach Rom. In Worms kreuzte die West-Ost-Route das Zentrum der Burgunden, die von Paris aus über Saarbrücken, Worms, Lorsch, Passau, Pöchlarn, Melk, Wien, Esztergom und Byzanz bis nach Jerusalem reichte – dem Ziel von Pilgern und Kreuzrittern. Legendär der sogenannte Strand von Worms, an dem Reisende unterschiedlichster Couleur zusammentrafen. Dort machte auch der Königssohn aus Xanten Halt, bevor er die Burg der Burgunden aufsuchte. Kriemhild hatte Gelegenheit, am Flussufer ihren zukünftigen Gatten Siegfried zu begrüßen und ihren Bruder Gunther mit seiner Braut Brünhild in Empfang zu nehmen. Heute heißt das inzwischen parkähnliche Gelände »Kieselwiese« und dient vor allem für Volksfeste. Worms selbst bietet eine Fülle an Kulissen. Unter dem Einfluss der Staufer avancierte die Stadt zum Mittelpunkt kaiserlicher Macht, Anfang des 5. Jahrhunderts stellte sie das Zentrum des Burgunderreiches dar. Jeder Reisende kannte den damaligen Regierungssitz. Zunächst sind da der spätromanische Dom mit dem Nordportal und dem Turnierhof sowie der Bischofspalast mit angrenzender Königshalle. Das einstige Wohnhaus des Klerus brannte aber 1689 nieder und liefert somit kein anschauliches Motiv mehr. Im Nibelungenlied ist das weitläufige Gebäude zum Palast umfunktioniert, in dem der Burgunder-Clan herrscht. Im Dom findet die Doppelhochzeit von Siegfried mit Kriemhild und Gunther mit Brünhild statt, in der Königshalle das anschließende Fest. Vor dem Nordportal, durch das nur der Hochadel die Kirche betreten durfte, stritten die beiden Damen um den Vortritt. Und Siegfried schwor an jenem Ort, seiner Frau nicht das Geheimnis von Gunthers Hochzeitsnacht mit Brünhild verraten zu haben. Die Szenen verweisen auf einen tatsächlichen Sachverhalt. Schon Friedrich Barbarossa deklarierte das Nordportal des Wormser Doms ausdrücklich zur Schwur- und Gerichtsstätte für kirchliche und weltliche Rechtsbelange. Deshalb lässt der Verfasser des Epos Hagen dort auch geloben, dass er Siegfried für seine Lüge bestrafen wird. Damit ist das Todesurteil über den Xantener gefällt.

Die Suche nach dem historischen Tatort für den Meuchelmord führte unter den Nibelungen-Forschern zu einem noch immer nicht abgeschlossenen Streit. Nach wie vor wird über vier Schauplätze für das Attentat debattiert, und alle befinden sich im Odenwald. Ausgangssituation im Nibelungenlied ist die anberaumte Jagd im Wasgenwald, der auf der Ostseite des Rheins auf einer Halbinsel vor den Bergen liegt. Planmäßig gibt es beim Picknick weder Wein noch Wasser. Daher machen sich Hagen, Gunther und Siegfried auf zur nächsten Quelle, die unweit eines Lindenbaums sprudelt. Eine Vermutung zielt auf ein Wasservorkommen auf dem Spessartkopf unweit von Grasellenbach. Seit etwa 1850 Anziehungspunkt für Wallfahrer und Kurgäste, die dem Ort so aus der Bedeutungslosigkeit verhalfen. Heute mahnt ein Steinkreuz an Siegfrieds plötzliches Ende, obwohl die Anhöhe mitten im Wald nicht der Beschreibung im Skript des Dichters entspricht. Das nur wenige Kilometer entfernte Städtchen Hiltersklingen nennt ebenfalls einen Siegfriedbrunnen sein eigen, den Urkunden seit 773 als »Lintbrunnen« bezeichnen, der aber sonst als Tatort nur wenige Wissenschaftler überzeugt. Odenheim hingegen passt da schon besser ins Bild: Dort präsentiert ein Steinrelief die Mordszene mit dem Anspruch, der historische Schauplatz zu sein. Tatsächlich geschah der hinterhältige Anschlag laut Handschrift C in »Otenheim«. Bis dahin aber hätte die kleine Gesellschaft von Worms aus zwei Tage gebraucht, denn Odenheim liegt südlich von Heidelberg. Die konzertierte Aktion lief aber an einem einzigen Tag ab, und so verliert auch diese Theorie an Schlagkraft. Bleibt nur noch Heppenheim übrig. Das Städtchen erfüllt die meisten Suchkriterien. Heute ziert die Siegfriedsquelle, die seit jeher »Lindenbrunnen« heißt, eine idyllisch gestaltete Grünanlage. Interessanterweise gehörte Heppenheim im Mittelalter zum Jagdgebiet des nahen Klosters Lorsch, das wiederum enge Beziehungen zu Worms pflegte. Darüber hinaus darf angenommen werden, dass der Dichter Lorsch gut kannte, sonst hätte er die Königshalle als letzte Ruhestätte Siegfrieds nicht so detailreich beschreiben können. Weiter gewinnt der Ort an Glaubwürdigkeit, wenn man bedenkt, dass die Großmutter des damals amtierenden Abtes, Uta von Calw, in der Nähe von Lorsch einen Landsitz bewohnte, den die Besitzerin »Uotenheim« oder eben »Otenheim«, das Heim der Uta, nannte. Auch die übrigen Angaben im Nibelungenlied passen auf Heppenheim: Die Lage der Quelle vor den Bergen unweit des Odenwalds auf einer Halbinsel, umgeben von einem Fluss, nämlich der Weschnitz. Und die Distanz zu Worms beträgt etwa 20 Kilometer. Der Mord, die Wartezeit danach und die Rückkehr an den Burgunderhof in den frühen Morgenstunden lassen sich in dem beschriebenen Zeitfenster mühelos bewältigen.

Weitaus greifbarer und präziser als im ersten Teil des Nibelungenliedes beschreibt der Autor die Schauplätze. Dies gilt auch für die Schilderung der Reiseroute von Kriemhild zu König Etzel. Die Orte lassen sich noch heute mühelos identifizieren, zumindest ab Pförring, wo sich die Gefolgschaft ans südliche Ufer der Donau übersetzen ließ. Im bayerischen Platt-

Die Apostel von Tulln (Aposteltor von St. Stefan)

Ruine der Burg Dürnstein im Donautal

ling steht die damals von Pilgern und Kreuzrittern viel besuchte Kirche St. Jakob. Dort nahm Kriemhilds Onkel, Bischof Pilgrim von Passau, seine Nichte in Empfang. Etwa 55 Kilometer davon entfernt liegt das Kloster Niedernburg zu Passau, in dem Etzels Braut übernachtete. Ein bedeutsamer Ort mit einer spannenden Geschichte: Dort lebte und starb im 11. Jahrhundert die Äbtissin Gisela, die tatsächlich die Nichte des Bischofs von Passau war. Als junge Frau heiratete sie den Ungarnkönig Stephan I., zu dem sie auf die Arpadenburg von Gran zog – mit einem riesigen Aufgebot an Christen und Heiden aus aller Herren Länder. Nicht nur, dass Kriemhild in ihrer neuen Heimat Herrscherin über ein ebenso bunt gemischtes Volk wurde, die Etzelburg von Esztergom ist mit der Arpadenburg von König Stephan identisch. Nach seinem Tod gerät Gisela durch heidnische Widerstandskämpfer in den Kerker, wird wieder freigelassen und übernimmt die Leitung des Klosters Niedernburg. Jenen Ort, den auch Kriemhild aufsucht. Daher vermuten einige Forscher, dass die Kriemhild-Figur – ähnlich wie die Etzels – von einem weiteren Vorbild gespeist ist, nämlich von der tiefgläubigen Gisela.

In Begleitung von Bischof Pilgrim geht die Reise weiter ins etwa 60 Kilometer entfernte Eferding. Auf der Burg Schaunberg, hoch über der Donau, konnte Kriemhilds Zug für eine weitere Nacht eine sichere und standesgemäße Unterkunft nehmen. Ansonsten genoss die Gegend wegen der vielen Raubritter einen eher zweifelhaften Ruf. In prunkvollen Zelten nächtigt die schöne Frau aus Burgund im heutigen Enns, um von dort aus stolze 70 Kilometer zur Festung des Markgrafen Rüdiger von Pöchlarn zurück zu legen. Von seinem Stammsitz blieben nicht einmal die Grundmauern erhalten. Der Vasall von Etzel führt die illustre Gruppe Tags darauf Donau abwärts

Liegt bei Aggstein der legendäre Amelungen-Schatz vergraben?

Die Etzelburg des Nibelungenliedes: die Königsburg der Arpaden in Ungarn

bis zur imposanten Burg Melk, die in jener Zeit als Benediktinerabtei diente. Der Burgherr eilte zu Kriemhild und ihrem Gefolge, die am Fuße des Berges rasteten, und wies den Weg zu den nächsten Stationen, die da Burg Aggstein und 18 Kilometer weiter Burg Dürnstein lauteten. Bei Aggstein soll auf dem Donaugrund der Amelungen-Schatz des Dietrich von Bern ruhen – bewacht von einer schönen Nixe. Auf Burg Dürnstein setzte man Richard Löwenherz in Haft, weil er den dort ansässigen Herzog beleidigt hatte. Er kam 1194 nach langen Monaten gegen ein üppiges Lösegeld frei, das England dem deutschen Kaiser Barbarossa auszahlen musste. Als das Nibelungenlied verfasst wurde, war die unangenehme Geschichte in aller Munde. Möglich also, dass der Ort nur deshalb erwähnt wurde. Am nächsten Rastplatz in Mautern verabschiedet sich Bischof Pilgrim von seiner Nichte Kriemhild und kehrt nach Passau zurück. Ohne große Pause zieht die Truppe bis zum nächsten Ziel in Traismauer, wo sie vier Tage verweilt. Lange konnten die Forscher nicht erklären, wo die Königin übernachtet hatte, es gab keine archäologischen Spuren. Das Rätsel gilt inzwischen als geklärt: Unter dem Renaissanceschloss der Stadt verbirgt sich ein zweistöckiges Römerkastell mit Wohnraum, Stallungen und Brunnen, im Mittelalter höchstwahrscheinlich eine adäquate Übernachtungsmöglichkeit.

Als König Etzel seiner Braut entgegen ritt, kam es auf dem Tullner Feld nahe der gleichnamigen Stadt zur ersten Zusammenkunft der versprochenen Eheleute. Bei diesem Anlass soll Kriemhild zwölf Recken zur Begrüßung geküsst haben. Glaubt man der Forschung, so sind diese Ritter ein humoriger Verweis auf die zwölf Apostel, die als steinerne Zeugen das romanische Westportal der Tullner Pfarrkirche St. Stephan zieren und die der Dichter kannte. In Wien schließlich fand die 17-tägige

Hochzeit statt, die mit allem Pomp gebührend gefeiert wurde. Auch dafür gibt es eine plausible Vorlage aus der großen Geschichte: Ebenfalls 17 Tage dauerte die legendäre Hochzeitsfeier des Babenberger Herzogs Leopold mit der byzantinischen Prinzessin Theodora im Jahr 1203. An dem Ereignis nahmen nicht nur namentlich Bischof Wolfger von Erla und Walther von der Vogelweide teil, auch der Dichter des Nibelungenstoffs soll dabei gewesen sein, wie aus seiner ausführlichen Beschreibung der Festivität herauszulesen ist. Längst lassen sich in Wien keine Spuren mehr finden, nicht einmal von der Babenberger Burg. Vorbei an den Ruinen des Heidentores von »Carnuntum« überqueren die frisch Vermählten dann die pannonische Donaugrenze und erreichen das heutige Hainburg. In der Festung hoch oben über der Stadt, noch immer das Wahrzeichen des Ortes, verbringen sie die Nacht, um dann bei Wieselburg in Ungarn per Boot auf der Donau circa 140 Kilometer abwärts nach Gran, dem heutigen Esztergom, zu gelangen. 13 Jahre später reisen die Burgunden mit Hagen, Gunther, Gernot und Giselher an der Spitze auf demselben Weg auf die Etzelburg (Arpadenburg), um ihrem Schicksal entgegenzutreten. Allerdings baut der Dichter in die Reise ohne Rückfahrschein eine mythische Szene ein, in der Zauberfrauen an einer Quelle düstere Vorhersehungen aussprechen. Der Platz, den der Autor meint, existiert nachweislich und ist in jener Zeit eine beliebte Orakelstätte im Gebiet des Kelsbachs unweit des bayrischen Dörfchens Pförring. Schon die Römer suchten die Quelle auf, die sie den Parzen, ihren Schicksalsgöttinnen weihten. Ein antiker Gedenkstein, der dort entdeckt wurde, ruhte lange als Beweisstück im Bayerischen Nationalmuseum in München, bis er im Zweiten Weltkrieg durch einen Bombenangriff verloren ging.

Mit der geschickten Mischung aus Fiktion und Fakten gelang dem Autor ein kulturhistorisches Zeitdokument, wie es vielschichtiger und informativer kaum sein kann – vorausgesetzt, die darin verschlüsselten Nachrichten lassen sich herausschälen. Um den mysteriösen Schatz der Nibelungen ranken sich seit jeher abenteuerliche Geschichten, die bis heute jedoch zu keinem Ergebnis geführt haben. So hält die Suche danach Fachleute ebenso in Atem wie hartnäckige Glücksritter. Dabei gibt das Epos nur wenig Aufschluss. Es heißt lediglich, Hagen reiße den unermesslichen Hort nach Siegfrieds Tod auf illegitime Weise an sich und »ließ ihn bei dem Loche versenken in den Rhein.« Wo ihn der Vogt von Burgund versteckte, blieb Zeit seines Lebens ein Geheimnis. Da hilft auch sein Standbild am Wormser Rheinufer nicht weiter. Die Hortversenkung ist nicht mehr als eine märchenhafte Übertreibung sagen die einen, andere glauben an eine historische Tatsache. Dass aus dem Rhein schon Schätze geborgen wurden, daran besteht kein Zweifel. So zum Beispiel 1967, als ein Bagger bei der Kiesförderung in einem Seitenarm beim pfälzischen Neupotz plötzlich auf ein Sammelsurium an alten Objekten stieß. Im Lauf der Zeit förderten Archäologen den größten spätantiken Schatz Europas ans Tageslicht: 1062 Gegenstände mit einem Gesamtgewicht von 700 Kilogramm, darunter etwa zehn Kilogramm Silber. Der Neupotzer Hort soll germanisches Raubgut sein, von Alemannen um 260 auf römischem Gebiet westlich des Rheins erbeutet. Bei dem Versuch, das Gewässer zu überqueren, seien die Krieger von Patrouillebooten der Kolonialmacht gestellt worden. Die wertvolle Beute ging in den Fluten unter, so zumindest lautet die Erklärung. An zwölf unterschiedlichen Stellen im Rhein konnten Ausgräber bislang Fundstücke bergen. Möglich also, dass sich der Verfasser der Nibelungenstory auf prominente versunkene Schätze berief, über die jeder im Mittelalter sprach. Eine andere Interpretation gründet auf dem einst nicht unbeträchtlichen Goldvorkommen im Rhein, für das renommierte Museen entlang des Stroms überzeugende Beweise bereit halten. Die Sammlungen beherbergen eine Vielzahl von Münzen, Kunsthandwerk und sogar ein ganzes Tafelservice aus Rheingold. Der versenkte Hort wäre demnach nicht mehr als eine dichterische Überhöhung des natürlichen Reichtums, den der Fluss den Bewohnern schenkte.

Mit derartigen Theorien erklären sich passionierte Schatzsucher wie Hans Jörg Jacobi nicht einverstanden. Der geschichtskundige Architekt geht fest davon aus, das Versteck des verlorenen Vermögens aus der Germanenzeit zu kennen, das einigen Wissenschaftlern zufolge mit großer Wahrscheinlichkeit existierte. Demnach besaßen die Burgunden einen Staatsschatz, den sie vielleicht vor dem Ansturm der Hunnen um 435 im Rhein versenkten. Der Historiker Eugen Kranzbühler meint, dass »Loch beim Rhein« nur eine gefährliche, schwer passierbare Stelle bezeichnen kann. Der einzige Ort nahe bei Worms, auf den die Kriterien passen, sieht Hans Jörg

Jacobi im mittelalterlichen Lochheim, etwa 15 Kilometer nördlich von Gernsheim. Im 13. Jahrhundert zerstörte eine katastrophale Überschwemmung das kleine Dorf, wie Urkunden belegen. An jener Stelle ist der Strom bis auf rund 20 Meter Tiefe ausgestrudelt und galt in der frühen Rheinschifffahrt als besonders heimtückisch. Aus diesen Informationen entwickelte Jacobi eine These, die sich zwar nicht beweisen lässt, die aber auch nicht völlig aus der Luft gegriffen wirkt: Der Nibelungenschatz gelangte in Amphoren oder ähnlichen Behältern auf den Grund des Flusses. Die Krüge habe Hagen geschickt miteinander verschnürt. Dann brachte er den Block in die Flussmitte und versenkte das Ganze im Rhein. Dabei wurde die Stelle mit sogenannten Visierlinien genau festgelegt, um sie bei Bedarf leicht wieder zu finden. Wie Geologen bestätigen, hat der Rhein über die Jahrhunderte sein Bett extrem weit verlagert. Es gibt nur eine Ausnahme: die Schleife bei Gernsheim. Geologische Strukturen halten den Strom dort seit jeher in seinem Bett. Es hat sich in den letzten 2000 Jahren um nicht mehr als fünfhundert Meter verlagert. Das bedeutet, dass der Schatz inzwischen auf Land liegen müsste, ungefähr 15 Meter tief in der Erde. Hans Jörg Jacobi hat mit dem Eigentümer des Geländes schon vor langer Zeit einen Vertrag abgeschlossen und darf seine Suche weiter betreiben. Über hundert Mal führte ihn seine Überzeugung schon in die Gemarkung beim »Schwarzen Loch«. Schon vor dreißig Jahren gab der Mainzer eine Probegrabung in Auftrag. Damals ließ er ein Stahlrohr in den Boden treiben, in das ein Taucher einsteigen konnte, um unter dem Grundwasserspiegel im alten Flussbett nach Hinweisen zu suchen. Das Unternehmen musste aber wegen Lebensgefahr für den Spezialisten abgebrochen werden. Ans Aufgeben denkt der leidenschaftliche Hobbyforscher dennoch nicht. Die letzte Unternehmung mit einer Wünschelrute lässt ihn hoffen, denn im Boden machte er eine verborgene Struktur in Form einer exakten Raute von etwa 10 Metern Seitenlänge aus. Sie könnte entstanden sein, als die Gefäße möglichst eng aneinander gestellt in den feuchten Schlick des Rheins positioniert wurden. Sobald er die nicht unerheblichen Mittel dafür aufgetrieben hat, will Hans Jörg Jacobi mit den Grabungsarbeiten beginnen, um einen der letzten großen Mythen deutscher Geschichte Realität werden zu lassen – den Schatz der Nibelungen.

DAS PHANTOM VON URUK – FAHNDUNG NACH KÖNIG GILGAMESCH

Ein Draufgänger wie Gilgamesch wäre im heutigen Medienzeitalter ein unangefochtener Superstar, der rund um den Globus für hohe Auflagen und Einschaltquoten sorgt. Schon vor Jahrtausenden lieferten seine Abenteuer den Stoff für Legenden. So machte ein Dichter den König von Uruk in Mesopotamien zum Titelhelden im ersten Bestseller der Weltgeschichte, dem Gilgamesch-Epos. In weit über 3000 Versen schildert der Autor auf elf Keilschrifttafeln die schlechten und guten Taten des umtriebigen Regenten aus dem Volk der Sumerer. Ein deftiges Lehrstück über Leben und Tod, Liebe und Hass, Leichtsinn und Einsicht. In den aufregenden Erlebnissen des Herrschers klingen bedeutende Themen an, die nach wie vor aktuell sind: der Kampf gegen Naturgewalten, der ewige Wunsch der Menschen, das Schicksal zu ergründen, die Furcht vor dem eigenen Ende und die Hoffnung auf Unsterblichkeit. Jedes Kind kannte die spannende Story, bis sie gleichzeitig mit der Keilschrift kurz nach Christi Geburt in Vergessenheit geriet.

Erst im 19. Jahrhundert sollte ein Engländer das älteste bekannte literarische Werk wieder ans Licht bringen: Sir Austen Henry Layard. 1839 entfloh der gelernte Jurist der düsteren Anwaltskanzlei in London, um auf der fernen Insel Ceylon (heute Sri Lanka) eine Stelle anzutreten. Fasziniert vom Zauber des Orients, brach der 22-Jährige die Reise unterwegs jedoch ab. Er lernte Arabisch, verschaffte sich Grundkenntnisse in Ausgrabungstechniken und landete schließlich 1846 nach Aufenthalten in Persien und Syrien in einem kleinen Dorf am Tigris. Für sein Vorhaben hatte der britische Botschafter in Istanbul bescheidene 60 Pfund Sterling zur Verfügung gestellt. Schon am nächsten Tag begann Layard mit der Arbeit – getrieben von der Idee, Ninive, die aus der Bibel bekannte Hauptstadt der Assyrer, zu finden. Der Engländer stieß auf die Rui-

Sir Austen Henry Layard, Altertumsforscher (1817–1894)

Monumentaler geflügelter Stier mit Menschenkopf. Eingang zur Zitadelle Sargons II. in Chorsabad

nen eines über zwei Hektar großen Palastes. Geflügelte Wesen bewachten den Eingang, detailgetreue Reliefs, die den Herrscher bei Kulthandlungen darstellten, und ausführliche, in den Stein gemeißelte Inschriften schmückten die Wände. Selbst die spektakulären Funde konnten den Briten aber nicht darüber hinwegtäuschen, dass er nicht den Ort seiner Träume ans Licht geholt hatte, sondern Kalach (assyrisch: Kalchu), eine andere Residenz des gefürchteten Kriegervolkes. Fast genau hundert Jahre später verbrachte übrigens Agatha Christie viele Wochen an der historischen Stätte. Die »First Lady des Kriminalromans« unterstützte ihren Mann, den Archäologen Max Mallowan, als Grabungsfotografin.

Layard fahndete unermüdlich weiter, nicht ahnend, wie nah er seinem großen Ziel bereits war. 1849 startete er, inzwischen offiziell von seiner Regierung beauftragt eine weitere Expedition – nur knapp vier Kilometer nördlich von Kalach, unweit der modernen irakischen Stadt Mosul. Ausgerechnet dort, wo kurz zuvor der Franzose Paul Emile Botta die Arbeit mangels Erfolg eingestellt hatte. Dem Engländer hingegen blieb das Glück gewogen. Sofort beim ersten Spatenstich entdeckte er einen der großen Paläste von Ninive. Das Gebäude barg eine Sensation: rund 30 000 Tontafeln, die meisten davon in Stücke zerbrochen und dicht an dicht mit Keilschriftzeichen bedeckt – die Bibliothek des Königs Assurbanipal. Sie enthält Wörterbücher und Grammatiken, Wirtschafts- und Verwaltungsdokumente, private und offizielle Briefe, Verträge und Urkunden, historische Berichte, medizinische, astronomische und mathematische Abhandlungen, Lieder und Hymnen sowie die großen philosophischen und literarischen Werke aus dcm Zweistromland. Sogar die Inventarliste mit dem gesamten Bestand der Sammlung blieb erhalten. Abgefasst sind die Texte in Ak-

Der Königspalast in Ninive, Rekonstruktionszeichnung von A. H. Layard

kadisch, der internationalen Hof- und Diplomatensprache jener Epoche.

Assurbanipal regierte von 669 bis etwa 630 vor Christus. Als Mann von umfassender Bildung und großer Weisheit rühmt er sich selbst in ausführlichen Inschriften. Nicht zu Unrecht, wie seine Korrespondenz mit den klügsten Köpfen der damaligen Zeit bezeugt. Nach einer langen Reihe blutrünstiger Tyrannen setzte sich der letzte bedeutende Herrscher der Assyrer ein Denkmal besonderer Art: Dank seiner Leidenschaft für schriftlich überlieferte Traditionen schenkte er der Nachwelt einen ungeheuren Hort an Wissen über die Wiege der Zivilisation und damit Einblick in ein lange verschlossenes Kapitel des Altertums.

Layard schickte die ungeheure Menge an Tontafeln ins Britische Museum nach London. Zwar ließ er sie sorgfältig verpacken, aber seine Helfer hatten die zahllosen Einzelteile willkürlich zusammengetragen. Nach Ankunft der wertvollen Fracht in England brauchte der Experte George Smith viel Zeit, um die Hinterlassenschaften aus Ninive wenigstens zu sichten. Der junge Mann übte eigentlich den Beruf des Stempelschneiders aus, nachts brachte er sich selbst Akkadisch und Keilschrift bei, die erst wenige Jahre zuvor überhaupt entziffert worden war. Allmählich arbeitete sich der Außenseiter zum Assyriologen und Assistenten des ehrwürdigen Hauses hoch. Unermüdlich brütete er über den Botschaften aus der Vergangenheit und entschlüsselte eine nach der anderen. Ein mühsames und langwieriges Puzzlespiel, musste er doch die zahllosen, zum Teil sehr kleinen Bruchstücke sinnvoll zusammenfügen.

Es dauerte 22 Jahre, bis der Autodidakt jenen Text in Händen hielt, der die wundersame Rettung des Weisen Uta-Napischtim

Tontafel mit Fragment des Gilgamesch-Epos (Schilderung der Sintflut)

Plateau der Anu-Zikkurat in Uruk

vor einer alles vernichtenden Flut schildert. Obwohl wichtige Abschnitte noch gar nicht vorlagen, alarmierte die weitgehende Übereinstimmung mit der Noah-Erzählung der Bibel den sonst so gelassenen Smith. Als er realisierte, was er las, geriet er in Panik und soll sich im ersten Schreck sogar die Kleider vom Leib gerissen haben. Im Dezember 1872 referierte er vor der »Society of Biblical Archaeology«. Der brisante Vortrag machte Schlagzeilen. War das Alte Testament etwa abgeschrieben, fragten sich nicht nur Gelehrte in aller Welt. Der Engländer erhielt den Auftrag, nach Ninive zu reisen, um die fehlenden Passagen zu suchen. Tatsächlich konnte der Hobbyarchäologe noch 384 Fragmente aus dem Schutt holen. Wenn die Schreiber Assurbanipals für lange Texte mehrere Tontafeln brauchten, nummerierten sie die Exemplare durchgehend und vermerkten auf dem letzten das Ende der Niederschrift. Dank dieser Sorgfalt fand Smith auch den Schluss der Flutgeschichte. Doch wie er feststellte, ist sie nur eine Episode in dem umfassenden Gesamtwerk, das einen König mit Namen Gilgamesch zum unsterblichen Helden erhebt.

Schauplatz seines abenteuerlichen Lebens ist Uruk, einst der mächtigste Stadtstaat der Sumerer im heutigen Irak, den die Griechen »Mesopotamien, Land zwischen den Flüssen« nannten. Seit jeher bilden die beiden Ströme Euphrat und Tigris die Lebensadern der gesamten Region. Im Osten markiert das iranische Zagros-Gebirge die Grenze, im Westen die arabische Wüste und das syrische Hochland. Während im hügeligen Norden mit seinem eher rauhen Klima ausreichend Regen und fruchtbare Böden Jäger und Sammler schon im achten Jahrtausend vor Christus sesshaft werden ließen, drohten dem heißen Süden mit seinen ausgedehnten Sümpfen ständig massive Überflutungen. Nach langen Trockenperioden fielen in

Grabungsort Uruk (Irak)

Eanna-Zikkurat in Uruk

Lehmziegelmauer, ca. 1000 v. Chr.

den milden Wintern um so heftigere Niederschläge, dazu kam das regelmäßige Hochwasser von Euphrat und Tigris. Erst als die Temperaturen leicht zurückgingen, wurde die riesige Schwemmebene, die im Lauf der Zeit durch die von den Flüssen mitgeführten Massen an Schlamm entstand, überhaupt bewohnbar.

Dass die ersten historisch bekannten Siedler, die Sumerer, im vierten Jahrtausend vor Christus von irgendwoher in das Gebiet einwanderten, ist in der Forschung inzwischen widerlegt, zumindest aber umstritten. Fest steht jedoch: Die »Schwarzköpfe«, wie sie sich selbst nannten, machten den südlichen Landesteil, der auch Babylonien hieß, mit großem Geschick urbar. Dann aber wuchs sich die Klimaveränderung vom Segen zum Fluch aus, das Wasser wich immer weiter zurück, und die Bauern konnten ihre Äcker nicht mehr bestellen. Aus der Not lernten sie, Kanäle zu graben und das kostbare Nass auch auf entlegene Felder zu leiten. Das flächendeckende Bewässerungssystem verlangte eine perfekte Organisation, denn die künstlichen Gräben mussten immer wieder gereinigt und repariert werden. Schnell merkten die Menschen, dass sie den ewigen Kampf gegen die Natur nur in Gemeinschaftsarbeit gewinnen konnten. So lösten sie kleine Dörfer nach und nach auf und konzentrierten sich fortan in größeren Siedlungen.

Uruk, das biblische Erech, wurde zur Keimzelle der städtischen Entwicklung. Aus bescheidenen Anfängen im fünften Jahrtausend vor Christus wuchs die Mutter aller Metropolen zur ersten Großstadt der Welt heran. Bereits zu Beginn des dritten Jahrtausends vor Christus spielte die quirlige Megacity eine bedeutende politische Rolle und erreichte mit einem bebauten Gebiet von fünfeinhalb Quadratkilometern, einer Fläche etwa drei Mal so groß wie Monaco, ihre größte Ausdehnung. In einfachen Häusern aus Lehmziegeln wohnten nach Schätzungen der Archäologen zwischen 30 000 und 60 000 Menschen. Praktisch aus dem Nichts hatten die Sumerer eine hierarchisch gegliederte Gesellschaft mit straffer Administration und einem geordneten politischen System geschaffen. An der Spitze stand der König, er zeichnete für das Wohlergehen seines Volkes verantwortlich. Über allem thronten zahlreiche Götter, die von den Sterblichen durch regelmäßige Opfergaben und entsprechenden Lebenswandel stets auf Neue milde gestimmt werden mussten. Zwei sogenannte Zikkurats prägten das Bild der stolzen Stadt. Der ältere der beiden Tempeltürme war Anu, dem Gebieter des Himmels, geweiht, der jüngere Terrassenbau Innana-Ischtar, der Schutzherrin von Uruk, Göttin der Fruchtbarkeit und Liebe. Zu den frühen bedeutenden Errungenschaften der Sumerer gehörten das Rad, der Pflug mit Saattrichter und die Töpferscheibe. In Massenfabrikation fertigten Handwerker Keramikgefäße und andere Gebrauchsgegenstände. Aus der Spezialisierung der Bewohner auf genau festgelegte Tätigkeiten entwickelten sich die ersten Berufe. Bauern, Viehzüchter, Wasserwächter, Lagerarbeiter, Inspektoren, Händler, Steinmetze, Ziegelmacher und Bauleute garantierten einen reibungslosen Ablauf des Alltags und sorgten für wirtschaftlichen Aufschwung. Als spärliche Entlohnung ließ der Regent seinen Untertanen oft knapp bemessene Nahrungsmittelrationen zuteilen.

Damals schlug die Geburtsstunde der Buchhaltung. Der immense Aufwand bei der Beschaffung und Verteilung von Material, die Beschäftigung vieler tausend Männer an öffentlichen Baustellen und die Verpflegung der schnell wachsenden Bevölkerung erforderte ein geordnetes, auch langfristig funktionierendes System. Der Weitsicht und dem Talent ihrer Verwalter verdanken die Sumerer ihre wohl genialste Erfindung: die Schrift. Zuerst erdachten sie nur Zahlen- und Bildzeichen, um Art und Menge der Waren in langen Listen zu registrieren. Im Lauf der Zeit abstrahierten kluge Köpfe die aufwändigen Piktogramme jedoch mehr und mehr. Mit der Vereinfachung kam ein speziell zugeschnittener Rohrgriffel in Gebrauch, der gerade Linien mit dreieckiger Spitze in die feuchten Lehmtafeln drückte. Diese »Keile« gaben der Schrift ihren Namen. Bald gehörte der Beruf des Schreibers, der eine lange und komplizierte Ausbildung erforderte, zu den angesehensten Ämtern in

Frauenkopf aus Uruk (um 3200 v. Chr.)

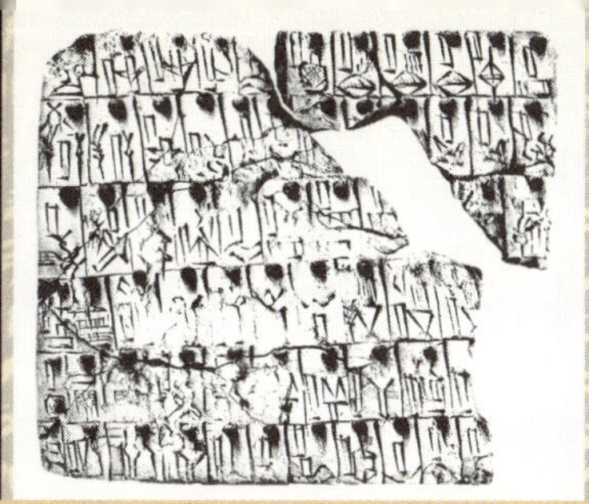

Tontafel mit Keilschrift: Verzeichnis von Baum- und Straucharten (um 3000 v. Chr.)

dem aufstrebenden Stadtstaat. Nach und nach schufen die gelehrten Männer weitere Zeichen für Silben und komplette Wörter. Es vergingen aber 500 Jahre, bis es ab Mitte des dritten Jahrtausends vor Christus gelang, das gesprochene Sumerisch zu dokumentieren. Die einzigartige Kombination der Schriftzeichen ließ sich sogar für andere Sprachen nutzen. Akkader, Babylonier, Assyrer, Elamiter, Hethiter und Perser übernahmen die bahnbrechende Entwicklung aus dem Zweistromland, die vor allem durch die diplomatische Korrespondenz eine schnelle und weite Verbreitung im Alten Orient fand.

Erst die Vollendung der Schrift machte es möglich, auch poetische, bis dahin nur mündlich überlieferte Stoffe zu sichern. Im 18. Jahrhundert vor Christus stellte ein unbekannter Autor damals schon uralte, voneinander unabhängige Erzählungen über den Herrscher von Uruk zur ersten Fassung des Gilgamesch-Epos zusammen, die jedoch nur bruchstückhaft erhalten blieb. Um 1200 vor Christus schrieb der Dichter Sinleqe-unnini das heute vorliegende literarische Meisterwerk, wobei er zwar lange Passagen seines Kollegen übernahm, aber weitere Episoden hinzufügte und das Ganze in eine geschliffene Form brachte. Beide Versionen erlangten große Berühmtheit. Sie gehörten zur Pflichtlektüre in den Schulen Mesopotamiens und wurden als Schreibübung bis in die Zeit Alexanders des Großen tagtäglich kopiert. Auch an den Königshöfen in Syrien, Palästina und Kleinasien kursierte das lehrreiche Heldengedicht. Bekannt sind sogar Übersetzungen ins Hethitische und Hurritische. So wundert es nicht, dass außer in Uruk und Ninive, in zahlreichen anderen Ruinenstädten ebenfalls Fragmente mit Gilgamesch-Texten aus verschiedenen Epochen ans Licht kamen. Wie viele Teile noch im Schutt schlummern, weiß niemand. Selbst in den Magazinen der großen Museen entdecken Experten immer wieder bislang nicht entzifferte Bruchstücke, die neue Facetten für die Gesamtrekonstruktion der Geschichte liefern.

In der Einleitung rühmt der Dichter den »heldenhaften jungen Mann«, wie »Gilgamesch« übersetzt heißt, in höchsten Tönen. Die Verse vermitteln den Eindruck, als sei das Epos ein Tatenbericht des Königs von Uruk. Das Lob gipfelt in der Aussage, der überaus groß gewachsene, bärenstarke und bildschöne Regent sei nur zu einem Drittel Mensch, zu zwei Dritteln aber ein Gott. Doch dann nimmt der Autor kein Blatt mehr vor den Mund und offenbart den zweifelhaften und rohen Charakter seiner Titelfigur. Gilgamesch gebärdet sich als Bruder Leichtfuß, der nur das eigene Vergnügen im Sinn hat. Seine Untertanen behandelt er wie Sklaven und kommt seiner Rolle als guter Hirte des Volkes in keiner Weise nach. Luxus und ausschweifende Orgien gelten ihm mehr als Herrscherpflichten, er nimmt sich, was ihm gerade in den Sinn kommt. Mit Waffengewalt zwingt der Kraftprotz seine Altersgenossen, ihm Tag und Nacht für das Ballspiel zur Verfügung zu stehen. Dabei drischt er gnadenlos auf jeden ein. Auch Mädchen und Frauen müssen ihm zu Diensten sein. Vor einer Hochzeit beansprucht der Tyrann selbstverständlich auch das »ius primae noctis« – das Recht der ersten Nacht.

Sein brutales Verhalten stört das Verhältnis von Mann und Frau, von Braut und Bräutigam so nachhaltig, dass sich die Einwohner bei der Patronin von Uruk, der Liebesgöttin Innana-Ischtar, beschweren. Im Verbund mit dem Himmelsgott Anu und dem Götterkönig Enlil fordert sie die Muttergöttin Aruru auf, dem ungehörigen Treiben ein Ende zu setzen. Aruru erschafft Enkidu, einen nackten und behaarten Menschen, der es an Kraft, Größe und Schönheit mit Gilgamesch aufnehmen kann. Zunächst wird »der Sprössling der Stille« von den Tieren der Steppe großgezogen und lebt im Einklang mit ihnen. An den Wasserlöchern beschützt er seine Herde so erfolgreich vor dem Fallensteller, dass der vor Gilgamesch tritt und klagt, er könne keinen Fang mehr machen. Auf den Rat des Königs führt der Jäger dem unschuldigen Enkidu die Dirne Schamchat zu. Ihren Reizen kann der wilde Mann nicht widerstehen und lässt sich von der erfahrenen Dienerin Ischtars sieben Tage und sieben Nächte lang in die Geheimnisse der Liebe und Leidenschaft einweihen. Danach ist Enkidu ein anderer.

Gilgamesch bietet dem Schutzgott Nabu einen erlegten Löwen dar

Alabaster-Rollsiegel mit Gilgamesch-Darstellung

Seine Freunde, die Tiere, akzeptieren ihn nicht mehr. Dafür gewinnt er menschlichen Verstand und beherrscht plötzlich auch die Sprache. Als Schamchat ihn überreden kann, ihr in die Stadt zu folgen, scheint der göttliche Plan aufzugehen. Unterwegs berichtet die Verführerin von den ständigen Ausschweifungen des Regenten. Trotz der Warnung, Gilgamesch genieße die Gunst des Sonnengottes Schamasch, beschließt Enkidu, dem Taugenichts das Handwerk zu legen und die Bewohner von Uruk vom Joch der Unterdrückung zu befreien. Die kluge Frau bestärkt den Herausforderer, indem sie verrät, der König habe im Traum einen positiven Ausgang der Begegnung gesehen. Der Wunsch, durch Träume und ihre Deutung einen Blick in die Zukunft zu werfen, war den Menschen des Altertums wohl vertraut. Viele Tempel unterhielten eigene Orakelstätten, an denen Priester die Fragenden betreuten und ihnen nach genau festgelegten Regeln den Willen der Götter verkündeten. (Tafel I)

Im Lager der Hirten, sozusagen einer Zwischenstation auf dem Weg zur städtischen Kultur, verwandelt sich Enkidu auch äußerlich. Der bisher grasfressende »mörderische Bursche«, wie ihn der Dichter nennt, lernt Brot und Bier kennen, lässt sich einkleiden und erschlägt nachts Löwen und Wölfe – der endgültige Schritt, der ihn seinem bisherigen Leben entfremdet. Die Passage, die zum großen Teil aus der ältesten Fassung des Epos stammt, schildert in anschaulicher Weise die altorientalischen Vorstellungen von der Urgeschichte, so der Heidelberger Assyriologe Prof. Dr. Stefan Maul: »Enkidu ist eine Figur, die in gewisser Weise auch den Weg der Menschheit skizziert, von der Natur in die Kultur.« Nach der Ankunft in Uruk verwehrt Enkidu unter dem Jubel der jungen Männer dem überraschten Gilgamesch den Zutritt zu einem Haus, in dem gerade Hochzeit gefeiert wird. Nun entbrennt der dramatische Kampf zwischen zwei gleich starken Helden. Doch keiner von beiden kann den anderen niederringen, und so schließen die Kontrahenten am Ende Freundschaft. Damit ist die Absicht der Götter, den königlichen Rabauken in die Schranken zu weisen, gründlich misslungen. Dankbar erfährt Enkidu zum ersten Mal die Zuneigung und Fürsorge eines anderen Menschen. Gilgamesch hingegen dürstet es nach Ruhm und Anerkennung. Großmäulig erklärt er, mit dem neu gewonnenen Gefährten in den fernen Libanon zu ziehen und Humbaba zu bezwingen, den Wächter des Zedernwaldes, den noch nie ein Sterblicher betreten hat. Als Erster will der Regent die mächtigen Bäume fällen und in die Heimat schaffen. Dort sollen aus den Stämmen Dachkonstruktionen und Türen für repräsentative Bauten entstehen. Es gehörte es zu den Pflichten eines Herrschers, mit monumentaler Architektur seine Macht weithin sichtbar zu demonstrieren. Vergeblich versucht Enkidu, den Freund von dem gefahrvollen Unternehmen abzubringen, weiß er doch, dass Humbaba von den Göttern persönlich beauftragt ist, den heiligen Wald vor jedem Frevel zu schützen. Gilgamesch hört nicht auf die mahnenden Worte und lässt für sich und seinen Kameraden wuchtige Waffen schmieden, die zu ihrer enormen Körpergröße passen. Für den Angriff auf den Hüter der Zedern braucht der König noch die Zustimmung des Ältestenrates und aller wehrfähigen Männer von Uruk. Er lockt mit dem Versprechen, das beliebte Neujahrsfest werde fortan zweimal im Jahr gefeiert. (Tafel II)

Schließlich erteilt die Versammlung dem Regenten ihren Segen. Auch Gilgameschs Mutter, die Göttin Ninsun, bitten die Abenteurer um Beistand und Ratschläge. Da sie in die Zukunft blicken kann, sieht sie das Schicksal ihres Sprösslings voraus. Und ihr ist bewusst, dass ihm der Sonnengott Schamasch persönlich die Idee für den Überfall auf den Dämon eingegeben hat. Deshalb verpflichtet sie den himmlischen Amtsbruder, der auch für Recht, Gerechtigkeit und den Schutz der Reisenden zuständig ist, seinen Liebling gegen Humbaba zu unterstützen. Den elternlosen Enkidu erhebt Ninsun zu ihrem Adoptivsohn – gemäß der uralten mesopotamischen Tradition, Waisen und Findelkinder in einem Tempel aufzunehmen. Welche Hinweise Ninsun den beiden mit auf den Weg gibt, bleibt vorerst ein Geheimnis. Die entsprechenden 66 Zei-

Gilgamesch im Kampf gegen wilde Tiere. Achaemenidisches Rollsiegel

len konnten noch nicht rekonstruiert werden. Vor dem Aufbruch übergibt Gilgamesch die Regierungsgeschäfte an seine Stellvertreter. Dann verlässt er mit Enkidu die Stadt, bejubelt von den jungen Männern, die sich endlich von der Tyrannei des selbstherrlichen Despoten befreit sehen. (Tafel III)

Im Eilmarsch legen die beiden in nur drei Tagen eine Wegstrecke zurück, für die ein strammer Wanderer eigentlich eineinhalb Monate braucht. Wenn das Wasser ausgeht, graben sie einen Brunnen. In fünf Nächten träumt Gilgamesch von dem Zusammentreffen mit Humbaba. Enkidu deutet die Bilder und verheißt trotz aller Gefahren einen glücklichen Ausgang der riskanten Aktion. Oft verliert der heißblütige Herrscher, der in Uruk nicht selten wie ein wilder Stier gewütet hat, die Zuversicht und brüllt seine Angst laut hinaus. Der zum Bruder erkorene Gefährte spricht ihm Mut zu und beschwört ihn, sich nun dem Kampf mit dem Ungeheuer zu stellen. Schon von weitem hören sie seinen markerschütternden Schrei. Als Enkidu plötzlich die Zauberkraft des Ortes spürt und sich flau fühlt, übernimmt Gilgamesch die Aufgabe, den Freund aufzumuntern, bis auch er seine Schwäche mit schrillen Rufen vertreibt. Unter großem Lärm erreichen sie das Ziel. (Tafel IV)

Den Wald umgibt ein undurchdringliches Dickicht aus Dornen, nur ein schmaler, schnurgerader Weg führt hinein. So kann Humbaba leicht den einzigen Zugang bewachen und die Ankömmlinge aufhalten, die staunend vor den riesigen Bäumen stehen. Mit Enkidu, den er – wie eine unbekannte Textpassage vermuten lässt – aus früheren Zeiten kennt, will der Hüter nicht verhandeln. Vielmehr fordert er eine Erklärung von Gilgamesch und verkündet voller Wut, er werde ihm den Hals durchschneiden und seinen Leichnam den Adlern und Geiern zum Fraß vorwerfen. Es kommt zu einem erbitterten

Kampf. Humbaba geht zu Boden, kann seine übermenschlichen Kräfte aber schnell wieder sammeln und die Gegner mit einer Hand packen. Mit der anderen Hand holt er zu einem gewaltigen Schlag aus. Doch der Versuch, mit der Faust eine tiefe Spalte in die Erde zu hauen und die beiden darin verschwinden zu lassen, scheitert kläglich. Humbaba trifft einen Felsblock, der in zwei Teile bricht. So entstanden der Überlieferung nach die Gebirgszüge des Libanon und des Antilibanon. Im Augenblick höchster Not erfüllt Schamasch Ninsuns Auftrag und schickt dreizehn Winde, gegen die der Wächter des Zedernwaldes machtlos ist. Jetzt kann ihn der Herrscher mit dem Schwert niederstrecken. Der Besiegte fleht um sein Leben und verspricht, den Eindringlingen die Zedern freiwillig zu überlassen. Enkidu durchschaut die List und fordert den Kameraden auf, das Ungeheuer zu töten, bevor die Götter etwas merken. Humbaba versucht noch, Enkidu gegen Gilgamesch aufzuwiegeln. Als er die zwei Männer verflucht, versetzt ihm der König von Uruk den Todesstoß, und Enkidu zerstückelt den massigen Körper in wilder Wut. Nun fällen die Gefährten ungestört die majestätischen, bis zu dreißig Meter hohen Zedern, die für die Menschen bislang unerreichbar waren. Aus dem höchsten Baum fertigt Enkidu eine überdimensionale Tür, die er als Sühne für den Mord dem Tempel in Nippur stiften will. Auf dem Euphrat kehren beiden Hüne mit ihrer grausigen Trophäe, dem Kopf des Humbaba, nach Uruk zurück. Neben ihrem selbstgebauten Floß schwimmen die erbeuteten Stämme. (Tafel V)

Die Episode vom Ausflug in den Zedernwald deuten Forscher als poetische Umschreibung für die archäologisch belegten Handelsbeziehungen zwischen Mesopotamien und weit entfernten Reichen. Im Land der Sumerer gab es weder ausreichend Bauholz noch andere Rohstoffe. Die Herrscher mussten Gold, Silber, Zinn, Kupfer, Gewürze und Edelsteine einführen. Aus dem Industal schafften Karawanen den begehrten Lapislazuli heran, aus dem Ostseegebiet den seltenen Bernstein. Ohne die umfangreichen Importe hätten die Stadtstaaten ihre Pracht nie entfalten können. Als Gegenleistung wurden Textilien, Keramik und Feldfrüchte geliefert. Trotz fortschreitender Versalzung des Ackerbodens durch die intensive Bewässerungstechnik produzierten die Bauern über Jahrhunderte einen Überschuss an Nahrungsmitteln, vor allem Gerste, Weizen, Datteln, Granatäpfel und Feigen. Das Epos stellt Gilgamesch als Pionier dar, der alle Strapazen auf sich nimmt, um die Welt zu erkunden, Kontakte zu knüpfen und sein Volk mit kostbaren Gütern zu versorgen. Wie auf der zehnten Tafel beschrieben, war er im Gedächtnis der Sumerer auch der Erste, der die Meere befuhr und die Segelschifffahrt erfand.

In Uruk angekommen, wäscht der müde Kämpfer das verfilzte Haar und reinigt seinen Körper vom Schmutz der langen Reise. In frischen Gewändern und mit der Krone auf dem Haupt präsentiert sich Gilgamesch wieder als strahlender König. Sofort verliebt sich Innana-Ischtar persönlich in den attraktiven Helden und fordert ihn mit anzüglichen Angeboten auf, ihr Bräutigam zu werden. Obwohl sie ihm goldene Wagen, den Tribut mächtiger Fürsten und Fruchtbarkeit für das Land in Aussicht stellt, kanzelt der Umworbene die Liebesgöttin mit harschen Worten ab: »Welchen deiner Liebhaber hast du für lange geliebt? Erst hast du sie verführt, dann geschlagen und verhext. Wenn ich mich dir hingebe, wird es mir ebenso ergehen«, wirft er ihr vor. Beleidigt flüchtet sie zu ihrem himmlischen Vater Anu und erzwingt von ihm die Herausgabe des todbringenden Himmelsstieres. Die Bestie richtet in der Stadt eine Katastrophe an. Hunderte von jungen Männern kommen um, die Erde trocknet aus, weil das schnaubende Vieh alles Wasser aus dem Fluss säuft. Gilgamesch und Enkidu gelten seit dem Unternehmen Zedernwald als unbezwingbar. Wenn sie ihre Autorität nicht verlieren wollen, müssen sie dem Wüten ein Ende setzten. Schließlich gelingt es ihnen, den rasenden Stier zu erstechen. Sein Herz bringen sie ihrem Schutzgott Schamasch, dem Zwillingsbruder der Ischtar, als Opfer dar. Als die Liebesgöttin ihren Angebeteten voller Zorn verflucht, verliert Enkidu die Geduld, er reißt dem toten Tier ein Bein aus und wirft es ihr vor die Füße. Dann fahren die Brüder in einem Wagen unter dem Beifall des Volkes durch die Gassen. Bei einem Gelage feiern die Helden den Triumph. Doch ihre Hochstimmung sollte nicht lange anhalten. Schon nach wenigen Stunden nimmt das Unheil seinen Lauf. (Tafel VI)

Der Anfang der siebten Tafel ist bisher nur aus der hethitischen Übersetzung bekannt. Enkidu träumt vom himmlischen Ratschluss der Götter: Als Strafe für die Morde an Humbaba und dem Himmelsstier muss einer der Helden sterben, und die Wahl hat ihn getroffen. Noch in der Nacht fällt er in ein schweres Fieber. Mit Enkidus Klage, dass er die riesige Tür aus der Libanon-Zeder nicht dem wohlgesinnten Schamasch gestiftet hat, setzt der Text wieder ein. Gilgamesch darf am Leben bleiben und bietet den höheren Mächten die wertvollsten Gaben an, wenn sie seinen Getreuen verschonen. Doch Enkidu spürt, dass sein Schicksal auf Erden erfüllt ist. In einem letzten Aufbäumen verdammt er den Fallensteller und die Dirne, die ihn aus der Wildnis gelockt haben. Zum Trost offenbart Schamasch dem Kranken, er werde in der Unterwelt wie ein König empfangen, während Gilgamesch, von Trauer und Angst zerrissen, weiter umherirren müsse. Am Ende sieht Enkidu im Schlaf seine Ankunft im Totenreich. Dem Freund kann er die phantastischen Eindrücke noch schildern, bevor er den ausgesprochenen Fluch zurücknimmt und für immer die Augen schließt. (Tafel VII)

Im Morgengrauen zerreißt Gilgameschs Klagelied die Stille. Alle Menschen und Tiere, sogar die Pflanzen sollen mit ihm weinen. Büschelweise rauft er sich die langen Locken aus und schleudert seinen Schmuck und die königlichen Insignien weg. Mit einem Schlag hat sich die Welt des lebenslustigen Regenten verändert. Voller Schmerz bereitet er eine pompöse Bestattung vor. Die besten Kunsthandwerker ruft er zusammen, damit sie gemäß dem Brauch aus Zedernholz, Gold, Silber und Lapislazuli eine Statue des Verstorbenen als Weihegeschenk für die grollenden Götter anfertigen. Persönlich erbricht der Herrscher das Siegel des Schatzhauses und stellt eine üppige Ausstattung für Enkidus Reise ins Jenseits zusammen: die edelsten Möbel, die schlagkräftigsten Waffen und die schönsten Gebrauchsgegenstände, dazu Honig und Butter. Zudem lässt er Rinder und Schafe opfern, damit die Herren des Totenreichs Enkidu gnädig aufnehmen. Mit Gilgameschs Idee, den Euphrat aufzustauen und das Grab für den Freund im Flussbett anzulegen, bricht der Text ab. Das Ende der Tafel – womöglich mit Details über die Beerdigung und der letzten Ruhestätte Enkidus – blieb nicht erhalten. (Tafel VIII)

Die folgenschwere Auseinandersetzung zwischen Gilgamesch und Innana-Ischtar bezieht sich auf die Heilige Hochzeit. Der Legende nach vereinigte sich die Göttin, die auch für das Wachstum auf den Feldern zuständig war, vor Urzeiten mit dem Hirten Dimuzi. Danach lebte er auf ihr Betreiben sechs Monate in der Unterwelt und sechs Monate auf der

Erde – eine Anspielung auf Sommer und Winter. Wenn im Frühling die Natur erwachte, vollzog der amtierende König im Tempel hoch oben auf der Zikkurat den Geschlechtsakt mit einer jungfräulichen Priesterin – nach dem Glauben der Sumerer jedoch mit der Göttin selbst. Durch die Erfüllung seiner Pflicht garantierte der Herrscher symbolisch die Fruchtbarkeit und den Wohlstand des Landes. Vermutlich war Uruk der Ursprungsort des alljährlichen Rituals, das noch viele spätere Dynastien Mesopotamiens als Mittelpunkt des Neujahrsfestes bejubelten. Auch das einfache Volk beging die Feiertage im Sinnenrausch. Männer und Frauen frönten der körperlichen Lust, überall boten Straßendirnen und Sklavinnen ihre Dienste an. Selbst in den Tempelbezirken standen die Dienerinnen Ischtars bereit. Die kultische Prostitution machte sie zu irdischen Schwestern der liebeshungrigen Himmelstochter.

Vor diesem Hintergrund kommt Gilgameschs Verweigerung einem schweren Frevel gleich. Er enttäuscht nicht nur die Erwartung seiner Untertanen, sondern lehnt sich auch gegen die göttliche Ordnung auf. Dass sich Gilgamesch ihrem Diktat entzieht, werten manche Forscher als ersten Schritt des Menschen in die Selbstverantwortlichkeit.

Enkidus plötzliches Ende hat den zurückgebliebenen Freund in tiefe Verzweiflung gestürzt. Wieder kehrt er Uruk und seinen Schutzbefohlenen den Rücken, diesmal aus Angst vor dem eigenen Tod. Mutterseelenallein macht er sich auf die Suche nach Uta-Napischti, der mit seiner Frau die große Flut überlebte. Von den einzigen Menschen, denen die Götter je Unsterblichkeit schenkten, will der König in der Krise wissen, wie auch er ewiges Leben gewinnen kann. Der endlose Marsch durch Wüste und Steppe birgt große Gefahren, denn nach damaliger Vorstellung muss Gilgamesch bis ans Ende der Welt wandern. Die erste Prüfung besteht er mit Bravour. Kampfbereit erlegt er unterwegs wilde Löwen, die ihn zerfleischen wollen. Am östlichen Rand der Erde stößt der Abenteurer auf den Zwillingsberg, auf dem der Himmel ruht. Mitten im Hang gähnt ein dunkles Loch, das Tor zur Sonnenbahn. Den Eingang schirmen zwei furchteinflößende Skorpionmenschen ab, die auch über Aufgang und Untergang des Gestirns wachen. Keinem Sterblichen dürfen sie Zutritt gewähren. Doch der Skorpionmann erkennt in dem Fremdling eher den Gott als den Menschen und lässt ihn passieren. Zwölf Doppelstunden bleiben ihm, um in tiefster Finsternis die Erdumlaufbahn der Sonne zu durcheilen. Gerade noch rechtzeitig, bevor ihn das gleißende Licht einholt und zu Asche verbrennt, erreicht Gilgamesch das Ende des Tunnels. Voller Staunen steht er in der jenseitigen Welt, in einem Garten mit bunt glitzernden Bäumen aus Edelsteinen. (Tafel IX)

Die anschauliche Schilderung gibt Einblick in das Weltbild der Sumerer. Den Erdkreis begrenzten die Gebirge zum Iran und zum Libanon. Durch die beiden höchsten Berge lief ein Tunnel. Aus einem Ende tauchte die Sonne morgens auf, im anderen verschwand sie abends wieder. Darüber wölbten sich die sieben Himmel der Götter. Das Reich der Toten war eine eigene Parallelwelt unter der Erdoberfläche. Noch tiefer lag der Süßwasserozean, der Flüsse und Quellen speiste. Das »Meer des Todes« umschloss das gesamte Universum. Die visionäre Vorstellung bildeten die Babylonier noch zweitausend Jahre später auf Tontafeln ab.

In Gestalt der Kneipenwirtin Siduri beobachtet Innana-Ischtar den einst so unbekümmerten Playboy von Uruk. Sie will den Hochmut des Angebers brechen und ihm seine wahre Bestimmung vor Augen führen. Als fühle sie sich von einem Fremdling bedroht, verschließt sie die Tür zur Schankstube und steigt auf das Dach des Hauses. Unter Androhung von Gewalt verlangt der Wanderer Einlass. Siduri horcht ihn aus, und wie gewohnt prahlt er unverblümt mit seinen Heldentaten. Warum er dann so trübselig und verwahrlost vor ihr stehe, in schäbiges Fell gekleidet und mit wettergegerbtem Gesicht, erwidert die Frau spöttisch. Daraufhin gibt sich Gilgamesch zu erkennen und erzählt von seiner Trauer um den geliebten Enkidu und der Angst vor dem eigenen Tod: »Sechs Tage und sieben Nächte habe ich um ihn geweint. Ich gab ihn nicht her, um ihn zu bestatten, bis der Wurm ihm aus der Nase fiel. Werde nicht auch ich wie jener sein und mich niederlegen müssen, auf dass ich nie wieder mich erhebe für immer und ewig?« Auf Gilgameschs Bitte erklärt ihm Siduri den Weg zu Uta-Napischti. Er lebt jenseits des Meeres, aber kein normaler Mensch kann es überqueren, weil die alles Leben vernichtenden »Wasser des Todes« den Zugang zum Wohnsitz des »Überaus Weisen« versperren. Selbst sein Fährmann Ur-schanabi vermag nur mit Hilfe steinerner Matrosen, denen das gefährliche Wasser nichts anhaben kann, zu ihm überzusetzen.

Bis heute tappt die Wissenschaft über die Bedeutung der mythischen Figuren im Dunkel. Die geheimnisvollen Wesen in Menschengestalt zeigen Angst und verwehren Gilgamesch den Zutritt zum Schiff. In einem turbulenten Handgemenge zerschmettert er die »Steinernen« und versucht, das Boot zu kapern. Als Ur-schanabi den Wüterich mit der Axt bedroht, ändert der Mann aus Uruk plötzlich sein Verhalten und verzichtet zum ersten Mal auf Kampf und Gewalt. Nun bietet der Fährmann freiwillig sein Geleit an. Bevor sie ablegen, heißt es für Gilgamesch jedoch, die Arbeit der »Steinernen« zu verrichten. Er muss dreihundert Bäume fällen und gewaltige, dreißig Meter lange Stocherstangen daraus fertigen. An Bord soll er unter Aufbietung aller Kräfte eine nach der anderen auf dem Meeresgrund abstoßen, damit die Barke Fahrt aufnimmt. Jeder Holzpfahl ist auf dem lähmenden Wasser nur einmal zu verwenden. Mitten auf der Überfahrt geht der Vorrat aus. Notgedrungen erfinden die beiden das Segel. Der groß gewachsene Gilgamesch übernimmt die Funktion des Mastes und hält das Gewand seines Begleiters in den Wind. Endlich erreichen sie das Ufer, an dem Uta-Napischti lebt. Sofort überfällt Gilgamesch den uralten Mann mit Fragen und schüttet ihm sein Herz aus. Der Weise antwortet mit harscher Kritik, tadelt die Selbstsucht und das Jammern des Jüngeren. Vielmehr solle er seine Fähigkeiten für die vielen Menschen einsetzen, die ihm anvertraut seien und seine Fürsorge brauchten. Außerdem gehöre es zur Aufgabe eines Herrschers, die seit der Sintflut zerstörten Tempel zu renovieren und die ursprünglichen, längst vergessenen Kult- und Opferregeln wieder einzuführen. Nur in der Erfüllung seiner königlichen Pflichten werde er den Sinn des Lebens finden. Ein Mensch wird niemals dem Tod entgehen, genauso wenig wie ein Verstorbener zurückkommt, um den Hinterbliebenen zu berichten, lautet Uta-Napischtis abschließende Lehre. Das aber kann sein Gegenüber noch nicht akzeptieren. (Tafel X)

Die Tatsache, dass der Unsterbliche, mit dem er spricht, genauso aussieht wie er selbst, verblüfft Gilgamesch. Um dem Alten das Geheimnis zu entlocken, würde er in gewohnter Manier zu gerne mit ihm kämpfen. Doch sein Schwertarm bleibt kraftlos. Wenigstens will er noch wissen, wie Uta-Napischti die Götterversammlung um das ewige Leben gebeten hat. So erfährt der Besucher aus Uruk die Geschichte von der Weltenflut, die nur der Auserwählte mit seiner Frau überlebte, obwohl die höheren Mächte eigentlich alle Menschen vernichten wollten. Auf Geheiß seines Schutzgottes Ea zimmerte Uta-Napischti eine Arche, nahm seine gesamte Sippe und die Vertreter aller Künste auf, um auch das gesammelte Wissen zu bewahren. Hinzu kamen das Herdenvieh, die wilden Tiere der Steppe, Pflanzen sowie sein Besitz an Gold und Silber. Als die Geretteten nach der großen Überschwemmung das erste Dankopfer darbrachten, hatten die Himmlischen ihre Tat schon bereut, weil sie sonst niemand mehr mit geweihten Gaben versorgte. Sie beschlossen, in Zukunft nur noch schuldige Erdenbürger zu bestrafen. Damit stand die Autorität des Götterkönigs Enlil auf dem Spiel. Einerseits hatte er die völlige Ausrottung des Menschengeschlechts befohlen, andererseits sah er, wie zufrieden seine Kollegen über den Fortbestand ihrer Anhänger waren. Selbst Ea konnte er nicht der Untreue bezichtigen, weil der Weisheitsgott seinen Schützling Uta-Napischti nicht direkt, sondern durch einen Traum gewarnt hatte. Also gab es nur einen Ausweg aus dem Dilemma: Der oberste Himmelsherr persönlich verlieh dem Paar aus der Arche Unsterblichkeit. Alle Beteiligten wahrten somit ihr Gesicht. Nach Enlils Willen war die Menschheit ausgelöscht, obwohl die beiden noch lebten. Keinesfalls um seinetwillen, sondern für ein höheres Ziel sei er erhoben worden, setzt Uta-Napischti nach. Für eine so unbedeutende Kreatur wie Gilgamesch, den allein die Selbstsucht beherrsche, komme eine solche Aktion jedoch niemals in Frage. (Tafel XI)

Warum der Göttervater die Sterblichen töten wollte, offenbart der Text nicht. Einzelheiten des Sintflut-Mythos kannten die Zuhörer aber aus einem anderen Werk, dem Epos des Atrachasis, des »Überaus Weisen«, wie auch einer der Beinamen Uta-Napischtis lautet. Es war der Lärm der Erdenbewohner, der die Ruhe des Götterkönigs störte und seine folgenreiche Entscheidung auslöste. Vermutlich verarbeitet die Dichtung Erinnerungen an die Frühzeit, in der die Sumerer durch Überbevölkerung mit massiven politischen und sozialen Problemen zu kämpfen hatten. In der Noah-Geschichte des Alten Testaments (1. Mose 6–9) hingegen bestraft Jahwe die Menschen wegen ihrer Sünden.

Das Rätsel um die Sintflut blieb bis heute in Forscherkreisen ein Dauerbrenner. 1927 stieß der britische Archäologe Sir

Nach der Sintflut: Noah hält Ausschau nach der Taube. (Illustration zur Kölner Bibel von 1478/80)

Leonard Woolley 1927 bei Ausgrabungen in der Königsstadt Ur, etwa 80 Kilometer südlich von Uruk, auf eine drei Meter dicke Lehmschicht ohne jede Spur von Bebauung. Als Beweis für den Wahrheitsgehalt der Bibel wurde die Entdeckung zunächst weltweit gefeiert, bald aber als Ablagerung des alljährlichen Hochwassers abgetan. Prof. Dr. Helmut Brückner vom geologischen Institut der Universität Marburg sieht den Fall anders. Vor wenigen Jahren führte er in Uruk Erdbohrungen durch. Über dem Dünensand in siebzehn Meter Tiefe identifizierte er zwischen Besiedlungsschichten ein breites Band von Sedimenten, die von einer großen Flut stammen. Für den Deutschen besteht kein Zweifel, dass sich mit dem Befund mindestens eine gewaltige Überschwemmung wissenschaftlich belegen lässt. Aufgrund der klimatischen und geographischen Bedingungen im Land der Sumerer kann sich der Experte sogar eine Jahrtausend-Katastrophe vorstellen. Derartige Ausnahme-Ereignisse blieben im Gedächtnis der Menschen haften und fanden Eingang in die Literatur. Ins Alte Testament gelangte der Stoff wahrscheinlich durch die Juden, die 587 vor Christus von König Nebukadnezar ins Exil nach Babylon verschleppt wurden.

Weiter erzählt die elfte Tafel von einer bitteren Lektion, die Uta-Napischti dem geflüchteten Regenten erteilt. Sieben Tage und Nächte soll er wach bleiben. Aber schon bald schläft er tief und fest. Täglich legt die Frau seines Lehrmeisters ein frisches Brot neben das Lager, er merkt es nicht einmal. Die schimmeligen Reste beweisen sein Unvermögen. Wenn Gilgamesch nicht einmal den Schlaf, den kleinen Bruder des Todes beherrscht, wie will er da je Unsterblichkeit erlangen? Allmählich erkennt der selbstgefällige Monarch, dass er nirgendwo seinem Schicksal entgehen kann und irgendwann sterben wird.

Schließlich drängt der Gastgeber zum Aufbruch. Zuvor nimmt Gilgamesch ein Bad und verwandelt sich vom abgerissenen Landstreicher wieder in einen schmucken Helden. Zum Abschied legt ihm Uta-Napischti einen Königsmantel um, der so lange in frischen Farben erstrahlen wird, bis der Heimkehrer Uruk erreicht. Dort soll er endlich seine Aufgabe als guter Hirte des Volkes erfüllen. Der Fährmann muss ihn begleiten, denn Uta-Napischti hat ihn mit einem Bann belegt. Nie mehr darf Ur-schanabi zurückkehren und die »Wasser des Todes« befahren, da er trotz strengsten Verbotes einen Menschen in die Gefilde der Unsterblichen gebracht hat. Damit bricht die letzte Brücke zwischen den beiden Welten ab.

Als die zwei Männer bereits auf dem Schiff sind, fragt die Frau des Weisen, womit Gilgamesch eigentlich für die erlittenen Strapazen belohnt werde. In letzter Hoffnung, vielleicht doch noch dem Tod zu entgehen, steuert er die Barke noch einmal zum Ufer. Uta-Napischti aber speist ihn mit einer List ab. Der Alte beschreibt eine Pflanze, die zwar nicht das ewige Leben bringen kann, aber immerhin die verlorene Jugend. Sofort gräbt der König einen Schacht. Schwere Steine bindet er sich an die Füße, taucht hinunter zum unterirdischen Süßwasserozean, findet tatsächlich das verheißungsvolle Kraut und pflückt es ab. Dann wirft ihn das Meer ans Ufer und zurück in die Welt der Erdenbürger. Mit Ur-schanabi nimmt er Kurs auf Uruk. Als Gilgamesch unterwegs in einem kühlen Teich badet, schnellt eine Schlange zum Lager, angelockt vom betörenden Duft der Pflanze. Kaum macht sich das Reptil daran zu schaffen, wirft es schon seine Haut ab und kriecht verjüngt davon. Da beginnt der verzweifelte Mann, bitterlich zu weinen. »Für wen nur, der mir angehört, verbrauchte sich mein Herzblut? Nicht zu meinen eigenen Gunsten tat ich Gutes, bloß dem ›Löwen des Erdreichs‹ habe ich Gutes erwiesen«, klagt er. Er selbst muss nun auch noch die Hoffnung auf ewige Jugend begraben. Zu spät erkennt der Heimkehrer, dass er die ersehnte Unsterblichkeit erlangt hätte, wenn er einfach bei Uta-Napischti geblieben wäre. Erst jetzt fallen Gier und Verblendung wie ein altes Gewand von Gilgamesch ab, und er besinnt sich auf die Lehren aus der anderen Welt. Mit freiem Geist und frischem Mut wandert er mit Ur-schanabi nach Uruk. Hinter dem Geläuterten liegt der schwere Weg der Erkenntnis, vor ihm seine eigentliche Bestimmung, als guter Hirte alle Erfahrung und Kraft für das Wohlergehen seines Volkes einzusetzen. (Tafel XI)

War der Held des Epos, wie die Völker Mesopotamiens glaubten, eine historische Persönlichkeit? Zwar ordnet die Sumerische Königsliste, ein Keilschriftdokument von 2170 vor Christus, einen König Gilgamesch zwischen mythischen und historisch belegten Herrschern ein – mit der Sintflut als Zeitenwende. Die Aufzählung gilt aber nicht als eindeutiger wissenschaftlicher Beweis. Weitere archäologische Zeugnisse, die Gilgamesch bestätigen, fehlen. Aber die gewaltige Lehmziegelmauer, die der Dichter rühmt, existiert tatsächlich, wenn auch nur noch als verwittertes Fundament: über elf Kilometer lang, einst neun Meter hoch und im Abstand von hundert Metern von Wachtürmen gekrönt. Forscher datieren das Wunderwerk auf etwa 2900 bis 2600 vor Christus – eine Epoche, in der Gilgamesch gelebt haben könnte.

Seit Jahrzehnten erforschen deutsche Archäologen das riesige Areal von Uruk. Dr. Margarete van Ess, die derzeitige Leiterin des Projekts, ließ kurz vor Ausbruch des Irak-Krieges ein Magnetogramm des gesamten Geländes erstellen. Die Messungen bestätigen weitere Angaben aus der Dichtung: Nicht nur zahlreiche Kanäle durchzogen die Handelsmetropole, sondern auch breite Wasserstraßen. Vermutlich herrschte in der blühenden Oase sogar reger Schiffsverkehr. Uruk präsentierte sich im Altertum als Venedig des Orients. Doch längst hat sich der Garten Eden in eine triste Wüste verwandelt.

Im ausgetrockneten Bett des Euphrat entdeckten die Experten eine kastenförmige Baustruktur aus gebrannten Ziegeln, die früher mitten im Fluss lag. Wenn die politische Situation wieder Ausgrabungen in Uruk zulässt, könnte der bisher unbeachtete Trumm zur Sensation werden. Denn der um 1970 aufgetauchte Text ›Gilgamesch und der Tod‹ beschreibt seine Bestattung: »Sie schlossen den Euphrat ein und leerten das Wasser aus ... Er baute ein Grab aus Stein ... Riegel und Türschwelle aus härtestem Diorit, die Balken mit purem Gold beschlagen.« Noch müssen die Archäologen warten, bis sie das Geheimnis lüften können. Vielleicht finden sie irgendwann die letzte Ruhestätte des sagenumwobenen Monarchen. So lange bleibt Gilgamesch als König ein Phantom. Doch als Held, der nicht sterben wollte, erlangte er im Mythos Unsterblichkeit.

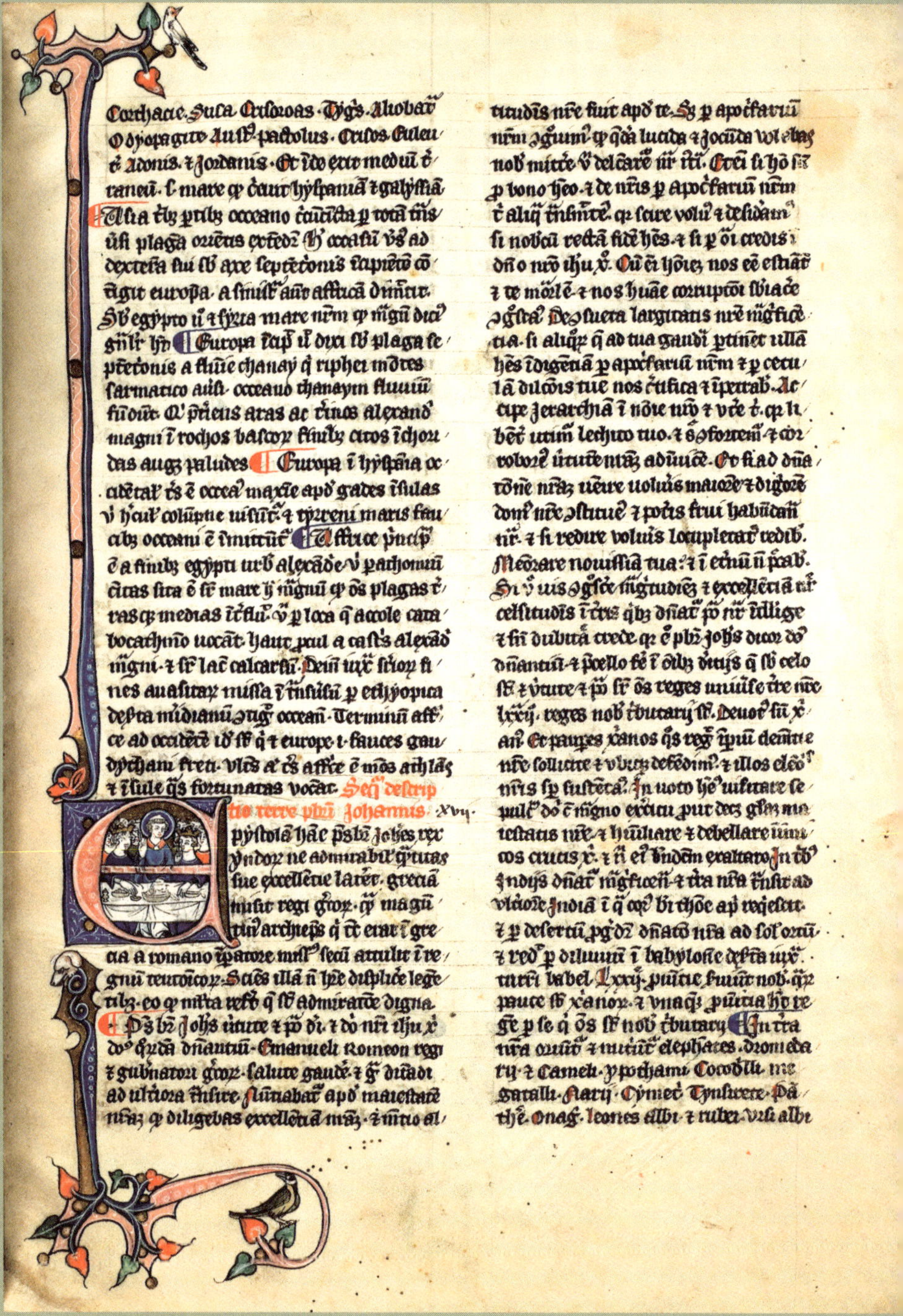
Seq' descrip
tio terre p̄bri Johannis

IM BANN DES PRIESTERKÖNIGS – SUCHE NACH DEN »DREI INDIEN«

Papst Alexander III. steht unter Druck. Das Jahr 1165 bringt viel Unruhe in sein Leben, erfreuliche und katastrophale Nachrichten ereilen ihn. Endlich kann er dem französischen Exil den Rücken kehren, denn sein Intimfeind, Kaiser Friedrich Barbarossa, verliert in Italien immer mehr an politischem Einfluss. Der alte Streit, ob der geistlichen oder der weltlichen Macht der Vorrang gebührt, hatte Kaiser und Kurie zu unversöhnlichen Gegnern werden lassen. Um sich des unbequemen Kontrahenten ein für alle Mal zu entledigen, stellte Barbarossa in letzter Konsequenz einen eigenen Kandidaten für den Stuhl Petri auf. Zunächst musste Victor IV. und nach dessen Tod Paschalis III. die Rolle als Gegenpapst spielen. Alexander floh nach Frankreich. Doch das Kalkül ging nicht auf. Die übrigen Herrscher Europas schlossen sich dem deutschen Staufer nicht an. Vielmehr witterten sie die Chance, im Gegenzug den Kaiser zu schwächen, und unterstützten den angeschlagenen Alexander. So kann er sich im Sommer wieder in Rom einrichten und seinen alten Machtanspruch bekräftigen. Doch der Heilige Vater findet kaum Zeit, sich nach der Rückkehr in den Lateran über den Etappensieg zu freuen. Aus dem Heiligen Land trifft eine Hiobsbotschaft nach der anderen ein. Dort erwächst den Kreuzfahrern ein stärkerer Gegner als jemals zuvor.

1099 hatten die europäischen Krieger nach einem furchtbaren Gemetzel die Stadt Davids erobert. Zu ihrer Sicherheit gründeten sie nach dem ersten Kreuzzug das Königreich Jerusalem, das Fürstentum Antiochia sowie die beiden Grafschaften Edessa und Tripolis. Die militärischen Brückenköpfe in Palästina und Syrien dienten nicht nur dem Schutz der christlichen Stätten, sondern versprachen den Adligen aus dem Abendland auch satte Gewinne. Die profitablen Handelszentren an den westlichen Endpunkten der sagenumwobenen Sei-

Papst Alexander III. übergibt das »Heilige Schwert« an die Kreuzfahrer

Kaiser Friedrich I. Barbarossa als Kreuzfahrer

denstraße boten Europa die Chance, am märchenhaften Reichtum des Orients Teil zu haben. Duftende Parfums, raschelnde Seidenstoffe, kostbare Edelsteine und exotische Gewürze gehörten zu den begehrten Importwaren.

Nun steht alles auf dem Spiel: Vermögen, Land und Pilgerorte. Denn Sultan Nur ad-Din betritt die Bühne des Geschehens: Mit der uralten Parole vom Heiligen Krieg, die er in die Herzen seiner Glaubensbrüder pflanzt, gelingt es ihm, die zerstrittenen arabischen Stämme unter seiner Fahne zu vereinen. 1164 schlägt der Sultan die Kreuzfahrer bei Artah und nimmt die Fürsten von Antiochia und Tripolis gefangen. Ein Sieg mit Signalwirkung. Nun fallen die christlichen Festungen wie Dominosteine. Harim, Subeibe und Baniyas haben die Muslime bereits erobert. Damit sind Antiochia und Jerusalem entscheidend geschwächt, die Grafschaft Edessa ging bereits zwanzig Jahre zuvor verloren. Die Kreuzritter kämpfen mit dem Rücken zur Wand. Auf ständigen Nachschub aus der Heimat angewiesen, verfügen sie nicht einmal über genügend Männer, um die Mauern ihrer zahlreichen Burgen erfolgreich zu verteidigen. Aber die Hilfe bleibt aus, weil sich die Machthaber in Europa nicht zu einem weiteren Kreuzzug bewegen lassen. Zu viel Geld und zu viele Menschenleben haben die Expeditionen ins Heilige Land bereits gekostet. Für Alexander III., der noch nicht wieder fest im Sattel sitzt, spitzt sich die Lage zu. Er muss fürchten: Sollte Jerusalem, der Ort der Auferstehung Christi, während seiner Regentschaft in die Hände der »Ungläubigen« fallen, ist auch sein Schicksal besiegelt.

In die prekäre Situation platzt ein Brief. Sein Inhalt schlägt ein wie eine Bombe. Als Absender zeichnet Johannes, der Priesterkönig. Im Sommer 1165 erreicht das Schriftstück, das ursprünglich an Kaiser Manuel von Byzanz gerichtet war, den

Ausschnitt aus dem Brief Johannes'

Erster Kreuzzug 1096–1099. Eroberung Jerusalems.

Hof des Papstes. Der Presbyter Johannes, wie sich der Verfasser scheinbar bescheiden nennt, schildert in hundert Punkten ausführlich die Pracht und Größe seines märchenhaften Reiches: Über 72 Völker gebietet der Unbekannte, darunter die sagenhaften Stämme Gog und Magog. Exotische Tiere wie Tiger, Elefanten und Dromedare, aber auch Fabelwesen wie Zentauren, der Vogel Phönix oder der Greif bevölkern die Steppen. Unermesslichen Reichtum besitzen selbst die einfachsten Untertanen, durch das Land strömt ein Fluss, der die seltensten Edelsteine führt. Johannes verfügt über einen Zauberspiegel, der alles sieht. Bischöfe und Könige bedienen den Monarchen bei Tisch. Als Krönung beschreibt er seinen vor Gold strahlenden Lieblingspalast, in dem die Quelle der ewigen Jugend sprudelt. In dem Blendwerk an Worten findet der Papst jedoch schnell jenen Absatz, der ihn am meisten interessiert, und zwar den Schwur des christlichen Regenten: »Wir haben das Gelübde getan, das Grab des Herrn mit einem sehr großen Heer, wie es für den Ruhm unserer Größe angemessen ist, zu besuchen, die Feinde des Kreuzes Christi zu demütigen und zu bekämpfen sowie seinen heiligen Namen zu verherrlichen.«

Dem Heiligen Vater gefällt außerordentlich, was er da liest. Der unerwartete Verbündete im Kampf gegen die Muslime, ein König mit einer so gewaltigen Macht, erscheint ihm wie ein Geschenk Gottes, wie ein Wink des Himmels. Im Hinblick auf die Verstärkung durch Johannes lassen sich die europäischen Herrscher vielleicht doch noch zu einem Kreuzzug überreden. Gemeinsam mit dem gigantischen Heer, das von Osten aus angreift, könnte der Islam endgültig besiegt und von der Landkarte gefegt werden. Die Vorstellung ist für Alexander derart verlockend, dass er nicht daran denkt, die phantastischen

Ausführungen oder gar den Absender selbst als Erfindung zu betrachten. Außerdem belegt eine bekannte seriöse Schriftquelle, die ausgerechnet am Hof seines Erzfeindes Barbarossa entstand, offenbar längst die Historizität des Priesterkönigs – die Annalen von Bischof Otto von Freising. Weitläufig mit dem Kaiserhaus verwandt, führte der enge Berater Friedrichs I. eine Art politisches Tagebuch, das er seinem Herrscher zum Geschenk machte.

Der staufische Hofchronist gilt als einer der bedeutendsten Geschichtsschreiber des Mittelalters. Seine zwischen 1143 und 1146 abgefasste Weltchronik ist »das« historische Standardwerk jener Zeit und blieb in Dutzenden von Abschriften erhalten. In sieben Bänden hielt der Freisinger Bischof die Geschehnisse der Vorzeit sowie seiner eigenen Epoche fest. Im achten Band gibt er einen Ausblick auf das Weltenende, die Apokalypse. Für 1144/45 notierte Otto, er habe in Italien den syrischen Bischof Hugo von Gabala getroffen und von ihm erfahren, dass ein gewisser König und Priester Johannes die Samiarden, die Könige der Perser und Meder, in einer dreitägigen Schlacht geschlagen habe und gegen Jerusalem gezogen sei, dann aber umkehren musste, weil er den Tigris nicht überqueren konnte.

Selbst wenn die allzu blumigen Formulierungen des Schreibens den Papst vielleicht nachdenklich machten, muss er Ottos Bericht, den er selbstverständlich kannte, als Bestätigung der Existenz des Johannes verstanden haben. Jedenfalls lässt das Oberhaupt der römischen Kirche die Botschaft aus dem fernen Reich mehrfach abschreiben und mit Eilboten an Bischöfe und weltliche Fürsten schicken. Wie ein Kettenbrief kursiert der Text an den Höfen Europas. Der Papst geht sogar noch weiter: Er antwortet dem Presbyter. In seiner Replik behauptet Alexander seinen Status als Kirchenführer, versucht den potentiellen Kreuzfahrer aber gleichzeitig mit Versprechungen zu locken. Die Errichtung einer Kirche in Rom, die Stiftung eines Altars im Petersdom und gar in der Grabeskirche zu Jerusalem will er Johannes erlauben – Privilegien, auf die andere Herrscher lange warten müssen. Eine Kopie der Zeilen blieb erhalten, doch wohin der Papst das Original sandte, weiß niemand. Die Frage, wo die sagenumwobene Residenz des Johannes liegt, sollte Würdenträger und Gelehrte über Jahrhunderte beschäftigen.

Erste Hinweise gibt der Brief des Priesterkönigs selbst: »Über

Bischof Otto von Freising

Der ungläubige Thomas (Holzschnitt von A. Dürer)

St. Thomas-Kathedrale in Chennai (Madras)

drei Indien herrscht unsere Hoheit, und unser Land erstreckt sich von dem jenseitigen Indien, in dem der Leib des heiligen Apostels Thomas ruht, über die Wüste hinweg bis zum Aufgang der Sonne und reicht im Westen bis zum verlassenen Babylon nahe dem Turmbau von Babel.« Dass der Apostel Thomas in Indien missioniert haben und dort begraben sein soll, gehörte im Mittelalter zum Allgemeinwissen. Denn neben den von der Kirche anerkannten Büchern der Bibel, dem offiziellen Kanon, existieren weitere Schriften, die so genannten Apokryphen. Wenngleich von der Amtskirche verpönt, war ihr teilweise ketzerischer Inhalt in der Bevölkerung bestens bekannt. Die »Thomasakte«, damals eines der populärsten Werke, enthält ein Evangelium und eine Apostelgeschichte des Thomas. Der Zweifler glaubte erst an die Auferstehung seines Herrn, als er ihn mit eigenen Augen sah und seinen Finger in die Wunden legen durfte.

Als ihn Jesus zur Missionierung der Heiden nach Indien schicken wollte, weigerte sich Thomas. Daraufhin verkaufte ihn der Auferstandene als Sklaven an einen Kaufmann, der auf der Durchreise nach Indien war. Schon auf dem Weg dorthin soll Thomas zahlreiche Wunder und Bekehrungen vollbracht und so seine Aufgabe doch noch erfüllt haben. Auf dem Subkontinent gelang es ihm, sich die Hochachtung des Herrschers Gundophorus zu verdienen. Wie die Thomasakte weiter verrät, erteilte ihm der Monarch den Auftrag, eine königliche Residenz zu errichten. Auf just dieses Bauwerk bezieht sich eine Passage im Brief des Presbyters: »Der Palast aber, den unsere Erhabenheit bewohnt, ist nachgebildet und ähnlich dem Palast, den der Apostel Thomas dem Inderkönig Gundophoros bestimmte, sowohl in den Wirtschaftsgebäuden als auch in der übrigen Anlage.« Verständlich, dass die Menschen des Mittelalters den Priesterkönig Johannes zunächst auf dem Subkontinent vermuteten.

Am Rand der Millionenmetropole Chennai, dem ehemaligen Madras an Indiens Ostküste, erhebt sich ein Hügel, den eine strahlend weiße Kathedrale krönt – der Mount St. Thomas. Ursprünglich thronte auf seiner Spitze ein hinduistischer Tempel, der größte und bedeutendste der ganzen Stadt. Als die Portugiesen im 16. Jahrhundert die Region okkupierten, zerstörten sie das uralte Heiligtum und errichteten eine christliche Kirche. Genau an der Stelle soll lokalen Legenden zufolge der Apostel Thomas im Jahr 72 das Martyrium erlitten haben. Der heutige neogotische Bau entstand allerdings erst im 19. Jahrhundert. Das Gotteshaus wurde immer wieder abgetragen und neu gestaltet, größer und moderner als zuvor. Doch die alten Fundamente bergen einen Sarkophag. Nahe dem Altar im Ostteil der Kirche windet sich eine schmale Treppe in die Tiefe. Über ihre ausgetretenen Stufen und einen niedrigen Gang führt der Weg in einen kleinen, feuchten Raum. Auf einer weißen Marmorplatte prangt die unmissverständliche Botschaft: »The tomb of St. Thomas« – »Das Grab des heiligen Thomas«.

Obwohl die Krypta älter als die Kathedrale ist, geht auch sie nicht auf biblische Zeit zurück. Der Märtyrer könnte zwar lange nach seinem Tod an diesen Ort umgebettet worden sein, eine im Mittelalter durchaus übliche Praxis. Aber das früheste christliche Zeugnis, das in Chennai jemals gefunden wurde, ist ein Kreuz mit persischer Inschrift aus dem 7. oder 8. Jahrhundert. Auch legen Schriftquellen nahe, dass in Indien Missionare aus Mesopotamien tätig waren und nicht ein direkter Jünger Jesu. Kein einziger historischer Textzeuge und kein einziges archäologisches Objekt spricht für die Anwesenheit des Apostels auf dem Subkontinent. Dementsprechend halten Forscher die Gebeine in dem gläsernen Sarg nicht für die des Heiligen. Nicht vor dem 4. Jahrhundert, so die Experten, fand die Botschaft Jesu den Weg bis zum Golf von Bengalen. Die Thomasgeschichte bleibt eine fromme Legende, geboren aus dem Wunsch der indischen Christen, ihre Religion authentischer erscheinen zu lassen. Hinzu kommt, dass die christlichen Gemeinden Indiens niemals mächtig waren. Und nichts weist auf einen Herrscher namens Johannes hin – nicht einmal eine einheimische Dichtung. Somit erweist sich die indische Spur als Sackgasse.

Kein Wunder also, dass Alexander III. vergeblich auf ein weiteres Lebenszeichen des rätselhaften Presbyters wartet. Als der Heilige Vater am 30. August 1181 stirbt, ist immer noch keine christliche Entsatzarmee vor Jerusalem aufgetaucht, kein orientalischer Heerführer hat das vollmundige Versprechen des Presbyters einzulösen versucht. Ob der Papst in der langen Zeit niemals zweifelte, nie fürchtete, einem Schwindel aufgesessen zu sein, bleibt sein Geheimnis. Sicher ist jedoch, dass der Mythos vom mächtigen Priesterkönig mit Alexander III. nicht untergeht. Im Gegenteil, die Erfolgsgeschichte des Johannes hat gerade erst begonnen, ebenso die Suche der Zeitgenossen nach seinem Reich, den »drei Indien«, wie die verwirrende Formulierung in dem ominösen Schreiben heißt.

Die geographischen Kenntnisse des Mittelalters fußten auf den Erfahrungen und Theorien der Antike. Eingeweihte Kreise wussten sehr wohl, dass die Erde keine Scheibe ist. Das Missverständnis entstand, weil die Malerei des Mittelalters noch keine Perspektive kannte und eine zweidimensional gemalte Kugel eben aussieht wie eine Scheibe. In Büchern und Traktaten veröffentlichten die Gelehrten Artikel über die Unterteilung des Erdballs in verschiedene Klimazonen und spekulierten über das Aussehen der Bewohner auf der anderen Seite des Globus und an den Rändern der bekannten Kontinente. Dort vermuteten sie Menschen mit Hundeköpfen oder mit nur einem Bein, ungeschlachte Zyklopen, Riesen und Pygmäen, wie sie schon der römische Autor Plinius der Ältere in seiner Naturgeschichte schildert. Die Aufzählung ähnlicher Lebewesen im Brief des Johannes musste dem Leser also seltsam bekannt vorkommen. Stolz verkündet der Presbyter, unter seinen Untertanen tummelten sich »wilde und gehörnte Menschen, Faune, Satyrn samt ihren weiblichen Artgenossen, Pygmäen, Hundsköpfige, Riesen von vierzig Ellen Größe und einäugige Zyklopen«.

Solche »Völkerschaften« erscheinen in der mittelalterlichen Kartographie zu Hauf – so auf der imposanten »Ebstorfer Weltkarte«, benannt nach ihrem Entstehungsort, dem Kloster Ebstorf in der Lüneburger Heide. Der dort ansässige Abt Gervasius von Tilbury machte als einer der gelehrtesten Köpfe des 13. Jahrhunderts von sich reden. Zugleich Jurist, Historiker und Geograph, beriet er Könige und korrespondierte mit Amtskollegen verschiedener Orden. Das Wissen seiner Zeit fasste er

Die Ebstorfer Weltkarte, um 1283. Im Mittelpunkt Jerusalem.

auf einer riesigen Karte zusammen. Auf dreißig aneinander genähten Pergamenten entfaltet sich über fast dreizehn Quadratmeter das Bild der damals bekannten Welt. Die Karte ist nicht nach Norden, sondern – wie in jener Epoche üblich – nach Osten ausgerichtet, denn dort vermuteten die Menschen das Paradies. Den Mittelpunkt des Wunderwerks nimmt die goldene Stadt Jerusalem ein, die im Zentrum aller Sehnsüchte stand. Die Ränder der Kontinente bevölkern all die seltsamen Wesen, die sowohl Plinius als auch Johannes erwähnen. In den Tiefen Asiens entdeckt der Betrachter die von einer gewaltigen Mauer eingeschlossenen Kannibalenvölker Gog und Magog, die im Brief des Presbyters ebenfalls vorkommen. Der Schriftzug »India« prangt schließlich ganz oben, im äußersten Osten, unmittelbar neben dem Garten Eden mit Adam und Eva. Die Karte macht deutlich, dass der Begriff »Indien« umfassender als heute verstanden wurde. Es gab sogar den Unterschied zwischen einem »diesseitigen« und einem »jenseitigen« Indien. Der Name bezog sich also auf zwei Territorien: einmal auf den bekannten Subkontinent, aber auch auf das äußerste Ostasien. Der Befund ergänzt die Anmerkung in der Chronik Ottos von Freising über den Feldzug des Priesterkönigs. So fügen sich zwei Puzzlesteinchen auf dem Weg zum Presbyter Johannes mit einem Mal zusammen.

Die Nachricht des Bischofs von der großen militärischen Niederlage der »Perser«, die Kunde von dem drei Tage dauernden schweren Gefecht im Jahresbericht 1144/45 kann nicht ganz aus der Luft gegriffen sein, gilt doch der Geschichtsschreiber stets als zuverlässiger Rechercheur. Mit Bischof Hugo von Gabala nennt der Chronist zudem einen vertrauenswürdigen Gewährsmann. Unter Berücksichtigung der Zeitdauer, die eine Nachricht im 12. Jahrhundert mitunter brauchte, um aus dem

Orient nach Europa zu gelangen, ist es legitim, im Umfeld von drei bis fünf Jahren nach einem »passenden« militärischen Zusammenstoß zu suchen. Ottos Zeuge kann nur die einzige Schlacht jener Epoche gemeint haben, in der ein muslimisches Heer derart vernichtend geschlagen wurde, dass die Kunde bis in alle Winkel der Welt dringen musste: Am 9. September 1141 unterlag Sandschan, Sultan der Seldschuken, dem Anführer eines Reitervolkes aus den Weiten Zentralasiens, Gur-Khan Yehlü Tashih. Als erster großer Herrscher der Kara Khitai ging er in die Geschichte ein. Auch der Ort des blutigen Kampfes im östlichen Iran passt zu Ottos Angabe »Persien«.

Der spektakuläre Erfolg des Gur-Khans war jedoch nur die Ouvertüre. Die Kara Khitai wurden den Mongolen, einem noch mächtigeren Stammesverband, einverleibt. Innerhalb weniger Jahrzehnte formierten sich die einst zerstrittenen Sippen zu einer gewaltigen Macht. Dschingis Khan, den Mann, der sie unter seiner Fahne versammelte, fürchteten die Europäer schon bald wie der Teufel das Weihwasser. Wie ein Wirbelsturm überzogen seine wilden Horden den gesamten Kontinent. Einem Eroberungsfeldzug folgte der nächste, bis der Großkhan weite Teile Zentralasiens und Nordchinas kontrollierte. Über 100 000 seiner Krieger zogen mordend und brandschatzend umher – eine Invasion des Schreckens.

Doch das ist nur eine Seite der Medaille. Die Mongolen wüteten nicht nur als Krieger, sie schufen auch eine große Kulturnation. 1220 gründete Dschingis Khan den Ort Karakorum im Tal des Orchon-Flusses, mehr als 300 Kilometer westlich der heutigen Stadt Ulan Bator. Eine außerordentliche Tat für einen geborenen Nomaden. Doch erst unter seinem Sohn und Nachfolger Ugedai Khan erreichte Karakorum seine höchste Blüte. Reste der Befestigungsmauer förderten Experten des Deutschen Archäologischen Instituts vor kurzem zu Tage. Seit 1999 graben sie gemeinsam mit mongolischen Kollegen in der einstigen Steppenmetropole. Noch haben die Archäologen den legendären Palast des Khans nicht gefunden. Obwohl weite Teile der Stadt noch unterm Gras der Steppe schlummern, vermitteln die bisher freigelegten Viertel einen überwältigenden Eindruck von der einstigen Größe der Nomadenkapitale. Über mehr als zwei Quadratkilometer erstreckte sich das umfriedete Terrain mit planvoll angelegten Straßen.

Unterschiedliche Bevölkerungsgruppen lebten in den Bezir-

Dschingis Khan, Herrscher der Mongolei

Ausgrabungen vor der buddhistischen Klosteranlage Erdene/Mongolei (Karakorum)

ken und durften ihre Religionen ohne Einschränkung ausüben. In Karakorum zeigten die Herrscher der Steppe ihr anderes Gesicht, gaben sich weltoffen und tolerant. Über die Seidenstraße schafften Karawanen Luxusgüter heran. Münzen aus aller Herren Länder künden von der regen Handelstätigkeit, prächtiger Schmuck und andere, fein gearbeitete Objekte von hoher Kunstfertigkeit und dem Wohlstand der Einwohner. Die schlauen Mongolen eigneten sich jedoch nicht auf allen Gebieten das notwendige Knowhow an. Vielmehr griffen sie auf Methoden zurück, die schon andere Nomaden-Dynastien erfolgreich praktizierten: Als Kriegsgefangene verschleppten sie immer wieder ausländische Handwerker und Künstler, um den Glanz Karakorums zu mehren. Berühmt wurde das Schicksal des französischen Goldschmiedes Guillaume Boucher. 1241, beim ersten Vorstoß der Mongolen nach Westen, fiel er in Ungarn in die Hände des Feindes und musste mit nach Asien ziehen. Dort fertigte er im Auftrag des Khans einen einzigartigen Silberbrunnen. Dem historisch verbürgten Wunderwerk, das im Festsaal des Palastes aus dem Boden spross, verlieh Boucher die Form eines Baumes. Zu besonderen Anlässen flossen aus den vier Hauptästen Honigmet, vergorene Stutenmilch, Reisbier und Wein. Wie im Schlaraffenland konnten sich die Nachkommen Dschingis Khans die köstlichen Getränke durch die Kehle rinnen lassen. Ähnliche Motive klingen im Schreiben des Johannes an, wenn er mit den täglichen Schlemmerfreuden in seinem Palast auftrumpft.

Sein riesiges Herrschaftsgebiet und die ungeheure Machtfülle zeichnen den Khan als einzigen Herrscher jener Zeit aus, der als Vorbild für den Priesterkönig überhaupt in Frage kommt. Im Abendland macht sich wachsende Enttäuschung breit, dass der Presbyter, der sich ja selbst als Waffenbruder angeboten hat, sein Versprechen immer noch nicht einlöst. Die Vorstellung von einem starken christlichen Herrscher im Osten bleibt jedoch zu verlockend, um sie stillschweigend aufzugeben. Als potentieller Kreuzfahrer will kein europäischer König auf die gigantische Entsatzarmee verzichten, die Johannes so wortreich rühmt: »Wenn wir gegen unsere Feinde zu Felde ziehen, lassen wir uns dreizehn große und emporragende Kreuze, hergestellt aus Gold und Edelstein, je an den einzelnen Wagen an Stelle von Bannern vor unserem Angesicht hertragen, und jedem von ihnen folgen 10 000 Ritter und 100 000 bewaffnete Fußsoldaten, abgesehen von denjenigen, die für Lastentransport und Lebensmittelversorgung des Heeres zuständig sind.« Als einzige Möglichkeit bleibt dem Papst und den weltlichen Machthabern die Entsendung von Kundschaftern. Auserwählte Reisende sollen nach Osten ziehen, um herauszufinden, ob in der zentralasiatischen Steppe tatsächlich ein christliches Großreich existiert. Das oberste Ziel der geheimen Mission heißt, Kontakt mit dort lebenden Christen herzustellen und den Priesterkönig aufzuspüren.

Sieben Jahre nach Johannes von Plano Carpini, dem ersten offiziellen Gesandten der Kirche, macht sich der flämische Franziskanermönch Wilhelm von Rubruk auf den Weg. Tausende von Kilometern legt er zurück – über Land und Meer, durch Wälder und Wüsten. Tiefe Felsschluchten muss er durchqueren und steile Gebirgspässe überwinden. Fast ein Jahr ist er unterwegs, als er kurz vor Weihnachten 1253 in Karakorum ankommt. Am Hof des Khans findet er herzliche Aufnahme. Nach Christen muss der Flame nicht lange suchen. Neben Schamanen, Buddhisten und Muslimen gibt es in der Stadt eine nestorianische Gemeinde mit eigener Kirche. Die Glaubensgemeinschaft, benannt nach Nestorius, dem Patriarchen von Konstantinopel, der im 5. Jahrhundert wegen seiner Lehre über die zwei Naturen Jesu verbannt wurde, war in Zentralasien dank konsequenter Missionierung stark vertreten und unterhielt sogar zehn Bischofssitze. Rubruk nutzt die Möglichkeit zu Diskussionen mit den Brüdern. Doch sie finden keine gemeinsame Gesprächsgrundlage, wie er enttäuscht feststellt. Zu verschieden ist ihre theologische Ausrichtung. Auch einige Mitglieder der Khan-Familie bekennen sich zur Lehre Jesu, darunter Sorqaqtani Beki, die Schwägerin Dschingis Khans. Staunend bemerkt der Mönch aus Europa, welche Rolle die Damen am Hof

Papst Gregor X.

Kathedrale von Lyon

spielen. Selbstbewusst mischen sie bei politischen Entscheidungen mit und denken nicht daran zu kuschen, anders als in der streng patriarchalischen Gesellschaft des Westens.

Voller neuer Eindrücke kehrt Wilhelm von Rubruk 1255 nach Frankreich zurück. In seinem detaillierten Bericht über die Reise nach Karakorum erweist er sich als brillanter Beobachter der mongolischen Sitten, Kulte und Riten. Die Metropole im fernen Asien schildert er in den schillerndsten Farben. Seine Beschreibung ist so genau, dass sie heute den Archäologen zur Rekonstruktion des Stadtplans dient. Wenngleich das Buch noch Jahrhunderte später in Forscherkreisen als unschätzbare Quelle gilt, konnte der Flame den eigentlichen Zweck der weiten Reise nicht erfüllen. Für das Reich des Priesterkönigs hält Wilhelm die Mongolei definitiv nicht. In den 38 Kapiteln des Bandes erwähnt er den Namen des Presbyters nicht ein einziges Mal. Auch die Allianz mit dem Großkhan gegen den Islam, die Rubruk für den französischen König schmieden soll, kommt nicht zustande. Der Herrscher aus Asien sieht keinen Grund, irgendeine Religionsgemeinschaft zu verfolgen. Selbst der weiteren Missionierung des Landes gibt der Heimkehrer keine Chance, da die Nestorianer ihre Pfründe verteidigen. Dennoch bewirken die Einschätzungen Wilhelms von Rubruk sowie seines Vorgängers Johannes von Plano Carpini, dass der Papst und die Könige Europas ab etwa 1260 verstärkt versuchen, mit dem Großkhan in Karakorum, vor allem aber mit den Il-Khanen in Persien Kontakt aufzunehmen. Bei der weiter südlich residierenden Linie der Mongolendynastie war die Lehre Jesu ebenso verbreitet. Die fromme Doquz Kathun, eine Verwandte von Sorqaqtani Beki und Stammmutter der Il-Khane, soll der Überlieferung nach täglich den Bau einer neuen Kirche angeordnet haben.

Kreuzfahrerburg Yehi'am (Israel)

Mongolische Krieger in der Schlacht

Richard Löwenherz vor Akkon

1274 eröffnet der Papst – es ist inzwischen Gregor X. – das zweite Konzil von Lyon, für die westliche Christenheit eine bedeutende Veranstaltung. Etwa 300 Bischöfe und 60 Äbte drängen sich zu den Beratungen in der Kathedrale, darunter Delegierte aus Deutschland, Frankreich, England, Italien, Sizilien und Byzanz. Neben den Dauerbrennern der Kirchenreform und der Union mit der griechisch-orthodoxen Kirche treibt den Heiligen Vater nach wie vor das Thema um, mit dem sich schon etliche seiner Vorgänger herumgeschlagen haben: der Aufruf zu einem neuen Kreuzzug. Nach dem gescheiterten Unternehmen Kaiser Barbarossas, der 1190 auf dem Weg nach Palästina ums Leben kam, der friedlichen Übernahme Jerusalems durch seinen Enkel Friedrich II. im Jahr 1229 und dem Desaster, das König Ludwig IX. 1249/50 bei seinem Vorstoß nach Ägypten erlebte, war die Stadt Davids längst wieder in die Hände der Muslime gefallen. Akkon blieb den Kreuzfahrern als letzte Bastion. Heißer als je zuvor ersehnen die Europäer das Eingreifen des Priesterkönigs Johannes. Nur er kann den Brückenkopf in Vorderen Orient noch retten, das Königreich Jerusalem wieder errichten und die christliche Herrschaft über die heiligen Stätten einsetzen, glauben die kirchlichen und weltlichen Machthaber.

Da betritt, für die Kirchenfürsten völlig unerwartet, eine Delegation, die gar nicht eingeladen war, die Bühne des Konzils. Die Gesandten des Il-Khans Abaqa reisen schon seit Monaten durch Europa. Sie wittern die Chance, bei der ehrwürdigen Versammlung mit einen Schlag möglichst viel zu erfahren. Zunächst äußert ihr Führer vorsichtig den Wunsch nach Frieden mit den Rom unterstehenden Christen sowie die Absicht, ein Bündnis zu schließen. Der Antrag, der von mongolischer Seite rein militärisch und nicht religiös begründet ist, fällt bei den Europäern, die sich gegenüber dem Islam in die Defensive gedrängt sehen, auf fruchtbaren Boden und wird euphorisch begrüßt. Als wollten sie die Ernsthaftigkeit ihres Anliegens unterstreichen, bitten drei Mitglieder der Delegation um die Gnade der Taufe. Am 16. Juli werden sie in Lyon in den Schoß der heiligen Mutter Kirche aufgenommen. Dann rücken die Mongolen mit einem überraschenden Bekenntnis heraus: Ihre »allerchristlichste Herrscherin Doquz Kathun« sei die »Tochter des Priesterkönigs Johannes«. Der kluge Schachzug weckt im Westen große Hoffnungen, die Fremden gewinnen das Vertrauen des Konzils. Offensichtlich kennen die Mongolen inzwischen den Mythos des Priesterkönigs so genau, dass sie ihn geschickt als lockendes Instrument einsetzen. Auf eine Einlösung ihrer Zusagen wartet das Abendland – wie schon zuvor – jedoch vergebens. Ebenso wie die Mission des Wilhelm von Rubruk diente auch die mongolische Aktion eher dem Auskundschaften des Gegenübers als der Absicht, tatsächlich ein Bündnis zu schließen. Zwar ruft Gregor X. zum Abschluss der Lyoner Veranstaltung zu einem neuen Kreuzzug auf, doch bis Akkon 1291 unwiderruflich fällt, setzt nicht ein einziger Soldat einer mongolischen Entsatzarmee seinen Fuß in das Heilige Land.

Nur vier Jahre nach dem Konzil besuchen Botschafter Abaqas erneut die europäischen Höfe, und wieder bleibt es bei diplomatischem Geplänkel, nicht zuletzt, weil der Großkhan die bedingungslose Unterwerfung der christlichen Herrscher fordert. Während seine Reiter immer weiter in den Westen vorstoßen, ahnen die Fürsten kaum, in welcher Gefahr sie sich befinden. Als dann zunächst die Khane der Goldenen Horde und später auch die Il-Khane zum Islam übertreten, zerplatzen die abendländischen Träume von dem vielfach beschworenen Zangenangriff gegen die Muslime wie eine Seifenblase. Die bisher weltoffene, tolerante Atmosphäre des Mongolenreiches wandelt sich zumindest unter der strengen Herrschaft des Il-Khans Ghazan zu einem fanatisch religiösen Regime, das strikt gegen das Christentum gerichtet ist.

Obwohl die abendländischen Diplomaten derart hart auf den Boden der Realität zurückgeholt werden, suchen sie noch eine Zeit lang nach dem Reich des Priesterkönigs in Asien. So schreibt Marco Polo, die Großkhane der Mongolen vermählten ihre Töchter immer wieder mit der Familie des Priester-

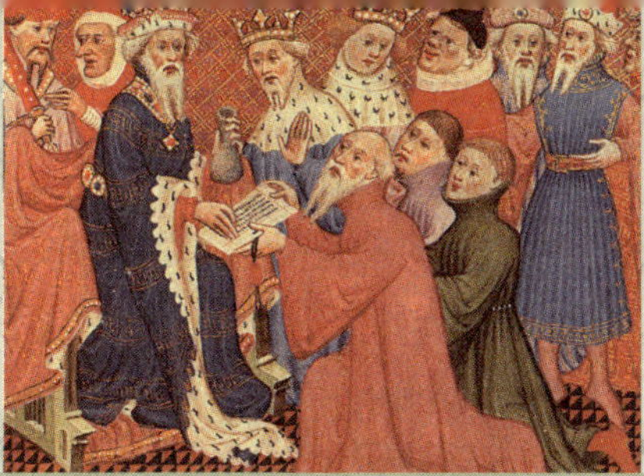

Marco Polo überreicht dem Großkhan seine Geschenke

Sir John de Mandeville

königs Johannes, der einst über die Tataren geherrscht habe. Johannes von Montecorvino, ein franziskanischer Missionar, taufte angeblich »den König Georg aus der Sekte der ostsyrischen Christen, der aus dem Geschlecht des Priesters Johannes von Indien stamme«. Noch 1309 bezeichnet der Theologe Raimundus Lullus die Gebiete des Großkhans als Land des Priesterkönigs Johannes. Die Reihe lässt sich beliebig fortsetzen – über so bedeutende Geschichtsschreiber und Reiseschriftsteller wie Paulinus Minorita, Johannes von St. Victor, Vincenz von Beauvais und Odorico von Pordone. Doch erst das Werk des John von Mandeville scheint den Durchbruch zu bringen, entspricht es doch genau den Angaben des Priesterkönigs. Wie Mandeville ausführt, sah er die 72 Könige, die dem Presbyter Johannes untertan sind, er durchquerte das Sandmeer und bewunderte das riesige Heer mit seinen 100 000 Soldaten sowie die goldenen Kreuze, die anstelle der üblichen Standarten von den Kriegern getragen werden. Sir Johns Text besitzt allerdings einen Schönheitsfehler: Er ist reine Fiktion. Der Autor hat einfach aus dem Brief des Johannes abgeschrieben.

Doch seine Zeitgenossen nehmen die blumige Schilderung für bare Münze. Seit dem Erscheinungsdatum 1371 erlebt sie Auflage um Auflage. Allein dreihundert erhaltene Handschriften und unzählige Druckfassungen bestätigen den Bestsellerstatus des Romans. Mandevilles Erzählung vom Priesterkönig steht wie ein Gelenk zwischen der wissenschaftlichen Literatur des Mittelalters und der Dichtung. Denn der Presbyter Johannes macht auch als fiktiver Held Karriere. Die phantastische Welt seines Märchenreiches inspiriert Wortkünstler und Literaten. Der lichtdurchflutete Palast mit der Quelle der ewigen Jugend, der Zauberspiegel, die Wunderheiler, der unvorstellbare Reichtum, der utopische Gesellschaftsentwurf ohne Lügen, Raub und andere Verbrechen, die gruseligen Kannibalen und die Menagerie von Fabeltieren schreien geradezu nach dichterischer Umsetzung. Bereits im 13. Jahrhundert übertragen mehrere Autoren unabhängig voneinander den Brief in ihre Volkssprache, publizieren ihn auf Mittelhochdeutsch und in anderen Idiomen. In Verse gefasst, findet der Text weite Verbreitung. Mitunter werden Rahmenhandlungen und neue Figuren dazu erfunden. Der aufregenden Geschichte lauschen die Menschen gerne nach dem Abendessen. Sie bringt ein wenig vom Zauber des Orients in die rauhe Wirklichkeit der eigenen begrenzten Welt.

So gewinnt die Figur des Priesterkönigs zumindest in der gebildeten Oberschicht große Popularität, die ihren Höhepunkt erreicht, als sich einer der ganz Großen des legendären Herrschers annimmt: Wolfram von Eschenbach. In seinem Meisterwerk ›Parzival‹, dem am weitesten verbreiteten Epos des gesamten Mittelalters, schildert er die Suche des gleichnamigen Ritters nach dem Heiligen Gral. Wie der Roman erzählt, wird Parzivals Halbbruder Fairefis zum König »Indiens« und erhebt das Christentum dort zur allgemein verbindlichen Religion. Über Fairefis' Sohn und Thronfolger schreibt Wolfram: »Priester Johann nannte man ihn, und dort gibt man seit jener Zeit jedem König diesen Namen.« Mit diesem Kunstgriff löste Wolfram ganz nebenbei ein wichtiges Problem. Obwohl der Brief des Priesterkönigs Europa schon 1165 erreichte, suchen die Menschen noch Jahrhunderte später nach dem Wunderherrscher, und zwar nach einer lebenden und nicht nach einer bereits verstorbenen Persönlichkeit. Daher führt Wolfram die Dynastie der Priesterkönige ein, die alle den Namen Johannes tragen, denn für kritische Denker klingt die im Brief erwähnte Quelle der ewigen Jugend doch zu märchenhaft.

Noch stärker wird die Figur des Priesterkönigs im ›Jüngeren Titurel‹ aus der Feder Albrechts des Dichters ausgeschmückt, einem Klassiker der Kreuzzugsliteratur. Sein Roman bietet eine Art Fortsetzung und Ergänzung des ›Parzival‹. Albrecht überführt den Heiligen Gral nach Indien und vertraut ihn der Obhut des Presbyters Johannes an. Sein Name steht fortan als Synonym für den Gralshüter. Seine Macht über drei Viertel des Erdkreises und die militärischen Erfolge gegen die Heiden sind die herausragenden Merkmale, die den Priesterkönig als

Wolfram von Eschenbach, Dichter und Ritter

St. Ursula in Köln. Die Goldene Kammer mit Reliquienbüsten

leuchtendes Vorbild preisen und aus seinem Charakter eine Art Tugendkatalog für Kreuzritter entwickeln. Je berühmter der Brief des Johannes in Europa wird, desto stärker wächst die Sehnsucht der Menschen, endlich die Person selbst vor Augen zu haben.

Die romanische Kirche St. Ursula nahe dem Kölner Hauptbahnhof ist für ihre gigantische Sammlung mittelalterlicher und barocker Reliquien bekannt. Jedes Jahr strömen Tausende von Touristen in die so genannte Goldene Kammer, um sich mit eigenen Augen von dem wohl makabersten Kult der Vorfahren zu überzeugen. Abertausende Knochen verzieren die Wände, die Gebeine der Heiligen bilden Muster oder gar Schriftzüge: »S. Ursula per nobis ora« – »Heilige Ursula, bitte für uns« steht da zu lesen. In Zwischennischen erstrahlen goldene Reliquienbüsten, weitere sind in der Kirche verteilt. Eines der gotischen Exemplare, ein Schädelgefäß vermutlich aus dem 14. Jahrhundert, zeigt einen jungen, hübschen Mann mit langen, leicht gelockten Haaren. Sanft blicken seine Augen aus dem ebenmäßigen Gesicht. Den Kragen des Gewandes schmücken Edelsteine, als wollte der Künstler den besonderen Wert des Objekts unterstreichen. Die eingravierten Buchstaben, die quer über der Brust verlaufen, lassen keinen Zweifel: »S. Ioannes Presbyter ex sodalitate S. Ursula – Der heilige Presbyter Johannes aus der Gefolgschaft von St. Ursula«.

Der Drang, die reale Existenz des Priesterkönigs zu beschwören, war so stark, dass die Illusion ihre eigene Wirklichkeit erschuf und sich in einem Bildnis materialisierte. Eindeutig war dabei der Wunsch der Vater des Gedankens, denn mit der heiligen Ursula steht der Priesterkönig in keinem Zusammenhang. Vielmehr vermuten Experten, dass der Schriftzug nachträglich auf dem Kunstwerk angebracht wurde, um den

Weltkarte von Abraham Ortelius

Pilgern im heiligen Köln eine Reliquie des beliebten Presbyters Johannes vorzeigen zu können. Wessen Schädel auch immer im Inneren der Büste ruht, zu Johannes aus dem Märchenreich gehört er ganz sicher nicht. Der Schreiber des Briefes erweist sich immer mehr als Phantom, als Mythos. Aber mit der ernüchternden Erkenntnis wollen sich die Menschen des späten Mittelalters nicht abfinden.

Nachdem mehr und mehr Reisende aus dem Osten zurückkehren, die keine Spur des gesuchten Mannes ausmachen können, nachdem die weißen Flecken im asiatischen Raum auf den Karten immer mehr zusammenschmelzen, gerät eine andere Region in den Fokus bei der Suche nach dem Priesterkönig. In seinem Schreiben erwähnt der Herrscher »drei Indien«. Nachdem das »diesseitige« und das »jenseitige« Indien bereits erfolglos abgegrast waren, kommt nun das dritte, noch unerforschte Gebiet zum Zug. Den mittelalterlichen Geographen zufolge lag es in Afrika. Noch kannte niemand die Landmassen des Kontinents oder den genauen Verlauf der Küstenlinien. Den Indischen Ozean hielten die Gelehrten damals nicht für ein Weltmeer, sondern für einen riesigen Binnensee, der den indischen Subkontinent und Äthiopien miteinander verbindet. So läuft das geheimnisvolle ostafrikanische Land im 14. Jahrhundert als vermeintliches Reich des Presbyters Asien langsam aber sicher den Rang ab.

Schon lange war bekannt, dass am Horn von Afrika ein christliches Königreich existiert. Tatsächlich entwickelte sich die Lehre Jesu dort seit dem 4. Jahrhundert allmählich zur dominanten Religion. Ihr spirituelles Zentrum verbirgt sich weit oben im äthiopischen Hochland, 2600 Meter über dem Meeresspiegel, in der historischen Stadt Lalibela. Aus der Ferne wirkt der Ort zunächst wenig spektakulär, nur Hütten und un-

Die Felsenkirche St. Georg, in Lalibela, im Hochland von Äthiopien

scheinbare Gebäude sind zu erkennen. Doch plötzlich tut sich vor den Füßen des Reisenden ein atemberaubender Abgrund auf. Aus dreizehn Meter Tiefe ragt ein roter Megalithblock – die Felsenkirche St. Georg. Keine Fuge, keine Baunaht weist das Gebäude auf, es wurde in einem Stück aus der Basaltlava gehauen. In weiteren Schluchten fügen sich elf komplette Gotteshäuser, die durch Brücken, Pfade und Hohlwege verbunden sind, zu einem Labyrinth. Da die gesamte Anlage nach dem Plan von Jerusalem gebaut ist, tragen einzelne Plätze Namen wie »Golgatha«, der Fluss heißt »Jordanos«. Die dazu nötigen Informationen erhielten die Architekten von Lalibela aus erster Hand, denn spätestens seit dem 13. Jahrhundert existierte in Jerusalem ein äthiopisches Kloster. König Lalibela empfing im Traum den göttlichen Befehl, die heilige Stadt in seinem Königreich neu zu erschaffen. So ließ er mit den Felsenkirchen die Stätten der Passion im afrikanische Hochland nachempfinden. Die schier unglaubliche technische Leistung beeindruckt noch heute. Seit 1978 gehören die einzigartigen Bauten von Lalibela zum Weltkulturerbe der Unesco. Der Legende zufolge sollen Engel geholfen haben, die Wunderwerke zu errichten. Die Wissenschaft glaubt hingegen eher an ägyptische Gastarbeiter. In Lalibela findet der Priesterkönig im 14. Jahrhundert jedenfalls nach dem Glauben der Europäer seine neue Heimat. Nur noch wenige wie der Autor John de Mandeville suchen das Reich des Presbyters im Osten. Realpolitische Ereignisse beschleunigen die Verlegung des Mythos nach Äthiopien.

Seit 1309 residieren die Päpste in Südfrankreich. Rom ist in die Hand streitlustiger Adelsparteien gefallen, der Aufenthalt in der Ewigen Stadt wird zu gefährlich für das Oberhaupt der Kirche. Der französische König bietet dem Stellvertreter Got-

Papst-Palast in Avignon

tes auf Erden Zuflucht in Avignon. Dort stampfen die Päpste einen mächtigen Palast aus dem Boden, eine wehrhafte Trutzburg – weniger Ort des Glaubens als Manifestation weltlicher Macht. Unter der Sonne der Provence entfaltet sich eine grandiose Pracht, weit ab von den Querelen am Tiber. Mit der Flucht in die Provinz zieht sich der Heilige Vater jedoch immer weiter von den Gläubigen zurück. Die Prozessionswege, die in Rom durch die gesamte Stadt führten, werden in Avignon zwar nachgebaut, aber innerhalb des weitläufigen Gebäudes, abgeschottet vom Volk. Der Papst mutiert immer stärker vom geistlichen Führer zum Chefdiplomaten der Kurie. Im Mai 1342 wird Pierre Roger zum Pontifex Maximus gewählt und besteigt als Clemens VI. den Heiligen Stuhl. Neun Jahre später erhält er unerwarteten Besuch. Zufällig weilt zeitgleich der Geschichtsschreiber Johannes von Hildesheim in Avignon, der die Ankunft der seltsamen Delegation der Nachwelt überliefert.

Es sind Gesandte des »Priesters Johannes vom Morgenland«, die nach langer Reise vor den Papst treten. Die Bezeichnung »Morgenland« erinnert nicht nur zufällig an die drei Weisen, die dem Stern bis zum Stall von Bethlehem folgten und dem neugeborenen Jesuskind huldigten. Denn inzwischen gilt der Priesterkönig als Nachkomme der Heiligen Drei Könige. Jetzt erscheinen zum ersten Mal Delegierte des Superkönigs, die sich auf diese Tradition beziehen, leibhaftig an einem europäischem Hof. Obwohl nur die dürren Worte des Johannes von Hildesheim überliefert sind, die keinerlei Aufschluss über die Intention und den Verbleib der Botschafter aus Äthiopien gestatten, hinterlässt das Szenario einen bleibenden Eindruck in der Kunstgeschichte: Während auf frühen bis hochmittelalterlichen Darstellungen die Weisen aus dem Morgenland stets die drei Lebensphasen Jugend, Mannes- und Greisenalter symbo-

Innenhof des Papstpalastes

Die drei Weisen aus dem »Morgenland«

lisieren, erfährt eine der Figuren eine drastische Verwandlung: Der dritte König erscheint von nun an auf den meisten Buchseiten, Kirchenfenstern und Gemälden als Afrikaner – vermutlich eine Reminiszenz an seinen legendären Nachkommen, den vermeintlich äthiopischen Priesterkönig.

Die exotische Gesandtschaft passt jedenfalls perfekt in die aktuellen Pläne des Pontifex Maximus zur Rückeroberung der christlichen Stätten. Zwar bleibt der direkte Weg ins Heilige Land nach dem Fall von Akkon am 18. Mai 1291 versperrt. Aber immer noch schmiedet das Oberhaupt der Kirche Pläne für einen Kreuzzug, jedoch mit anderer Stoßrichtung. In Ägypten, im Machtzentrum der Mamelucken, soll ein neuer Feldzug den Islam mitten ins Herz treffen. Die Identifizierung des Priesterkönigs Johannes mit dem Negus von Äthiopien kommt da gerade recht. Mit Hilfe des afrikanischen Herrschers wäre wieder ein Zangenangriff denkbar: Die Europäer stürmen von Norden, die Äthiopier von Süden, dazwischen steht der Sultan, der in einem Zweifrontenkrieg schnell aufgerieben werden soll. Ausführlich dokumentierten Ottokar ouz der Geul und weitere Chronisten des späten Mittelalters das verlockende Planspiel. Als Clou dachten sich die europäischen Strategen aus, der Priesterkönig Johannes in Gestalt des äthiopischen Herrschers solle die Nilquellen absperren und Ägypten sozusagen trockenlegen, um die Araber vor dem Angriff entscheidend zu schwächen.

Die entscheidende Hürde übersahen die kühnen Strategen einfach. Der Negus von Äthiopien hatte niemals die Macht zu einem solchen Schritt. Erst recht nicht verfügte er über eine Armee, mit der er einen Marsch auf Ägypten wagen konnte. Im Gegenteil sah sich das militärisch schwache Äthiopien immer wieder Angriffen aus dem islamischen Norden ausgesetzt.

Heinrich der Seefahrer

Christoph Kolumbus

Verteidigungsbauten wie das Wehrkloster in Tigre belegen die damals prekäre Situation für die Christen des Landes. Hinzu kommt, dass der mächtige König Lalibela erst Ende des 12. Jahrhunderts regierte, als der Mythos vom Priesterkönig in Europa schon längst die Runde machte. Anders als beim Khan der Kara Khitai und der Schlacht gegen die Muslime in Persien passen die äthiopischen Daten nicht. Doch obwohl der Herrscher aus Afrika nicht als Urbild für den Priesterkönig taugt, wurde der Schwarze Kontinent in der Vorstellung des 14. Jahrhunderts zum Wohnsitz des Presbyters.

Im Lauf der Zeit wandelt sich die Motivation bei der Suche nach seinem sagenumwobenen Reich. Für die neu entstandenen Seemächte – die italienischen Städte, Spanien und Portugal – wäre Johannes weniger als Waffenbruder und Kämpfer gegen die Heiden denn als Handelspartner interessant. In seinem Land sollen Pfeffer und andere exotische Gewürze wachsen, von den Gold- und Edelsteinvorkommen ganz zu schweigen. 1291 bereiten sich die Brüder Ugolino und Vadino Vivaldi auf ein waghalsiges Unternehmen vor. Immer wieder gehen sie ihren Plan durch. Wenn es stimmt, dass Afrika von einem Ozean umgeben ist, muss es möglich sein, auf dem Seeweg nach Indien zu gelangen. Dort könnten sie die kostbaren Spezereien direkt erwerben und die zahlreichen Zwischenhändler in der Levante umgehen. Das Projekt verspricht unvorstellbaren Profit. Doch zunächst sind Investitionen gefragt. Die Brüder verkaufen ihr Erbe und stecken ihr gesamtes Vermögen in das Risikogeschäft. Ein gutes Schiff haben sie bald gefunden und die Mannschaft angeheuert. Die Reise geht durch die Meerenge von Gibraltar, dann an der Küste Westafrikas entlang, immer weiter südwärts. Inzwischen glauben Forscher, den beiden sei die Umrundung des Kaps der Guten Hoffnung gelungen und

Der Katalanische Weltatlas (Spanien um 1375)

sehen in den mutigen Brüdern aus Genua die ersten Umsegler Afrikas. Die These fußt auf dem Bericht eines spanischen Franziskanermönchs von 1350. Er schreibt, zwei schiffbrüchige Genuesen seien in Äthiopien aufgenommen worden, und zwar am Hof des Priesterkönigs Johannes. Damit wären sie die ersten, die den sagenhaften Märchenkönig tatsächlich getroffen haben. Doch leider hörte man nie wieder von ihnen.

Hundert Jahre später bricht der Sturm auf die Schätze des Presbyters erst richtig los. Heinrich, genannt »der Seefahrer«, begründet die Herrschaft Portugals über die Weltmeere. Aufgeschlossen gegenüber der zukunftsträchtigen Branche des Seehandels, aber noch dem alten Denken verhaftet, beauftragt er 1442 eine Expedition, Informationen über die Länder Indiens und das Reich des Priesters Johannes zu sammeln. Die Erkenntnisse finden ihren Niederschlag in einem neuartigen Kartentypus, der so genannten Portulankarte. Die Zeichner malen die Küstenlinien als Verbindungen zwischen den Häfen (lateinisch: portus) nun möglichst exakt nach. So entsteht ein weniger verzerrtes Bild der Länder, als es die Werke des hohen Mittelalters bieten konnten. Reizvoll sind die Verzierungen der Portulankarten: kleine Figuren, die einzelne Kontinente bevölkern. Einen prominenten Platz nimmt natürlich der Priesterkönig Johannes mit seiner Residenz in Äthiopien ein.

Noch im Zeitalter der Entdeckungsreisen behauptet sich die Geschichte. Auch zu Beginn der Neuzeit erlischt die Faszination des Presbyters keineswegs, die unausrottbare Legende wirkt sogar mächtiger als je zuvor. Selbst Christoph Kolumbus, dessen Aufbruch in die Neue Welt 1492 viele als Zäsur zwischen Mittelalter und Moderne betrachten, steht noch ganz im Bann des Johannes. In der Kajüte des Kapitäns liegt ein Brief an den Presbyter. Post, die nie zugestellt wird. Als König Manuel I.

von Portugal im Jahr 1513 ein Allianzgesuch aus dem bedrängten Äthiopien erhält, verkennt er die Situation völlig. Begeistert lässt er den Papst wissen, die portugiesische Flotte werde sich bald im Roten Meer unter der Fahne des Kreuzes mit der des Priesterkönigs vereinen. Die Macht des Mythos ist ungebrochen.

Wenngleich die Welt inzwischen weiß, dass die Menschen über Jahrhunderte einem Phantom nachjagten, bleibt eine wichtige Frage offen: Wenn der Presbyter Johannes nie existierte, wer schrieb dann im Jahr 1165 den merkwürdigen Brief, mit dem alles begann? Über den Verfasser ist nur sicher, dass er nicht aus Byzanz stammen kann. Zwar richtet sich die Anrede an den dort residierenden Kaiser Manuel I., doch nichts daran ist korrekt. Den mächtigsten Mann der bekannten Welt, den Kaiser Ostroms, nur als »Fürsten der Römer« anzusprechen, wäre selbst für den »Herrscher der Herrscher« ein unverzeihlicher Fauxpas. Auch die Bezeichnung der Byzantiner als »Griechlein« konnte wohl kaum Sympathien schaffen. Beide Beleidigungen würde ein griechisch-byzantinischer Autor niemals wagen. Es liegt daher nahe, den Briefschreiber – oder besser gesagt den Fälscher – im lateinischen Westen zu suchen. Die Sprachanalyse bestätigt das, denn viele Redewendungen und Stilmittel, die der Schreiber benutzt, existieren im Griechischen nicht. Wahrscheinlich wurde das Dokument, von dem eine prachtvolle Abschrift in der Universitätsbibliothek Darmstadt liegt, von Anfang an in Latein konzipiert und auch so in Umlauf gebracht. Aber wer konnte ein Interesse an einer solch abenteuerlichen Geschichte haben und wer profitierte davon?

Der erste Verdacht fällt auf die Fürsten der Kreuzfahrerstaaten und ihre unmittelbare Umgebung. Die riesige Armee des Johannes wurde immer wieder als Argument für einen neuen Kreuzzug ins Heilige Land benutzt, was den auf verlorenem Posten kämpfenden Europäern zugute gekommen wäre. Aber wenn der Text aus diesem Umfeld stammt, hätte der Verfasser sicher gezielter militärische Details oder ein konkretes Bündnis angesprochen. Alle apokalyptischen und märchenhaften Bezüge, die das Schreiben in Hülle und Fülle enthält, wären für eine solche Absicht völlig überflüssig, wenn nicht sogar hinderlich. Nicht nur die menschenfressenden Völker Gog und Magog, sondern auch die Charakterisierung des Presbyters als Endkaiser, die Parallelen seines Palastes mit dem himmlischen

Jerusalem aus der Offenbarung des Johannes fallen ins Auge. Wie zahlreiche andere apokalyptische Motive entstammen die Formulierungen der Literatur des 12. Jahrhunderts, erinnern zum Beispiel an die Schriften Joachims von Fiore.

Dieser Aspekt verleiht dem Profil des Verfassers schärfere Konturen: Er ist hoch gebildet, verfügt über eine gewählte lateinische Sprache und Rhetorik, kennt sich in der Theologie sowie in der Literatur seiner Zeit hervorragend aus. Da der Priesterkönig erstmals in der Chronik Ottos von Freising erwähnt wird, rückt der Bischof in den Kreis der Verdächtigen. Ob das Schriftstück wirklich aus seiner Feder stammt, bleibt wohl für immer ein Geheimnis. Zu wenig Indizien haben die Jahrhunderte überdauert. Es fällt allerdings auf, dass in dem Dokument ein moralisierender Tonfall vorherrscht, dem Leser aber dennoch feinste Unterhaltung geboten wird. Daher schlägt der Historiker Ulrich Knefelkamp vor, die Botschaft aus dem fernen Märchenreich als eine Art Fürstenspiegel zu betrachten, der das Idealbild eines guten Herrschers zeichnet. Doch mit letzter Sicherheit konnten weder der Autor noch die Intention des Briefes in 850 Jahren enttarnt werden.

Sofort nachdem Alexander III. im Jahr 1165 die Botschaft in Händen hielt, begann die Eigendynamik des Inhalts zu wirken. Alles, was danach passierte, unterlag den unberechenbaren Gesetzen der Mythenbildung. Trotz der zahllosen Wundergeschichten hegten die Zeitgenossen kaum Zweifel an der Echtheit des Schreibens. Das Mysterium des Orients beflügelte ihre Phantasie, kaum jemand konnte zwischen Wahrheit und Fiktion unterscheiden. Den Reiseberichten Marco Polos schenkte fast niemand Glauben, obwohl der venezianische Kaufmann selbst vor Ort war und nicht einmal die Hälfte seiner Beobachtungen niederschrieb. John von Mandeville hingegen setzte keinen Fuß in den Osten, dennoch hielten die Leser seine Phantastereien für bare Münze. Der Verfasser des Johannes-Briefes jedenfalls hat nur wenige Elemente neu erfunden, sondern ein geschicktes Spiel mit bekannten literarischen Motiven getrieben. Außerdem nahmen die Menschen damals auch die Bibel wörtlich. Zweifel an den teilweise ebenso wundersamen Episoden konnten von den Inquisitionsgerichten mit dem Tod bestraft werden.

Das anhaltende europäische Ressentiment gegenüber dem Islam trug den Mythos vom Priesterkönig Johannes über die

Jahrhunderte, bis er mit dem Ende der Religionskriege langsam der Vergessenheit anheim fiel. Der spätere Versuch, den Presbyter wenigstens als Handelspartner zu gewinnen, erledigte sich im Zeitalter der Entdeckungen durch die fortschreitende Entmystifizierung der Welt irgendwann von selbst. Die ungeheuerliche Erfolgsgeschichte eines simplen Briefes, der Generationen von Päpsten, Kaisern und Königen in Atem hielt, mag heute auf den ersten Blick verwundern. Für die Menschen des Mittelalters kam die Idee vom christlichen Priesterkönig jedoch wie gerufen. Unaufhörlich propagierte der Westen die Ausrottung der muslimischen Religion, unversöhnlicher Hass gegenüber der Welt des Islam prägte die Epoche. In dieses verblendete Denkschema fügte sich der Mythos nahtlos ein. Letztlich führte sich das Abendland mit seiner eigenen Intoleranz Jahrhunderte lang selbst in die Irre.

DER RIESE GOLIATH – AUF DEN SPUREN DER SEEVÖLKER

Eine Geschichte, die nahezu jedes Kind kennt: Der kleine Hirtenjunge David aus Bethlehem stellt sich in einem Zweikampf dem riesenhaften und schwer bewaffneten Philister-Anführer Goliath und streckt ihn mit einem einzigen, wohl gezielten Schuss aus seiner primitiven Steinschleuder nieder. Die Heldentat beendet nicht nur die Vorherrschaft der Philister im kanaanäischen Küstengebiet, sondern sichert dem schmächtigen Jungen mit dem Mut eines Löwen die Königswürde über ein geeintes Israel. David und seine Nachkommen übernehmen die militärische, politische und religiöse Vormachtstellung im Heiligen Land. Der Titan Goliath hingegen wird zum Gespött der Bibel, seine Nachfahren geraten allmählich in Vergessenheit.

Das Szenario aus dem 1. Buch Samuel, Kapitel 17, ist mehr als nur ein alttestamentarisches Gleichnis von der Unerschrockenheit eines vermeintlich Schwächeren oder vom unbeirrbaren Glauben an Gott, der Berge versetzen kann. Und Goliath ist ebenso wie David mehr als nur eine mythische Figur. Das belegen archäologische Funde aus Gat, der einstigen Hauptstadt der Philister, die zumindest deutlich machen, dass der Name Goliath bei den Stammesbrüdern häufig vorkam. Die Erzählung aus der Heiligen Schrift verweist zweifelsfrei auf einen authentischen Ausschnitt aus der bewegten Geschichte der kampfstarken Eroberer, die gemeinsam mit anderen Volksgruppen um 1200 vor Christus plötzlich wie aus dem Nichts im östlichen Mittelmeer auftauchen und dort für Angst und Schrecken sorgen.

Bereits ab dem 18. Jahrhundert machten sich europäische Wissenschaftler unterschiedlicher Disziplinen an die Arbeit, um das Geheimnis der Philister zu lüften. Abgesehen von der Bibel waren die Gelehrten in anderen Quellen immer wieder auf Hinweise gestoßen, die den mysteriösen Volksstamm mit

Ein häufiges Motiv der Kunst: David gegen Goliath

Grabung in Gat

historischen Großereignissen der Alten Welt in Verbindung zu bringen schien. Die erste Spur legte der französische Bibelforscher Dom Calmet. Er fand im frühen 18. Jahrhundert heraus, dass die Philister laut einer hebräischen Fassung des Alten Testaments aus Kaphtor stammen mussten. Da er für die Ortsbezeichnung keine geographische Entsprechung ausfindig machen konnte, konsultierte er eine altgriechische Übersetzung aus dem 2. Jahrhundert vor Christus und kam ein Stück weiter. Darin entpuppte sich Kaphtor als Ort in der Ägäis: Der Name bezeichnete die Insel Kreta. In einer Liste mit griechischen und lateinischen Ortsnamen aus dem 6. Jahrhundert vor Christus entdeckte er schließlich, dass Gaza, die erste Philisterhauptstadt in Palästina, die auch schon in der Bibel erwähnt ist, in der Aufzählung als Minoa geführt wurde. Die Stadt erhielt ihren Namen angeblich von König Minos, dem König der Kreter, persönlich. Er soll dort auch ein Zeus-Heiligtum in Auftrag gegeben haben, so verkündet es zumindest die Quelle. Calmet wagte nicht, die Herkunft der Philister auf Kreta festzulegen. Dafür formulierte er aber eine Emigrationsthese, die den Volksstamm von Kanaan auf die griechische Insel ziehen ließ.

Weitergeführt hat sie Calmets Zeitgenosse Etienne Fourmant. Seine Forschungsarbeit basiert auf der Überzeugung, »die Völker des Alten Griechenland und Kanaans waren miteinander verwandt«. Er versuchte den Zusammenhang zwischen den Stammbäumen der Bibel mit den von griechischen und römischen Historikern erstellten Königsgenealogien sowie einschlägigen mythologischen Überlieferungen herauszuarbeiten. Dafür machte er den ersten Herrscher von Sparta kurzerhand zum Oberhaupt einer Gruppe von Hebräern, die auf der Suche nach fruchtbarem Land ihre Heimat Kanaan verlassen und bis

Scherbe mit dem eingeritzten Namen ›Goliath‹

Der Kampf zwischen Hektor und Achill vor Troja

nach Griechenland gelangt seien. Dort hätten der König und seine Nachfolger den Namen Pelasger angenommen, den der Forscher auf dieselbe semitische Wurzel wie das Wort »Philister« – nämlich umherziehen oder erobern – zurückführte. Die Pelasger, so Fourmant weiter, seien der Ilias und anderen griechischen Quellen zufolge ein uraltes Volk, das mit den Trojanern in engem Bündnis stand und zunächst in abgelegenen Gegenden auf dem griechischen Festland, in Anatolien und auf Kreta lebte. Nach dem Ende von Troja um 1180 vor Christus seien die Pelasger beziehungsweise Philister ins Heilige Land zurückgekehrt und hätten griechische Traditionen eingeführt.

Die Ausführungen des französischen Gelehrten stießen in der Fachwelt jener Tage auf großes Interesse, denn die Bibelforscher konnten in den Beschreibungen über die Philister tatsächlich griechische Anklänge ausmachen. So setzten sie unter anderem den Namen des Philisterkönigs Achisch mit dem trojanischen Fürstennamen Anchises gleich und den Titel »seren« (Kriegsherr) mit dem griechischen Wort »tyrannos«. Vor allem aber war Goliath eine dankbare Figur für die Parallelen zwischen dem alten Europa und Palästina. Wegen seines Namens wurde er mit dem Lyderkönig Alyattes in Verbindung gebracht und in seiner Charakterisierung als übermenschlich starker Krieger mit den Helden der großen Epen. So entsprach die Art, wie Goliath die Waffe auf dem Rücken trug, exakt Homers Beschreibung der stolzen Krieger in der Ilias. Auch den Zweikampf als erfolgreiches Mittel der Kriegführung kannte die mediterrane Welt, man denke nur an die legendäre Auseinandersetzung zwischen Hektor und Achill vor den Mauern von Troja. Wenn auch Fourmants Ausführungen noch wenig Beweiskraft enthielten, so ist es doch ihm zu verdanken, dass die

Dominique Vivant Denon (1747–1825)

Denon bei Ausgrabungen in Ägypten

Philister als historisches Volk der Alten Welt in die Geschichte eingingen.

Im 19. Jahrhundert kamen noch zwei weitere Spekulationen über den unbekannten Stamm in Umlauf. Der deutsche Ferdinand Hitzig konzentrierte sich darauf nachzuweisen, dass die Philister »eine Gruppe indo-arischer Söldner waren, die von der Südküste des Schwarzen Meeres erst nach Kreta und dann nach Kanaan wanderten«. Sein Kollege K. B. Stark wiederum sah in der rätselhaften Volksgruppe »einen Zweig der seefahrenden Phönizier, die wegen ihrer Eroberungen in Übersee, ihrer Kultur und Sprache« in Frage kämen. Stichhaltige Belege fehlten für beide Überlegungen, inzwischen gelten sie als unhaltbar.

Den Durchbruch zur Lösung des Rätsels um Ursprung und Identität der Philister lieferte erst eine legendäre Expedition, die bereits 1798 ihren Anfang nahm und bis 1803 dauerte. Sie fand unter dem Kommando von Napoleon Bonaparte statt und führte ins Land der Pharaonen – nach Ägypten. An dem Kriegszug des Franzosen nahmen nicht nur Soldaten teil, sondern auch ein Tross aus 167 Gelehrten, die nichts anderes zu tun hatten als die Hinterlassenschaften der Jahrtausende alten Zivilisation zu dokumentieren. Akribisch kopierten sie Inschriften und Bildnisse, die an den Wänden der zahlreichen Tempel und Paläste prangten. Darüber hinaus erstellten sie Architekturzeichnungen und ausführliche Schilderungen. Noch heute schätzen Fachleute die 18-bändige Publikation ›Beschreibung Ägyptens‹ als einzigartigen Informationsfundus.

Einer der wissenschaftlichen Teilnehmer war der französische Schriftsteller Dominique Vivant Denon, der im Tempel von Medinet Habu auf der Westseite von Theben eine sensationelle Entdeckung machte. Die Außenwände des Eingangsportals zur

Totentempel Ramses III.:
Relief mit feindlichen Gefangenen

Jean-François Champollion
(1790–1832)

Weihestätte sowie einige Kolonnaden im Inneren der Anlage zeigten riesige Reliefs. Darauf zu sehen war eine Schlacht zwischen den Ägyptern und irgendeinem fremden Volk. Die Feinde waren durch Gesichtsform und Kleidung von den Einheimischen deutlich zu unterscheiden: Sie trugen einen federbesetzten Kopfputz, kurze Gewänder mit Quasten und manche sogar enge Rippenmieder. Daneben gab es Frauen mit üppiger Haarpracht, die in langen Kleidern steckten. An ihrer Seite gingen Kinder. Sie führten schwere Ochsenkarren mit sich. Die exotischen Fremden waren durchweg als Gefangene oder als verzweifelte Kämpfer zu Wasser und zu Land dargestellt. Sie unterlagen im Schwertkampf oder fielen mehr tot als lebendig von ihren vogelkopfverzierten Booten. Andere Männer wiederum wurden von den Pfeilen ägyptischer Bogenschützen durchbohrt. Hauptfigur der eindrucksvollen Bilderzählung war ein überdimensional großer Pharao, der das Geschehen mit überlegenen Gesten dominierte. Er mobilisierte die Truppen, verteilte Waffen und führte die Soldaten auf ihren Streitwagen siegreich in den Kampf. An anderer Stelle hielt er Gefangene am Haarschopf und bedrohte sie mit einer Keule. Unter den Besiegten fiel eine Gruppe besonders ins Auge, weil sie runde, gehörnte Helme auf dem Kopf trugen. Inzwischen weiß die Wissenschaft, dass sie zu den Schardana gehörten. Die Feinde, die dort niedergeschlagen wurden, soviel war klar, zählten in keinem Fall zu einem einzigen Volksstamm, sondern bildeten eine Koalition aus unterschiedlichen Gruppierungen.

Jede Szene begleitete ein Hieroglyphen-Text, den Denon allerdings nicht lesen konnte. Erst mit der Entzifferung der ägyptischen Schrift durch Jean François Champollion im Jahr 1822 gelang es, die Tragweite der Botschaft in Stein zu erkennen. Zunächst deutete Champollion das Bauwerk als Totentempel und entschlüsselte die Namenskartusche des Besitzers. Es war Ramses III. (ca. 1184–1153 vor Christus), der das gigantische Wandrelief einmeißeln ließ – sozusagen als Leistungsbericht seiner Großtaten und historisches Dokument an die Nachwelt. Der geniale Sprachwissenschaftler aus Europa lieferte aber noch zwei weitere wichtige Hinweise, denn er fand heraus, dass die Bilderstory einen der größten Siege des Pharao bei der Verteidigung Ägyptens darstellte und keinen Eroberungsfeldzug in einem fremden Land. Darüber hinaus dechiffrierte er das ägyptische Wort für Philister. Damit stellte er den unwiderlegbaren Zusammenhang zwischen den Feinden der Israeliten aus der Bibel und der Geschichte des alten Ägypten her.

Die Sache hatte nur einen kleinen Haken: Von einem Kampf zwischen Ramses III. und dem rätselhaften Volk wusste das Alte Testament nichts zu berichten. Auch war unklar, warum der Pharao gegen die Fremdländer kämpfte. Diese Antworten gab erst der französische Ägyptologe Emanuel De Rouge. Er bekam die Abschrift eines Hieroglyphentextes aus Medinet Habu in die Hände, in der die Hintergründe der kriegerischen Auseinandersetzung dargelegt waren, die dem Wortlaut nach um 1177 vor Christus, nämlich im 8. Regierungsjahr von Ramses III., stattfand. Das Manuskript bewies zweifelsfrei, dass das Eindringen der Philister und ihrer Verbündeten in Ägypten der letzte Akt einer brutalen Invasionswelle war, die über die damals bekannte Welt hereinbrach: »Die Fremdvölker trennten sich von ihren Inseln … Kein Land konnte standhalten vor ihren Waffen, von Hatti, Qadi, Karkemisch und Arzawa bis Alasia. Aufgeschlagen wurde ein Lager an einem Ort im Inneren von Amurru. Sie vernichteten seine Bevölkerung und das Land. Sie zogen, während Feuer verbreitet wurde vor ihnen, vorwärts gegen Ägypten. Die Philister, Tekker, Sikeler, Derden und Weses – vereinte Länder – legten ihre Hände auf die Flachländer bis zum Umkreis der Erde …« Für viele Forscher stand nun fest: Die Philister kamen nicht allein, sondern mit mindestens vier anderen Stammesgruppen. Als sie ihre Inseln verließen, formierten sie eine Art Völkerbewegung und überfielen Arzawa im Südwesten der Türkei, das heutige Zypern (Alasia), die hethitische Reichshauptstadt Hattusa (Hatti) im Hochland von Anatolien, Karkemisch am Euphrat sowie das

Ausgrabungsgelände in Ugarit, der Königspalast

Rekonstruktion der Sonnenfinsternis 1192

Königreich Amurru im Libanon-Bergland westlich des Flusses Orontes.

Neuesten Erkenntnissen zufolge gehört auch die blühende Handelsstadt Ugarit auf die Liste der zerstörten Stätten. Das belegen mindestens drei Tontafeln, die Ausgräber in der Machtzentrale des syrischen Königs ans Tageslicht holten. Eine sechszeilige Inschrift liefert sogar das genaue Datum zum Auftakt des Dramas. Am 21. Januar 1192 verdunkelte eine totale Sonnenfinsternis den Himmel über dem Reich. Das Schauspiel war in Ugarit zwischen 11.45 und 14.45 Uhr deutlich zu sehen. Sofort veranstaltete der oberste Priester eine Leberschau, denn die Menschen fürchteten, die Götter würden ihnen Tod und Verderben schicken. Entsprechend vernichtend klang das Ergebnis des Rituals: Den Bewohnern von Ugarit drohte Gefahr. Da schickte der weise Mann seinem König Hammurapi (1215–1190 vor Christus) per Boten eine entsprechende Warnung, die dieser wohl aber nicht erhielt. Denn wegen der plötzlichen Dunkelheit brach Panik aus, in den Gassen herrschte Chaos, jeder rannte um sein Leben. In dem Gerangel ging die Tontafel am Eingang des Palastes verloren.

So zumindest rekonstruieren Wissenschaftler das Szenario an jenem Tag. Zu den Ereignissen passen zwei Briefbotschaften zwischen dem König von Zypern und Hammurapi in Ugarit. Der Inselherrscher des syrischen Außenpostens rät seinem Kollegen, sich vor den gesichteten Schiffen, vor denen man ihn gewarnt habe, mit Befestigungsmauern und Waffen zu schützen. Das Oberhaupt der Syrer wiederum beklagt sich bei ihm in einer späteren Nachricht, er sei nicht rechtzeitig vor den Feinden gewarnt worden. Hammurapis Truppen hätten ihren Regierungssitz aber gar nicht verteidigen können, wie andere Tontafeln überliefern. Als Vasallen der Hethiter kämpf-

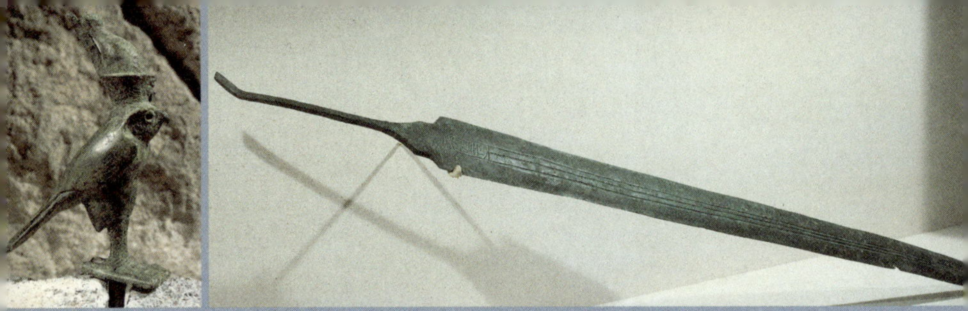

Funde aus Ugarit: Bronzestatue eines Horus-Götterbildes, Schwert mit dem Namen Merenptah und eine Elfenbeinfigur mit Tommel

ten sie im Hochland von Anatolien gegen die Invasoren aus der Ägäis. Wahrscheinlich, so zumindest die Vermutung der Experten, schlugen die Seevölker erst im Umland zu, bevor sie um 1190 vor Christus Ugarit mit mehreren gezielten Anschlägen ein für alle Mal von der Landkarte fegten. Ausgräber stießen in den Überresten auf Meter dicke Brand- und Zerstörungsschichten, auf zahlreiche Speerspitzen sowie vergrabene Gold- und Bronzefigürchen. Da bis heute Skelettfunde fehlen, schließen Wissenschaftler, dass sich die meisten Einwohner ins Hinterland retten konnten.

Nachdem die »Wikinger der Bronzezeit«, wie die Eroberer in der Literatur immer wieder genannt werden, die reiche Metropole zerstört hatten, zogen sie weiter in den Süden. An der Nilmündung wurden sie schließlich von den Ägyptern gestoppt. Angeblich erhielt der Pharao ebenfalls eine Warnung – sie erreichte ihn offensichtlich rechtzeitig. Wie Ramses III. vorging, ist überliefert: »Ich richtete die Grenze ein in Djahi, vorbereitend vor ihnen, die Großen, die Befehlshaber der Garnisonen und die Streitwagenkrieger. Ich ließ die Nilmündung herrichten wie eine starke Mauer aus Kampfschiffen, Galeeren und Transportschiffen. Sie wurden ausgestattet, indem sie gänzlich vom Bug bis zum Heck bemannt wurden mit starken Kriegern und ihren Waffen …« Selbst den Ausgang des Gemetzels kennt die moderne Wissenschaft aus dem Hieroglyphentext: »Sie wurden gezogen, zusammengetrieben und niedergeworfen am Ufer, getötet und gemacht zu Leichenhaufen, ihre Schiffe und ihr Besitz waren wie ins Wasser gefallen.«

De Rouge versuchte, auch die Namen der Verbündeten auszuwerten. Dabei berief er sich auf eine Namensliste mit Völkern von der Westküste der heutigen Türkei, die bereits an der Schlacht im nordsyrischen Kadesch im Jahr 1274 vor Christus

Ruinen des legendären Troja

beteiligt waren. Darin stehen auch die Derden verzeichnet, die De Rouge als Dardaner – das heißt als Trojaner – identifizierte. Anschließend machte sich der Franzose an eine weitere Inschrift aus Karnak und stellte fest, dass um 1210 vor Christus auch Pharao Merenptah eine Schlacht in der Westlichen Wüste gegen die Libyer austrug, an der Etrusker und Achäer teilnahmen. Angriffe von verbündeten Volksgruppen aus der Ägäis waren also schon vor 1177 vor Christus durchaus üblich. Die Pharaonen kannten die Gegner, die »auf Kriegsschiffen von der Mitte des Meeres kamen«, und empfanden sie offensichtlich als Bedrohung. Der Ägyptologe schlussfolgerte aus seinen Befunden, dass die Philister sowie ihre Mitstreiter mit den Rundhelmen im ägäischen Raum beheimatet waren, bevor sie sich übers Meer wagten. Ihren Aufbruch gen Osten erklärte er als Reaktion auf den Trojanischen Krieg, der in der gesamten Region für politische Unruhen gesorgt und die Irrfahrten der Stämme ausgelöst habe.

De Rouges Nachfolger, François Chabas und Gaston Maspero, führten die Erkenntnisse des Gelehrten weiter. Dafür bemühten sie noch einmal das Relief von Medinet Habu. Ihrer Meinung nach können die abgebildeten Ochsenkarren sowie die Frauen und Kinder nur bedeuten, dass der Philister-Trupp Hab und Gut mit sich führte und auf der Suche nach einem geeigneten Siedlungsgebiet war. Die Ägäis als Ausgangspunkt der langen Reise konnten sie mit einem Beitrag des griechischen Geschichtsschreibers Strabo untermauern, der um die Zeitenwende schrieb: »Die Seeleute, die an den ägäischen Küsten Kleinasiens entlangfuhren, waren weithin wegen ihrer federbesetzten Kämme bekannt«. Auch einige der mitreisenden Gruppen, die in der Tempelinschrift von Medinet Habu erwähnt sind, identifizierten die Ausgräber als Stämme aus dem

Diskus von Phaistos, mittelminoisch

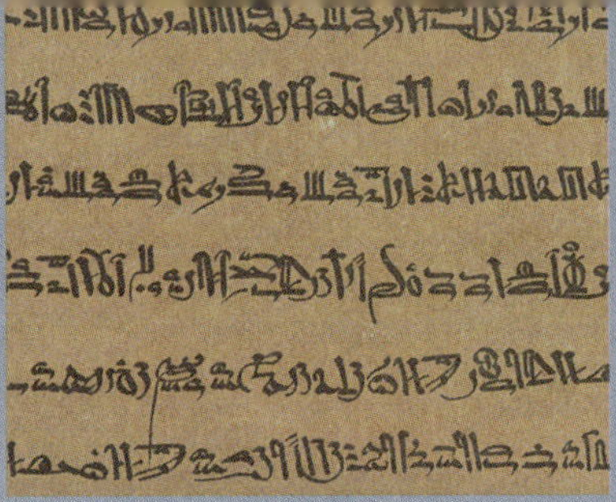

Papyrus Harris

Ramses III. mit Hathor/Isis

kleinasiatischen Gebiet. Die Bibel könnte also doch Recht haben mit der Darstellung, die Philister seien aus Kaphtor, also aus Kreta, gekommen. Ein bedeutsamer Fund aus einem minoischen Palast im Süden der Insel könnte dafür der Beleg sein. Der so genannte »Tondiskus von Phaistos« aus dem 16. Jahrhundert vor Christus ist übersät von Piktogrammen, darunter auch Köpfe mit dem typischen Kopfputz, Boote und Waffen.

Der Ägypten-Vorstoß, soweit die Rekonstruktion, brachte die Wende der kriegerischen Eroberungsfahrt. Denn danach siedelten die Nomaden an der Küste Kanaans. Dass sie im Heiligen Land sesshaft wurden, dafür fand Gaston Maspero, der Erfinder der wissenschaftlichen Sammelbezeichnung »Seevölker«, den Beweis. Und zwar in einem Papyrus, den der britische Verwaltungsbeamte Anthony Harris 1855 in Alexandria erwarb und der seither seinen Namen trägt. Der Papyrus Harris enthält einen Rechenschaftsbericht über die Regierungszeit von Ramses III., in dem geschrieben steht, was nach der Schlacht gegen die Fremdländer geschah. Ein Großteil der Invasoren fiel im Kampf, geriet in Gefangenschaft oder Sklaverei. Aber viele, vor allem Philister, siedelte der Pharao als Vasallen in den von Ägypten beherrschten Städten in Israel an. Die Neuankömmlinge gaben ihrer neuen Heimat den Namen Peleset, was so viel wie Philisterland bedeutet.

Jahr für Jahr versorgte der Herrscher die neu gewonnenen Untertanen mit Kleidung und Proviant aus den Schatz- und Getreidespeichern. Mit anderen Worten: Ramses III. rottete die Angreifer nicht aus, sondern überließ ihnen sogar ein fruchtbares Siedlungsgebiet und half über Anfangsschwierigkeiten hinweg. Ein kluger Schachzug, denn so hielt er die kampferprobten Fremden vom Nilland fern und gleichzeitig

Funde aus dem Wrack der Uluburun: Straußeneier, Figur einer Schutzgöttin, Vase mit Vogeldarstellung

unter Kontrolle. Den Israeliten jedoch waren die Einwanderer, die in Diensten ihrer ägyptischen Besatzer standen, ein Dorn im Auge. Dass Konflikte nicht ausblieben, dafür sprechen die Berichte im Alten Testament. Immerhin kämpften beide Parteien von der Mitte des 12. bis zum Ende des 11. Jahrhunderts vor Christus mit allen Mitteln um die Machtposition im Land. Dabei waren die Philister spätestens seit 1152 vor Christus auf sich allein gestellt, denn nach der Ermordung von Ramses III. bröckelte Ägyptens Einfluss im südsyrischen Raum.

Lange betrieb die Wissenschaft Ursachenforschung, um eine Erklärung für die Abwanderung der Seevölker in den östlichen Mittelmeerraum zu erhalten. Bis heute hält die Suche nach dieser Erklärung an. Fest steht nur, dass ein Zusammenspiel von Gründen für die Invasion sorgte. Ein Motiv zielt auf den Zusammenbruch des Fernhandels zwischen der ägäischen Welt, Westanatolien, Mykene auf der Peloponnes, Kreta und dem fernen Ägypten, Palästina, Syrien und dem mächtigen Hethiterreich mit seinen Vasallenstaaten. Während der Bronzezeit (etwa 3000–1200 vor Christus) florierte über den See- und Landweg ein perfekt organisierter Warenaustausch.

Bereits 1800 vor Christus ließen sich assyrische Kaufleute in Anatolien nieder und überwachten die Karawanenstraßen bis zum Meer. Sie arbeiteten eng mit den Minoern auf Kreta zusammen, die bis zum 15. Jahrhundert vor Christus die unternehmerische Führungsposition über den Warenfernverkehr inne hatten. Ihr starker Einfluss zeigte sich schon bald in Gestalt und Dekor der Töpferwaren, die in Massen den damaligen internationalen Markt überfluteten. Um das Jahr 1420 verdrängten die mykenischen Könige die Kreter und übernahmen die Kontrolle über den Im- und Export zwischen den Reichen. Archäologische Hinterlassenschaften bezeugen die Exis-

Bernstein aus dem Ostseeraum

Amphoren für Lebensmittel aller Art

Enten aus Elfenbein

tenz ihrer Händler sowohl an der türkischen West- und Südküste, auf Zypern und in Ugarit, aber auch unweit von Haifa und im Südlibanon besaßen sie Niederlassungen. Sie bildeten die erste Welle von Auswanderern, die ihr Glück in der Fremde suchten. Mitte des 13. Jahrhunderts vor Christus überschwemmten mykenische Töpferwaren nicht nur den ägäischen Raum, sondern auch Syrien, Palästina und Ägypten. Der Austausch von Knowhow und Handelsgut boomte. Tontafeln berichten von Ägyptern und Lykiern, die in Knossos auf Kreta ihr Geld verdienten. Erstaunlich, aber wahr: Schon damals mussten Arbeitssuchende Mobilität beweisen. Besonders hoch im Kurs standen erlesene Güter wie Elfenbein, Kümmel, Sesam, Koriander, Gold aus dem Land am Nil, Purpurfarbstoff aus Syrien, Zinn aus den Bergen Persiens sowie Kupfer aus Zypern, das ebenso wie das Zinn für die Herstellung von Bronze in großen Mengen herbeigeschafft wurde.

Das Wrack der Uluburun, 1982 in den Gewässern unweit der türkischen Hafenstadt Bodrum entdeckt, dokumentiert beispiellos die Vielfalt an Waren, die in der späten Bronzezeit den Weg über das weit gespannte Handelsnetz nahmen. Untergegangen ist die Uluburun vermutlich Ende des 14. Jahrhunderts, als das Mittelmeer längst zur Drehscheibe der damals bekannten Welt aufgestiegen war. Möglicherweise verschuldete ein schwerer Sturm das Kentern, vielleicht war das Schiff aber nur einfach völlig überladen, oder Piraten schickten den Segler auf den Meeresboden. Unbeantwortet ist ebenfalls die Frage nach Auftraggeber und Zielhafen. Aufgrund des Umfangs und Wertes der Fracht jedoch kommt nur ein herausragender Hafen wie Tiryns südlich der Machtzentrale Mykene auf der Peleponnes in Betracht. In über 20 000 Tauchgängen bargen der amerikanische Unterwasserarchäologe

Blaue Glasrohlinge

Notizbuch aus der Bronzezeit
(Wachstafel im Holzrahmen)

George Bass und sein türkischer Kollege Cemal Pulak Tonnen von Rohstoffen, Gebrauchs- und Luxusgegenständen, darunter 354 Kupferbarren, 121 oval geformte Zinnklumpen, Blauglasrohlinge und Elfenbein aus Syrien, Ebenholz, Harze, exotische Lebensmittel aller Art aus der Gegend um das Tote Meer, ein goldener Skarabäus der Pharaonengattin Nofretete, Silber, Bronzewergzeuge und Waffen. Darüber hinaus holten sie im Laufe der 10-jährigen Kampagne Keramik und Perlen aus dem mykenischen Raum, Schmuck aus Palästina, Glas und ein Skarabäussiegel aus Ägypten, Rollsiegel aus Assur und sogar Bernstein aus der Ostsee ans Tageslicht. Eine aufklappbare Holztafel zum Schreiben von Nachrichten freute die Spezialisten besonders, denn endlich hielten sie den Beweis für ein Utensil in der Hand, das bislang nur in der Ilias des Homer beschrieben war. Die Liste der Fundstücke aus allen bekannten Handelsplätzen der alten Welt scheint endlos und in Teilen von derartiger Erlesenheit, dass immer wieder die Vermutung hochkommt, die Uluburun schipperte in diplomatischer Mission über das Mittelmeer.

Aus den berühmten Amarna-Briefen der Könige von Babylon, Mitanni, Assur und Hatti an die Pharaonen Amenophis III., Echnaton und Tutenchamun geht hervor, wie intensiv zwischen 1336 und 1326 vor Christus die Beziehungen untereinander mit kostbaren Geschenken gepflegt wurden. Modern ausgedrückt, führten die Kaufleute demnach einen Teil der Fracht als exklusive »Give-aways« mit sich, um bei Vertragsverhandlungen bessere Konditionen rauszuschlagen, das eigene Prestige zu steigern oder den heimischen Markt gegen etwaige Konkurrenten zu schützen. Der Sockel eines Standbildes mit der Aufzählung einer ganzen Reihe ägäischer Ortsnamen wiederum dokumentiert die Reise von Gesandten des Pharao

Schwerter aus der Uluburun

Modell des Palastes von Knossos

Amenophis III. zu den »Fremdlingen auf ihren Inseln jenseits des großen Grüns«, die mit Skarabäen, Alabastervasen und Fayenceplatten aufwarteten. Bereits 1450 vor Christus brachten Botschafter aus Kreta dem ägyptischen Herrscher Thutmosis III. eine silberne Schmuckvase und vier Bronzegefäße als Aufmerksamkeit mit, für die sich der Herrscher mit vergleichbaren Gaben revanchierte. Von etwa 1225 vor Christus stammen einzigartige Rollsiegel aus Lapislazuli, die bei einer Grabung in Theben zum Vorschein kamen. Hinter ihnen liegt eine abenteuerliche Reise: Einst plünderten assyrische Krieger die wertvollen Gegenstände aus dem Tempel von Babylon. Der König von Assur spendierte sie dann dem thebanischen Herrscher, um ihn als Verbündeten gegen die Hethiter zu gewinnen, die gegen die Assyrer ein Handelsembargo durchsetzen wollten.

Die vielen unterschiedlichen Quellen, vor allem aber die über 80 Fundorte in Syrien, dem Libanon, Palästina, im Reich Hatti und in Ägypten machen anhand ihrer imposanten archäologischen Hinterlassenschaften deutlich, wie die Könige von Knossos und in der Folge die Staatsmänner von Mykene über Jahrhunderte ein ausgeklügeltes Wirtschaftsimperium aufbauten, das ihnen Reichtum, Macht und Ansehen verlieh. Dabei entstanden wechselseitige Bindungen und Abhängigkeiten, die schon bei geringfügigen Störungen zu enormen Einbußen an dringend benötigten Rohstoffen und begehrten Luxusgütern führen konnten. Ein riesiger Apparat an Personal und Material musste in Gang gehalten werden, um den üppigen Lebensstil der Königsfamilien und ihrer Höflinge in den prächtigen Palästen aufrecht zu erhalten. Sklaven wurden gebraucht, die das Land bewirtschafteten und Exportwaren produzierten, die Händler wiederum bestmöglich im nahen Umland und in der Fremde veräußerten.

Das Löwentor von Mykene

Voraussetzung für den reibungslosen Ablauf der blühenden Geschäfte war eine innenpolitisch ruhige Lage sowie die Sicherung der Grenzen nach außen. Seit Menschengedenken geschieht dies mit einem stark bewaffneten Heer und trutzigen Wehrmauern als weithin sichtbare Drohgebärde für potentielle Angreifer. Auch die griechischen Staatengebilde mit Mykene auf der Peloponnes als Hauptstadt hielten sich an dieses Prinzip. Im 13. Jahrhundert vor Christus, so konnten Ausgräber an vielen archäologischen Stätten auf der Halbinsel feststellen, standen an strategisch bedeutsamen Positionen zum Meer hin Burgen, Befestigungsmauern und Schutzwälle. Das heißt, das mächtige Königreich rüstete sich gegen etwaige Invasoren, die auf dem Seeweg den Vorstoß planten. Wer auch immer dafür in Betracht kommt, er war offenbar ein ernstzunehmender Gegner. Schrifttafeln aus den Ruinen von Pylos belegen, dass der Fürst aus fünf Orten etwa 700 Mann auf Boote beorderte, die das Gewässer vor der Südwestküste der Peloponnes bewachen sollten. Ein nicht zu unterschätzendes Aufgebot im Hinblick auf das stehende Heer, das nicht mehr als ein paar Tausend Soldaten umfasste. Genutzt hat die Vorsichtsmaßnahme wenig. Um 1200 vor Christus ging Pylos in Flammen auf, ebenso wie die anderen Zentren Mykene, Tiryns, Theben, Orchomenos, Araxos, Krisa und Menelaion. Nur Athen blieb der Untergang erspart. Lange galten die Dorer als Eroberer, doch inzwischen hält sich die Meinung, dass die Volksgruppe schon vorher im mykenischen Großreich lebte und dort die Unterschicht der Gesellschaft bildete. Sie kommen als Angreifer nicht in Betracht.

Bis heute bleibt die Frage nach den potentiellen Widersachern eines der großen Rätsel der Geschichte. Niemand weiß, ob nicht doch innere Fehden die Zerstörungen herbeiführten.

Vielleicht sorgte ein Ausfall der Handelsbeziehungen mit den Reichen im Osten für Unruhen, die zu Bürgerrevolten und kriegerischen Auseinandersetzungen führten. Mit Ägyptens Vormachtstellung stand es nicht zum Besten, das Land am Nil lag immer wieder im Krieg mit Syrien und dem Reich Hatti. Vielleicht stellten sie den Exportverkehr weitgehend ein, um erst einmal die innerstaatlichen Schwierigkeiten in den Griff zu bekommen. Die Hethiter wiederum kämpften im späten 13. Jahrhundert vor Christus gegen eine massive Hungersnot, wie Berichte über großangelegte Getreideexporte von Ugarit aus an die Bündnispartner des Großreiches dokumentieren. Die Hilfe erreichte auch ihre Vasallen in der südlichen Türkei, die ebenfalls mit Dürreperioden zu kämpfen hatten. Möglich also, dass auch dieser Geschäftspartner absprang. Zypern wiederum sah sich ständigen Überfällen durch marodierende Piraten ausgesetzt, die in gezielten Aktionen über das wohlhabende Inselvolk herfielen. Es ist der Beginn des Dunklen Zeitalters am Ende der Bronzezeit.

Eine wachsende Rolle bei der Frage um die Auswanderungswelle der Seevölker spielen auch klimatische Extremsituationen. So zieht eine weitere Vermutung aufeinander folgende Naturkatastrophen in Betracht: »Der ägäische Raum ist aufgrund seiner Lage an der Konvergenzzone der so genannten afrikanischen und eurasischen Platte für Erdbeben berüchtigt.« Auf der Peloponnes konnten Experten mindestens zwei seismische Aktivitäten unterschiedlicher Stärke nachweisen, die möglicherweise Missernten, Dürreperioden und Krankheiten auslösten und den Niedergang der ägäischen Welt nachhaltig beschleunigten. Herodot erwähnt in seinen Berichten Plagen und Epidemien, die vor allem Kreta heimsuchten.

Auch wenn Archäologen derartige Erklärungsmodelle als alleinige Ursache ablehnen, so haben Paläobotaniker von der Universität Bonn in der Region vom Toten Meer bis zu den Golanhöhen für die Zeit um 1200 vor Christus einschneidende Klimaveränderungen festgestellt, die modellhaft für den Nahen Osten jener Epoche stehen und sich auch auf die Heimat der Seevölker ausgewirkt haben könnten. Seit jeher reagiert das Gebiet des so genannten »Fruchtbaren Halbmondes« äußerst sensibel auf Klimaeinflüsse und eignet sich daher besonders gut, um Verschiebungen im Vegetationsgürtel zu erfassen. Dabei betrachteten die Spezialisten aus Deutschland abgelagerte Pflanzenreste von mediterranen trocken-heißen Wüstenpflanzen, von Steppengewächsen und Hartlaubgehölzen, zu denen zum Beispiel Eiche und Zeder gehören. Aus den Veränderungen in der Pflanzenwelt können die Wissenschaftler auf vorherrschende Wetterbedingungen schließen. Etwa 200 Meter von der Uferlinie des Toten Meeres entfernt, entnahmen Geologen bronzezeitliche Sedimentproben an einer Abbruchkante, die vor vielen Tausend Jahren noch Meeresboden bildete. Am tiefsten Punkt der Erde, fast 420 Meter unter dem Meeresspiegel, sinkt das Wasser des Toten Meeres durch Verdunstung und mangelnden Zufluss um etwa einen Meter pro Jahr und verursacht so einen dramatischen Rückgang des salzigen Allheilsees. Der 50 Zentimeter lange Bohrkern, den die Spezialisten mittels einer Schablone ausstachen, enthielt mikroskopisch kleine Pollen. In den feuchten Meeresboden gelangten sie einst über den Wind, der die Pollen bis übers Wasser trug. Mit anderen Schwebeteilchen sanken sie auf den Grund und setzten sich dort ab. In den heißen Sommermonaten entstand weißer Verdunstungskalk, der das organische Material schließlich einschloss. Ein ewiger Kreislauf der Natur, der über die Jahrtausende eine Chronik des Klimas lieferte, in der Paläobiologen lesen wie in einem Geschichtsbuch.

Im Labor wurden die Proben anschließend mittels einer chemischen Aufbereitung so lange gereinigt, bis nur noch die Pollen übrig waren. Über die anschließende Bestimmung der zugehörigen Pflanzenarten und der zeitlichen Einordnung der Jahresablagerungen gelangten die Forscher zu einem verblüffenden Ergebnis: Am Ende der Bronzezeit erlebte die Region um das Tote Meer eine lang anhaltende Trockenphase, die zu einem Rückzug des mediterranen Vegetationsgürtels führte. Damit einher geht ein nachweislicher Rückgang der Besiedelungsaktivitäten in diesem Landstrich. Es ist davon auszugehen, dass auch Palästina, das ehemalige Land der Philister, von den klimatischen Auswirkungen der ausbleibenden Niederschläge betroffen war, vielleicht sogar der gesamte Mittelmeerraum. Klimatologen fanden heraus, dass genau in derselben Zeitspanne auch in der ungarischen Tiefebene Klimaschwankungen vorherrschten, die eine Abwanderung nach Thrakien auf dem östlichen Balkan bewirkten. Auch belegen einschlägige Befunde, dass um 1250 vor Christus mehrere

Erdbeben der Stärke sechs oder sieben auf der Richterskala die mächtige Stadt Troja erschütterten.

Im Licht der naturwissenschaftlichen Erkenntnisse leuchtet demnach nicht nur die Emigration der Seevölkergruppen aus der Ägäis ein, sondern auch der Drang der gewalttätigen Eroberer, nach dem Überfall auf Ugarit zu Wasser und zu Land weiter in den Süden bis nach Ägypten zu ziehen. Gut vorstellbar, dass ihnen nach und nach sogar weitere Ausreisewillige folgten, die in der Fremde auf eine bessere Zukunft hofften. Wenn die unterschiedlichen Ethnien, wie von der Forschung angenommen, tatsächlich auf der Suche nach einer neuen Heimat waren, so bot das fruchtbare Land am Nil die idealen Voraussetzungen dafür. Die Lebensader im Reich der Pharaonen sorgte mit ihren jährlichen Überschwemmungen für ausreichend Wasser und bescherte den Menschen ein Leben wie im Schlaraffenland. Schon von alters her rühmen Geschichtsschreiber Ägypten als verlässliche Kornkammer. Anfang des 12. Jahrhunderts vor Christus jedenfalls blieben die Einheimischen von Klimaeinbrüchen verschont.

Weiterhin völlig im Dunkel aber liegt die Antwort auf die Frage, ob die Seevölker wie ein Schwarm wild gewordener Hornissen über die Königreiche der ägäischen Welt hereinbrachen und ihren Untergang heraufbeschworen. Wenn der Verbund aus Kriegern – der auf eine Zahl zwischen zehntausend und zwanzigtausend Mann geschätzt wird – die Verantwortung für das flächendeckende Unheil trägt, so kann dies nur vor dem Hintergrund der klimatischen und wirtschaftlichen Krisensituation betrachtet werden, nämlich als Kampf ums Überleben. Damit kommen die Seevölker nicht als Verursacher des Zusammenbruchs in Betracht, sondern lediglich als Begleiterscheinung in unruhigen Zeiten. In den 1980er Jahren verfolgten Archäologen die mögliche Spur der Zerstörung und fanden eine Verbindung zur legendären Stadt Troja am Fluss Skamander unweit der Dardanellen, die um 1180 vor Christus in Schutt und Asche lag. Homer beschrieb die ausgedehnte Residenz von König Priamos als wohlummauert mit hochragenden Toren, schönen Türmen und breiten Straßen, umgeben von fruchtbarem Land. Heinrich Schliemann erbrachte mit seinen Grabungserfolgen als Erster den Nachweis, dass die Beschreibung des griechischen Dichters zumindest in Teilen der Realität entsprach. Die Metropole lag strategisch günstig an der Meerenge zum Schwarzen Meer und besaß einen natürlichen Hafen. Sie galt als bedeutender Umschlagplatz für Waren aus aller Herren Länder. Vorteile, die Troja in jenen Tagen zum Angriffsziel erster Ordnung machten.

Seit 1870 untersuchen Gelehrte das Gelände von Hisarlik, um der einzigartigen Stätte des Altertums ihre bewegte Geschichte zu entlocken. Eine davon betrifft das bronzezeitliche Troja VIIa, das neueren Erkenntnissen zufolge etwa in die Zeit um 1210 bis 1180 vor Christus datiert. In sieben Meter Tiefe stießen die Archäologen auf eindeutige Brandhorizonte und massive Zerstörungserscheinungen, aber auch auf verstärkte Bemühungen, die Burganlage besser zu befestigen. Eindeutige Zeichen für Schutzmaßnahmen und gewaltsame Verwüstung, die sich nahtlos einfügen in das Bild von inneren Machtkämpfen zwischen den Dynastien und den »Umwälzungen auf den Inseln des Großen Grüns«.

Den Befund von Troja sehen die Ausgräber daher in engem Zusammenhang mit den Attacken der Seevölker. Vielleicht überrollte eine Woge von Angreifern die schon empfindlich geschwächte Machtzentrale, bevor sie sich weiter in Richtung Westanatolien machte. Für diese Region lassen sich ebenfalls Überfälle nachweisen. Dabei denken die Experten nicht an eine einzige Völkerbewegung als punktuelles historisches Großereignis, sondern an ein Zeitfenster von etwa zwanzig bis dreißig Jahren, in dem immer wieder Krieger aufbrechen, um begehrte Landstriche zu überfallen. Nicht alle zogen in Richtung östlicher Mittelmeerraum. Ein Teil von ihnen marschierte nach Westen und fasste nach Ansicht von Historikern im italischen Raum Fuß. Dort nämlich entdeckten Archäologen eine Reihe von Keramikscherben und Figürchen, darauf stilisierte Vögel. Die charakteristische Verzierung ist hinlänglich aus der minoischen und mykenischen Palastkultur bekannt und verweist auf das griechische Festland, die umliegenden Inseln und das Gebiet rund um Troja im Westen der heutigen Türkei. Auf den Reliefs von Medinet Habu kommt das Motiv ebenfalls vor. Die Seevölker schmückten ihre Bugsteven mit hölzernen Vogelköpfen und gaben sich so als Bewohner des ägäischen Kulturraums zu erkennen. Die Stämme, die westwärts zogen, brachten ihre eigenen Traditionen mit und führten sie an anderer Stelle einfach weiter. Unterstützt wird diese Theorie von sprachwissenschaftlicher Seite. Die ägyptischen Quellen stellen einige Völker ausdrücklich vor, so die Schardana, die mit den Sarden in Verbindung zu bringen sind und der Insel Sardinien ihren Namen verliehen. Auch die Schekelesch, die linguistisch als Sikuler gedeutet werden, nannten ihr neues Domizil nach ihrem Stamm: Sizilien.

Die Seevölker, die nach der Schlacht gegen Ramses III. im Süden Kanaans siedelten, verfuhren nicht viel anders. Sie tauften den Landstrich nach der größten Gruppe ihrer Einwanderungsbewegung – den Philistern. Über drei Jahrtausende hieß das neu gegründete Gebiet Palästina, das Herodot im 5. Jahrhundert vor Christus zum ersten Mal als »palästinisches Syrien« erwähnt. Die Etablierung in der Fremde markiert den Endpunkt des Seevölkersturms und den Beginn einer regionalen Hochkultur, die mit den Israeliten vehement um die Vorherrschaft kämpften. Die Siedler orientierten sich entlang der fruchtbaren Küste und nahmen fünf größere Orte ein: Gaza, Aschkelon, Aschdod, Ekron und Gat.

Die wichtigste Quelle über die Philister stellt sicher das Alte Testament dar. So wundert es auch nicht, dass der »Palestine Exploration Fund«, eine Gesellschaft aus britischen Kirchenleuten, Philantropen und internationalen Bibelforschern, bereits 1899 eine Delegation ins Heilige Land schickte. Die Gelehrten sollten anhand archäologischer Funde die Exaktheit der biblischen Überlieferung beweisen. Erste Grabungen erfolgten in Tell es-Safi, dem alten Gat. Frederick Bliss und Robert Macalister untersuchten vier übereinanderliegende Schichten historischer Siedlungen und wechselnder Keramikstile – eine bewährte Methode, um etwas über die Menschen und ihren Lebensstil zu erfahren. Im untersten Grabungsabschnitt entdeckten sie Tausende von Scherben, die einen unverwechselbaren lokalen Stil aufwiesen sowie eine Handvoll Scherben, die der deutsche Archäologe Hermann Thiersch sofort als spät-mykenisch identifizierte. Typisch die schwarz-rote Farbkombination für die Darstellung stilisierter Vogelmotive, die Schachbrettmuster und die feinen Spiralen mit Malteserkreuzen im Inneren. Erstaunt zeigten sich die Forscher auch über die Einheitlichkeit der Formsprache, die auf eine lange Tradition schließen lässt.

Der Fund war ein Glücksfall für die Wissenschaft, denn schon früh zeichnete sich eine Hypothese ab, die längst als Lehrmeinung gilt: Anfänglich hielten die Philister an der mitgebrachten Kultur fest, die sie jedoch im Laufe der Jahrhunderte mit anderen, ortsüblichen Stilen vermischten und daraus eine eigene Philister-Kultur entwickelten. Die Grande Dame der Philisterforschung, Trude Dothan, erstellte eine Übersicht, die achtzehn unterschiedliche Gefäßtypen und vier künstlerische Strömungen umfasste: Mykenische, zypriotische, ägyptische und kanaanäische Einflüsse kennzeichneten das erfindungsreiche Keramikrepertoire der Philister. Eindeutig, auf ihrem Zug entlang der Ostküste des Mittelmeeres hatten sich die Nomaden inspirieren lassen. Darüber hinaus gab es einen mulitkulturellen Austausch über die Handelsbeziehungen, die zwar nicht mehr in dem Umfang, aber nach wie vor zwischen den Reichen im Nahen Osten aktiv waren. Die Philister mussten sich lediglich an die veränderten Gegebenheiten gewöhnen. Der sandige Ton für die Herstellung ihrer Waren war nur eine davon. Um das glatte Aussehen der mykenischen Vorbilder zu erzielen, überzogen die Töpfer die Stücke mit einer dicken weißen Schicht aus pulverisiertem Ton. Ab dem 11. Jahrhundert vor Christus jedoch verliert die Keramik ihre Unverkennbarkeit und geht auf in der landestypischen Form- und Ornamentsprache. Die Entwicklung spiegelt einen komplexen Anpassungs- und Verschmelzungsprozess mit den Lebensumständen in Kanaan wider, der sich auf alle Lebensbereiche der Philister auswirkte.

Auf der Suche nach Hinterlassenschaften der ägäischen Siedler im Heiligen Land lieferten sensationelle Funde auch Einblick in den Totenkult der Philister. Erste Erkenntnisse gab die ägyptische Garnisonsstadt Beth Shean preis, etwa 20 Kilometer südlich vom See Genezareth. In der späten Bronzezeit galt der Ort als wichtiger Kontrollpunkt der Pharaonen für den Handelsverkehr in den Norden. Auch das Alte Testament erwähnt Beth Shean, und zwar in Zusammenhang mit der Niederlage von König Saul gegen die Philister. Auf dem Friedhof der Anlage entdeckten Ausgräber 50 Tonsärge in Form menschlicher Körper, die vermutlich im frühen 12. Jahrhundert vor Christus entstanden sind. Die Behältnisse messen etwa eineinhalb Meter und verjüngen sich zu den Füßen hin. Der obere Teil der Särge besitzt abnehmbare Deckel, die Gesichtsmasken mit den idealisierten Portraits der Toten zieren. Eines der beiden Bildnisse entspricht in Form und Ausdruck dem typisch ägyptischen Vorbild mit einem Zeremonialbart

Tempelmodelle der Philister, die zu Kultzwecken benutzt wurden

unterm Kinn und gefalteten Händen vor der Brust, das andere jedoch wirkt mit dem lächelnden Gesicht, dem kunstvollen Federschmuck und Stirnband fremd. Schon bald erkannten die Gelehrten, dass die exotische Totenmaske aus Ton Ähnlichkeit mit Schliemanns »Großer Goldmaske« besitzt, die er in Mykene aus einem Schachtgrab herausholte. An die Darstellung der Krieger auf dem Relief von Medinet Habu erinnert der auffällige Kopfschmuck. Die stilistische und motivische Übereinstimmung sowie die in Beth Shean gefundenen Keramikscherben sprechen eine deutliche Sprache: Die Philister, die in der Garnisonsstadt wahrscheinlich als Kaufleute lebten, übernahmen den traditionellen Totenkult ihrer einstigen Bezwinger. Dabei entwickelten sie eigene Ausdrucksformen, die sich vom vorherrschenden Geschmack der Ägypter deutlich unterschieden.

Ähnliche Funde ergaben sich an zwei weiteren Zollstädten, die damals unter Besatzung der Pharaonen standen. In Azor, einer Niederlassung der Hafenstadt Aschdod, konnten die Forscher schließlich auch die Bestattungsriten der einfachen Bevölkerung studieren. Die Untersuchung brachte einen weiteren Kult ans Tageslicht, der weder lokalen Bräuchen entsprach noch ägyptische Einflüsse zeigte: In den Gräbern lag jeweils nur ein Toter, die ausgestreckten Arme nah an den Körper gelegt und den Kopf nach Osten gedreht. Die dritte Art der Beerdigungsmethoden sieht die Verbrennung der Verblichenen vor. Die Asche des Verstorbenen bewahrten die Angehörigen zusammen mit üppigen Beigaben aus Keramik und kleinen goldenen Mundabdeckungen in einer Tonurne auf. Beide Methoden sind aus der Ägäis bekannt, sie tauchten dort aber erst nach dem Zusammenbruch der mykenischen Kultur auf, also nach 1200 vor Christus. Ursprünglich, soviel steht

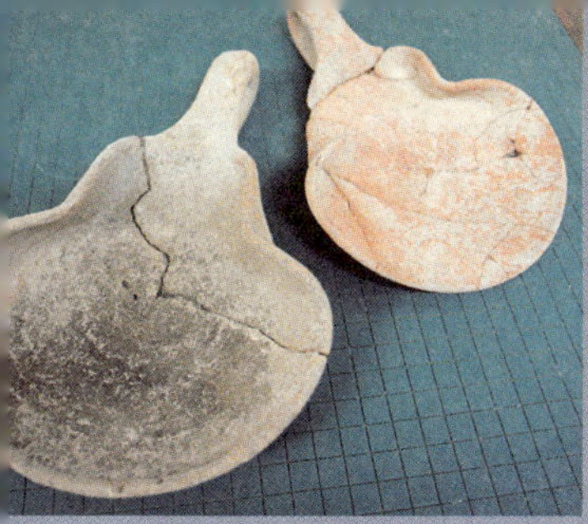

Weihrauchschaufeln

Muttergottheiten der Philister

fest, stammt die religiöse Vorstellung vom Leichenbrand aus dem kleinasiatischen Raum. Dort konnten Archäologen in großen Mengen entsprechende Funde aus der späten Bronzezeit dokumentieren. Auch wenn wegen der politischen Situation in Israel noch längst nicht alle Nekropolen der Philister erforscht sind, so lässt sich zumindest feststellen, dass sich mitgebrachte und vorherrschende, örtliche Traditionen miteinander verwoben und eigene Stilprägungen hervorbrachten.

Eines der großen Rätsel umgibt die Glaubensvorstellungen der Philister. Der Bibel zufolge verehrten die sündigen Heiden aus der Ägäis einen geheimnisvollen Gott namens Dagon, der nichts anderes als ein Götze sei. Die Legende beschreibt ihn als Schutzherrn des Ackerbaus und des Wetters, manchmal auch als Herrscher der Unterwelt. Seit dem 3. Jahrtausend vor Christus brachten ihm die Menschen in Mesopotamien und vor allem im syrischen Raum Opfer dar. Die Bibel hat mit ihrer Behauptung, Dagon sei ein ägäischer Gott, nicht Recht, denn auch in Kanaan gehörte er zum festen Kanon des Pantheons. Dagon ist demnach kein Import der Nomaden von den »Inseln des Großen Grüns«. Den Kult übernahmen sie erst, als sie sich in Palästina entlang der damaligen Handelsstraßen unweit der Küste ansiedelten. Bis dahin galt ihre Verehrung einer Mutter- beziehungsweise Schutzgöttin, für die Archäologen in Aschdod ein einzigartiges Beispiel aus dem Schutt holten. Die Aschdoda, wie sie in der Literatur heißt, wird in der Regel als langhalsige Sitzfigurine auf einem hochlehnigen Thron dargestellt. Auf ihrem dreieckig geformten Gesicht sitzt eine Opferschale, vermutlich für Räucherwerk, das die Priester bei heiligen Zeremonien anzündeten. Der tönerne Körper der Statuette ist von weißem Firnis überzogen sowie mit geometrischen Darstellungen aus schwarzer und roter Farbe bedeckt. Zwischen den

Brüsten sitzt ein Lotusblütenmotiv, das an ägyptische Traditionen anknüpft. Manchmal hält die Hoheitsvolle auch ein Kind im Arm, was sie für viele Forscher zum idealen Vorbild der christlichen Gottesmutter Maria macht.

Faktisch stammt der uralte Aschdoda-Kult vom griechischen Festland und hatte seinen Höhepunkt zur Zeit der mykenischen Palastkultur, war aber auch auf Rhodos und Zypern weit verbreitet. In Palästina hielt er sich immerhin über mehrere Jahrhunderte. Der Vorstellung nach garantierte die Patronin den Kreislauf der Natur und beschützte die Gläubigen – selbst in der Fremde. Daneben existierte offensichtlich auch ein Stierkult, den Forscher aber bis heute nicht näher erklären können. Er vertritt mit Sicherheit eine männliche Gottheit, der ähnlich wie bei den Minoern symbolhaft für Fruchtbarkeit steht. Die charakteristischen Köpfe schmücken kleine Tempelmodelle, die zuhauf in Yavneh unweit eines Tempels entdeckt wurden. Handwerklich stehen sie eindeutig in der Tradition zypriotischer Töpferkunst, ihre Verwendung hingegen gibt Rätsel auf. Möglicherweise dienten die Mini-Heiligtümer als Schalen zur Verbrennung von Weihrauch und Myrrhe.

So sehr die Philister auch an eigenen Gewohnheiten festgehalten haben mögen, im Lauf der Zeit durchlebten sie einen Wandel, den eine Grabung in der einstigen Machtzentrale Ekron offenbart. Die Stadtanlage spiegelt das Leben im 12. Jahrhundert vor Christus mit Ober- und Unterstadt, Handwerksbezirke für Töpfereien und Metallverarbeitung und einer mächtigen Befestigungsanlage. Im Viertel der Wohlhabenden legten die Ausgräber einen einstöckigen, eleganten Palast frei, der über einen eigenen Tempel verfügte. Darin lag ein luftiger Raum mit einer sorgfältig ummauerten Feuerstelle im Zentrum, die etwa zweieinhalb Meter Durchmesser maß. Der so genannte Herd-Raum ist eine Besonderheit der mykenischen und zypriotischen Palastarchitektur, in Kanaan gab es diese Einrichtung nicht. Welche Zeremonien am heiligen Feuer abgehalten wurden, können die Forscher nicht mit Bestimmtheit sagen. Doch sie fanden heraus, dass die Herdstelle bereits in der nächsten Bauphase einen Meter an Durchmesser einbüßte. Im 11. Jahrhundert vor Christus sahen die Architekten keinen Grund mehr, das traditionsreiche Relikt aus der ägäischen Welt einzuplanen. Von einem Herd gibt es keine Spur mehr. Auf dem Höhepunkt ihrer wirtschaftlichen Blüte, so die Er-

Herdheiligtum

Tiermotive im Palast von Pylos

kenntnis der Wissenschaftler, verliert sich die Einzigartigkeit der Philister-Kultur. Die eingewanderten Männer vom Meer geben ihre Sitten und Bräuche nach und nach auf. Neue Einflüsse, vor allem aus Ägypten und später Phönizien, treten an ihre Stelle.

Weitaus weniger lässt sich über die Sprache der Philister sagen. Wissenschaftler vermuten, dass die Wurzeln im indogermanischen Raum zu suchen sind. Vielleicht war sie mit dem mykenischen Griechisch oder den anatolischen Sprachen verwandt. Allerdings gibt es archäologische Belege für eine baldige Anpassung an die kanaanäische Alphabetschrift, wie die so genannte Goliath-Inschrift aus Gat, dem biblischen Geburtsort des legendären Titanen, deutlich macht. Auf der Scherbe aus dem 10. Jahrhundert vor Christus stehen die ähnlich klingenden Namen Alwat und Walat, die denselben Wortstamm wie Goliath haben. Für Experten der Beweis, dass die Philister ihre Namen zwar beibehielten, sie aber in der Schrift ihrer neuen Nachbarn, einem frühen Hebräisch, niederschrieben. Noch steckt die Erforschung der Philistersprache in den Kinderschuhen – ihre Aufbereitung und Auswertung wird sicher noch Jahrzehnte in Anspruch nehmen. Die Mühe lohnt sich, bringt sie doch vielleicht weiterführende Erkenntnisse über die tatsächliche Herkunft der sagenumwobenen Seevölker.

Fünf große Zentren bildeten das Reich der Philister. Die Städte Gaza, Aschkelon, Aschdod, Ekron und Gat zogen sich wie ein Gürtel von Süden nach Norden entlang der Südküste Palästinas. Sie lagen strategisch günstig an den wichtigsten Handelsrouten, die zu den großen Reichen im östlichen Mittelmeerraum führten. Als Vasallen von Pharao Ramses III. standen die Philister eine Zeit lang in den Diensten ägyptischer Herrscher. Mit ihrer Hilfe gelang es den Immigranten aus der

Ägäis, nach und nach einen Wirtschaftsapparat aufzubauen, der es ihnen erlaubte, in Wohlstand zu leben. Sie brachten ihre eigene Kultur und Religion mit und schufen sich in der Ferne eine Welt, die der ihres ehemaligen Herkunftsgebietes entsprach. Die Philisterkönige ließen Städte nach dem Vorbild der mykenischen Palastarchitektur bauen, sie führten Landwirtschaftsbetriebe und organisierten Handel im großen Stil. Vor allem in der Keramikherstellung und der Fertigung von Bronzewaffen zeigten sich die neuen Siedler erfolgreich. Aber auch Naturprodukte wie Olivenöl, Gewürze, Getreide und vieles mehr gehörten zu den Waren, die sie mit Gewinn nach Zypern, Ugarit, Hattusa und anderswohin verschifften. Aschkelon rühmen die Quellen als einen der wichtigsten Häfen am Ende der späten Bronzezeit. Den Ort eroberten die Philister gleich zu Beginn ihrer Sesshaftwerdung. Damit ist klar, dass sie zu keiner Zeit daran dachten, den Fernverkehr einzustellen, der mindestens seit dem frühen 2. Jahrtausend zwischen der Ägäis und dem alten Nahen Osten bestand und über viele Generationen zu einem regen multikulturellen Austausch in der damals bekannten Welt sorgte.

Die Seevölker beeinflussten das Leben ihrer neuen Nachbarn nachhaltig. Die besten Belege dafür liefern feine Töpferarbeiten, die als stilistisch unverkennbare Markenware »Made in Palästina« in den Hauptzentren in Massen produziert und im ganzen Land veräußert wurden. Obwohl die Zivilisation der Philister hoch entwickelt war, öffneten sie sich den Einflüssen ihrer neuen Heimat. Die Einzigartigkeit ihrer Traditionen jedoch verwischt allmählich, sie geben ihre Sitten und Bräuche auf. Ein langer Prozess, der die Philister ab dem 10. Jahrhundert vor Christus in der israelitischen Bevölkerung fast gänzlich aufgehen ließ. Die im Alten Testament beschriebenen Konflikte mit den Israeliten begannen etwa in der zweiten Hälfte des 11. Jahrhunderts vor Christus, als die Philister-Städte Timna, Aschkelon und Gaza fielen. Um 1000 vor Christus, in einem »Eichgrund« irgendwo zwischen Gat und Ekron, beendete der zukünftige König Israels die Vormachtstellung der Philister in einem Zweikampf gegen Goliath. Danach verlieren sich die Spuren der Seevölker immer mehr. Mit der Eroberung Israels durch die Babylonier im Jahr 587 vor Christus endet die Geschichte der »Männer vom Meer« endgültig.

KLEOPATRAS SCHWARZE SCHWESTERN – DIE KÖNIGINNEN VON KUSCH

Zwischen Assuan und Khartoum, dem Gebiet zwischen dem ersten und sechsten Nil-Katarakt, lag einst ein sagenumwobenes Reich. Die Römer nannten es »Aethiopia«, abgeleitet vom griechischen »aithiops – Brandgesicht«. Die Araber sprachen später von »bilad es-Sudan« – dem »Land der Schwarzen«. Wann der Begriff »Nubien«, das »Goldland«, aufkam, ist ungewiss. Im Alten Ägypten hieß die Region »Südland« oder »Kusch«. Jahrhunderte lang holten die Pharaonen Gold, Sklaven, kostbare Tierfelle, Straußenfedern und Elfenbein aus dem südlichen Land und unterdrückten die Bewohner, die sie verächtlich »Sandfresser« schimpften. Doch dann erhob sich Kusch und wuchs zu einem selbstbewussten Staat heran. Im 2. Jahrhundert vor Christus traten stolze Herrscherinnen auf den Plan, die in ihrer Hauptstadt Meroe am oberen Nil residierten. Warum nach Jahrhunderten männlicher Herrschaft plötzlich Frauen das Ruder übernahmen, ist in Forscherkreisen umstritten. Die Texte, die einige Regentinnen hinterließen, geben kaum Auskunft, denn ihre rätselhafte Sprache, das Meroitische, konnte bisher nur bruchstückhaft entschlüsselt werden. Zahlreiche antike Quellen berichten aber, dass die kriegerischen Frauen selbst den stärksten Feinden die Stirn boten. Die »Kandaken«, wie römisch-hellenistische Schriftsteller die kampferprobten Damen nannten, errichteten imposante Tempel und Paläste. Auf den Pylonen der Heiligtümer ließen sie sich als weibliche Triumphatoren verewigen. Reliefbilder zeigen die üppigen afrikanischen Schönheiten, die mit dem Speer umzugehen wussten und ihre Gegner gnadenlos erschlugen. Sogar die biblische Apostelgeschichte weiß von einer »Kandake« und ihrem gläubigen Schatzmeister zu erzählen: »Und siehe, ein Mann aus Mohrenland, ein Kämmerer und Gewaltiger der Kandake, der Königin im Mohrenland, welcher war (eingesetzt) über ihre ganze Schatzkammer, der war gekommen

Nubier bringen Tutanch-Amun Tiere als Tribut

nach Jerusalem, um anzubeten.« Dass in Afrika Regentinnen die Geschicke ihres Landes lenkten, muss die westlich orientierten Patriarchen verwirrt haben.

Im Jahr 30 vor Christus hatten sich die Herren vom Tiber das Land am Nil einverleibt. Kleopatra war tot, und Oktavian ließ sich als Held und neuer Pharao Ägyptens bejubeln. Im Süden des Landes brodelte es. Jetzt war Rom der nördliche Nachbar des kuschitischen Reiches, in dem eine geheimnisvolle Königin herrschte. Bald sollte Oktavian ihre Wehrhaftigkeit kennenlernen. Am 19. April 29 vor Christus, so eine Inschrift, die auf der ägyptischen Insel Philae gefunden wurde, schlugen die Römer einen Aufstand bei Theben nieder, drangen nach Unternubien vor und errichteten dort ein Protektorat. Somit hatten sie das Dreißigmeilenland besetzt, die Pufferzone zwischen Ägypten und Kusch. Seit Menschengedenken trennte ein neutrales Areal von anfangs zwölf und später dreißig Meilen die beiden Reiche. Innerhalb des Niemandslandes lag das bedeutendste Heiligtum der Isis von Philae, das Ägypten und Kusch gemeinsam errichtet hatten. Formell unterstand das geweihte Gebiet der großen Göttin und ihrer Priesterschaft, die militärische Kontrolle übte meistens Ägypten aus, zeitweilig aber auch Kusch. Beide Staaten hatten dort Siedlungen und Festungen errichtet, um sich gemeinsam gegen die kriegerischen Nomadenstämme aus dem Osten zu schützen. Darüber hinaus kam dem Grenzgebiet besondere Bedeutung zu, weil von dort aus die Goldminen des Wadi Allaqi zugänglich waren.

Die kuschitische Königin konnte die Besetzung des Dreißigmeilenlandes, die einen empfindlichen Verlust für ihr Reich bedeutete, keinesfalls hinnehmen. Die Kuschiten kannten die Expansionsgelüste Roms und fürchteten um ihre Unabhängigkeit. So kam es zunächst immer wieder zu kleineren Schar-

igin Kleopatra

Kaiser Augustus

Isis-Tempel auf Philae

mützeln. Im Sommer 25 vor Christus, so die römischen Quellen, griffen schwarze Einheiten die neuen Herren in Syene, dem heutige Assuan, in Elephantine und Philae an, machten Gefangene und raubten die Statuen römischer Anführer. Bei einem der Überfälle erbeuteten die Kuschiten auch einen Bronzekopf Oktavians, des späteren Kaisers Augustus. Das jedenfalls vermutete der Archäologe John Garstang, der Anfang des 20. Jahrhunderts die Hauptstadt der schwarzen Königinnen, ausgrub. Unter der Türschwelle eines Tempels von Meroe fand er den Kopf des Imperators. Jeder Besucher, der in das Heiligtum kam, trat dem verhassten Römer also auf den Kopf und zeigte damit seine Verachtung, interpretierte der Forscher. Neuere Analysen datieren die Bronze jedoch auf wenige Jahre später, der kleine Racheakt der Einheimischen spricht eine eindeutige Sprache.

Oktavian reagierte auf die Raubzüge der Kuschiten mit einem Gegenschlag. Er schickte seine Truppen unter Cornelius Gallus Petronius in den Süden. Der Befehl lautete: Zerstörung der gegnerischen Hauptstadt Meroe, Eingliederung des Landes in das römische Weltreich und somit vollständige Kontrolle über die begehrten Luxusgüter: Gold, Elfenbein, exotische Tierfelle, Straußenfedern und Sklaven. Aber der vermeintlich einfache Schlag gegen das schwarze Kusch geriet für die Römer zu einer herben Herausforderung mit ungewissem Ausgang. Hinter Assuan ist der Nil voller Felsen, die sich an manchen Stellen zu unüberwindlichen Hindernissen aufbauen. Die so genannten Katarakte blockieren die Schifffahrt. So mussten die Soldaten auf dem Landweg vordringen, mitten durch die Glut der Wüste. Wahrscheinlich machten den Männern nicht nur Staub und Hitze das Leben zur Hölle, es könnte vielmehr die Besonderheit des feindlichen Heeres gewesen sein: Die ku-

Nubische Soldaten mit Pfeil und Bogen | *Ägypten, Nilkatarakt* | *Alexander der Große*

schitische Herrscherin selbst führte die Einheit der gefürchteten Bogenschützen an. Antiken Berichten zufolge war die Frau grauenerregend. Mit Sicherheit kursierten im römischen Heer schreckliche Geschichten über sie. Der Historiker Strabon beschreibt »Königin Kandake« als »ein mannhaftes Weib, das auf einem Auge blind war«. Ob die gefürchtete Kämpferin wirklich an der Spitze ihrer Armee stand und eigenhändig die Feinde erschlug, bleibt umstritten. Die historischen Fakten jedoch legen nahe, dass es ihre Gegner keineswegs leicht mit ihr hatten.

Alles deutet darauf hin, dass die schwarze Herrscherin ihr Reich weitaus erfolgreicher verteidigte, als es die römischen Quellen zugeben. Im Bericht des Plinius heißt es, die Streitkräfte seien bis zum zentralen Heiligtum der Kuschiten vorgedrungen und hätten den Ort Napata in Schutt und Asche gelegt. Der Autor zählt aber sonst nur Siedlungen zwischen Assuan und dem zweiten Katarakt auf, die Region um Napata ist ihm offensichtlich völlig unbekannt. Die meisten Forscher sehen in den Texten deshalb propagandistische Machwerke, die mehr dem Wunschdenken der Herren vom Tiber entsprachen als den Tatsachen. Fest steht, dass sie ihr eigentliches Ziel, die Hauptstadt Meroe hinter dem fünften Nilkatarakt, nicht erreichten. Petronius und seine Männer, die für die extremen klimatischen Bedingungen nicht ausgerüstet waren, kamen wahrscheinlich nicht weit über den zweiten Nilkatarakt hinaus. Auf jeden Fall scheiterte der Versuch, das römische Herrschaftsgebiet nach Süden auszuweiten. Die »mannhafte Kandake« wies Oktavians Soldaten in die Schranken.

Anders lässt sich auch der milde Friedensvertrag nicht erklären, den Octavian, nunmehr Kaiser Augustus, um das Jahr 21/20 vor Christus auf der griechischen Insel Samos mit der

Herrin von Kusch schloss. Rom erließ Meroe die Begleichung der Kriegskosten und zog sich aus der Dreißigmeilenzone zurück. Die Grenze wurde zugunsten Kuschs am Südende des Zwölfmeilenlandes festgesetzt. Ein spektakulärer Erfolg für die standhafte Regentin. Ihr Reich hatte sich gegen den Norden behauptet und war somit eines der wenigen Länder, die von der Übermacht Rom nicht erobert wurden. Von nun an unterhielt Meroe eine Botschaft in der Ewigen Stadt. Belegt ist, dass immer wieder meroitische Gesandte dorthin reisten, um diplomatische Kontakte zu pflegen. Es kam zu einem regen Kulturaustausch zwischen dem Weltreich am Tiber und dem Land am oberen Nil. Das märchenhafte »Aethiopia« mit seiner geheimnisvollen Monarchin begeisterte die römische Gesellschaft, die nach dem Tod Kleopatras nach neuen exotischen Geschichten dürstete. So war das afrikanische Reich, aus dem alle erdenklichen Kostbarkeiten kamen, bald en vogue, und die »Kandake« von Meroe avancierte zum Mythos. Die Vorstellung, in jenem fernen, unbekannten Land herrsche eine grausame Königin, deren ungebändigte Wildheit selbst den Kaiser zum Rückzug trieb, war für das sensationshungrige Rom von faszinierender Erotik. Die starken Frauen von Kusch beherrschten die Tischgespräche.

Auch das antike Griechenland assoziierte die »Kandake« mit einer schillernden Märchenwelt. Legenden zufolge war eine schwarze Herrscherin dem Welteroberer Alexander dem Großen entgegen gezogen. Auf den von Siegen verwöhnten Feldherrn, der vor keinem Gegner zurückschreckte, machte die Majestät offenbar einen überwältigenden Eindruck. Denn, ähnlich wie Octavian dreihundert Jahre nach ihm, sah der Makedone davon ab, ihr Reich zu erobern und schloss stattdessen eilends Frieden mit ihr. Im ›Alexanderroman‹, einem pseudodokumentarischen Werk der Erinnerungskultur, das zwischen dem 2. und 3. Jahrhundert nach Christus niedergeschrieben wurde, spiegelt sich das ganze Ausmaß der Bewunderung, das die Hellenen der rätselhaften »Königin Kandake« und ihrer Kultur entgegen brachten. »Über das ganze Land … herrschte eine Frau von stolzer Schönheit, in mittlerem Alter«, heißt es. Sie erschien dem Feldherrn »im Glanz der Krone, von übermenschlicher Größe und fast göttlichem Aussehen, so dass es Alexander vorkam, als wäre sie seine Mutter, Olympias. Und er besah sich das Schloss, strahlend mit goldenen Dächern und marmornen Wänden. Da waren Decken, kunstvoll mit Gold durchwirkte Seidengewebe, über Lager mit goldenem Gestell gebreitet, deren Liegeflächen mit goldenen Riemen bespannt waren; Tische mit Elfenbein eingelegt; medische Säulen mit funkelnden ebenholzfarbenen Kapitellen.« Auch wenn die Begegnung wahrscheinlich so nie stattfand, macht der Text doch deutlich, welch ungeheure Faszination von »Königin Kandake« ausging. Im Roman gleicht sie fast einer Muttergöttin. Sie steht auf einer Stufe mit dem großen Alexander, wenn nicht gar ein wenig über ihm, so dass der Held kampflos die Waffen streckt und völlig vergisst, dass er als Eroberer in ihr Reich kam.

Schon lange vor dem Entstehen des ›Alexanderromans‹ kursierten im griechischen Raum Erzählungen von jenem rätselhaften, afrikanischen Land, in dem Frauen das Sagen hatten. Das Publikum liebte diese Geschichten, stellten sie doch die Grundlagen der eigenen Zivilisation auf den Kopf. In den ›Aithiopika‹ des Bion von Soloi, einem heute verschollenen Text aus dem 3. Jahrhundert vor Christus, der als Zitat in anderen Schriften erhalten blieb, heißt es: »Die Frauen beherrschen jenes Äthiopien, von denen auch die Kandake gemäß der Nachfolge eine und deren Eunuch der Schatzmeister der königlichen Magazine war. Man sollte wissen, dass die Äthiopen die Mutter eines jeden Königs Kandake nennen, da die Äthiopen die Väter der Könige nicht zeigen, sondern sie geben sie an, als wären sie die Söhne der Sonne. Die Mutter eines jeden nennen sie Kandake.«

Auch Bischof Eusebius von Caesarea notierte: »... noch heute wird jenes Volk auf Grund seiner alten Sitte von einem Weibe regiert.« Die Autoren der antiken Welt ließen keinen Zweifel an der starken Frauendynastie von Meroe aufkommen. Plinius, Dio Cassius, Strabon und andere schrieben über die »Königin namens Kandake«. Sie galt als Inkarnation der Göttin Isis und verfügte über unglaubliche Reichtümer. Alle »aethiopischen« Herrscherinnen trugen nach Auffassung der römisch-hellenistischen Schriftsteller den Namen »Kandake«, entsprechend dem Brauch im ptolemäischen Ägypten, als jeder Regent der Dynastie »Ptolemaios« hieß.

Inzwischen wissen die Forscher jedoch, dass »Kandake« ein Titel war, der die »Mutter des Thronfolgers« oder die »Gottesgemahlin« bezeichnete. Die Schreibweise lässt aber auch die

Gott Amun wurde in Gestalt des Widders verehrt. Widderallee im Tempel von Naga

Übersetzung »Königsgemahlin« oder »Königsschwester« zu. Fraglich bleibt, ob der Begriff einen realen Verwandtschaftsgrad anzeigte oder sich auf eine übergeordnete, kultische Verbindung bezog. Von Mitte des 2. Jahrhundert vor Christus bis zum 4. Jahrhundert nach Christus bekleideten auffallend viele Frauen das Regierungsamt. Dass die Tatsache auf ein Matriarchat hinweist, glaubt Prof. Dr. Michael Zach von der Universität Wien jedoch keinesfalls. Für ihn basieren die Aussagen der klassischen Autoren »auf einem fundamentalen Irrtum, hervorgerufen durch die Unkenntnis der Struktur innerhalb des meroitischen Herrscherhauses sowie die Vermengung von realen historischen Fakten mit mythischen Elementen.« Der Sudan-Experte betont, dass zeitgleich mit der ersten Königin von Meroe auch im ptolemäischen Ägypten Frauen die Macht im Staat übernehmen konnten. Seiner Meinung nach geht die weibliche Regentschaft in Kusch auf ägyptische Einflüsse zurück. Andere Forscher sehen das genau umgekehrt und vermuten, dass kuschitische Vorstellungen von Ägypten übernommen wurden.

Als Kleopatra von Alexandria aus die Geschicke ihres Landes lenkte, saß auch in Meroe eine Frau auf dem Thron. Die bedeutende Residenzstadt lag zwischen dem Nil und dem Fluss Atbara. Eine mächtige Stadtmauer schützte die Bewohner nicht nur vor Feinden, sondern vor allem vor den regelmäßigen Überschwemmungen im Frühjahr und Herbst. Eine prächtige, von steinernen Widdern gesäumte Prozessionsstraße führte zum Heiligtum des Reichsgottes Amun, der – ebenso wie in Ägypten – der Riege der Himmlischen vorstand. Untrennbar mit dem heiligen Königsamt verbunden, genoss er höchste Verehrung. Gleich hinter dem Tempel erstreckte sich das riesige Areal des Palastviertels, in dem die Herrscherin in märchenhaftem Prunk lebte. Einige Forscher halten es für

König Natakamani, Relief in Naga

Porträtbüste Marcus Antonius

Isis mit Horusknabe

möglich, dass sich Kleopatra im Alter von 18 Jahren vor ihrer Machtübernahme für eine Weile nach Meroe absetzte. Freundschaftliche Beziehungen zwischen Ptolemäern und Meroiten sind belegt, und seit jeher schätzten die Ägypter den Süden als Fluchtland. Schon als Pharao Echnaton im 14. Jahrhundert vor Christus die Priester des Amun verjagte, fanden die Geschassten in Kusch Asyl.

Plutarch berichtet, dass die hochgebildete Kleopatra neben ihrer griechischen Muttersprache und dem Ägyptischen auch Meroitisch fließend beherrschte. Sie könnte es am Hof ihrer schwarzen Schwester gelernt und dort auch erlebt haben, welch großen gesellschaftlichen Einfluss die selbstbewussten Frauen im Land hatten. Zwar besaßen auch die Ptolemäerinnen bemerkenswerte Rechte und waren den Männern juristisch gleichgestellt. Dennoch musste die intelligente Prinzessin, die sich für Literatur und Naturwissenschaften interessierte, ihren verhassten zehnjährigen Bruder heiraten, um gemäß der dynastischen Vorschriften ihre Thronrechte geltend zu machen. Zwischen 48 und 50 vor Christus entbrannte der Machtkampf zwischen den Geschwistern, und Kleopatra tauchte unter. Um sich Rückendeckung zu holen und die nötigen Schritte für ihre Alleinherrschaft in die Wege zu leiten, hätte es keinen besseren Ort als Meroe geben können. Nach Prof. Dr. Piotr O. Scholz von der Universität Danzig war Kleopatra in Kusch mit »der positiven aktiven Herrschaft einer Frau, einer Mutterkönigin, konfrontiert«, die als lebende Göttin Isis verehrt wurde. Bevor sie zurück in die Heimat ging, studierte die Ägypterin sehr aufmerksam die Rolle der meroitischen Fürstin. Im Vorbild der Kandake fand sie nach Auffassung von Professor Scholz die Bestätigung ihres Machtanspruchs und ihr Selbstverständnis als Königin. Nachdem sie

Naga, Kultort der Meroer

Altar im Amun-Tempel von Naga

Löwentempel von Naga

die Krone trug, ließ auch sie sich als »neue Isis« huldigen. Ihren Geliebten Marcus Antonius empfing die Herrscherin im Gewand der Göttin. Oft soll sie sich im Heiligtum der Isis auf der Insel Philae aufgehalten und gute Kontakte zum Süden gepflegt haben. Archäologische Beweise für die These gibt es jedoch nicht.

Bis in die Neuzeit schenkten die Ausgräber dem Reich am oberen Nil keine Beachtung. Nubien stand im Schatten Ägyptens und galt als unergiebig für die Forschung. Erst 1821 kam der Franzose Frédéric Cailliaud, einer der Pioniere der Archäologie, und präsentierte in Fachkreisen spektakuläre Zeichnungen von einem riesigen Pyramidenfeld in Meroe. Cailliauds Bericht versetzte zwar seine Kollegen in Erstaunen, blieb sonst jedoch weitgehend unbeachtet. Erst die Expedition eines italienischen Glücksritters sollte dreizehn Jahre später weltweit Furore machen. Fast zwei Jahrtausende nach dem Rückzug der römischen Armee aus dem schwarzafrikanischen Goldland gerieten die rätselhaften »Kandaken« plötzlich ins Blickfeld der Öffentlichkeit. Im Jahr 1834 zog der italienische Militärarzt und Abenteurer Giuseppe Ferlini durch die Gluthitze des Sudan und versuchte, zu dem Fundort vorzudringen, den Frédéric Cailliaud beschrieben hatte. Vier Kilometer östlich der antiken Hauptstadt bot sich ihm ein grandioser Anblick. Auf zwei lang gestreckten Hügeln mitten im Sandmeer reihte sich Pyramide an Pyramide – ein Begräbnisareal riesigen Ausmaßes. In meroitischer Zeit ließen sich dort Könige und Königinnen, Königsmütter und Prinzen nach pharaonischem Vorbild bestatten. Generationen von Fürstenfamilien fanden auf dem Pyramidenfeld ihre letzte Ruhestätte.

Die steilwandigen Bauten, die den ägyptischen Privatgräbern des Neuen Reiches ähneln, ragen mehr als zwanzig Meter in die Höhe. Sie sind mit vorgelagerten Kapellen verbunden, deren Eingangsfront beeindruckende Pylone schmücken. Die Grabmale waren ursprünglich mit Stuck verputzt, bemalt und mit Fayencen geschmückt. Auf den Spitzen der Pyramiden, so vermuten die Forscher, saßen einst glänzende Sonnenscheiben aus blau oder grün glasierter Keramik – schon zu Ferlinis Zeiten eine längst vergangene Pracht. Vom Goldfieber getrieben, nahm sich der Italiener der größten Pyramide an. 64 Stufen führten auf die Spitze in etwa 28 Meter Höhe. Um ins Innere des Sakralbaus zu gelangen, ließ er das archäologische Kleinod von oben her abtragen und beschädigte es dabei schwerwiegend. Schließlich konnte er in einen Raum vorstoßen, in dem er »eine Art von Tisch oder Altar« fand.

Sein Gespür hatte ihn nicht getrogen, er machte tatsächlich eine atemberaubende Entdeckung. Denn unter dem Tisch stand eine Bronzeschüssel mit goldenen Objekten. »Ich sammelte alles Gefundene ein und packte es in Lederbeutel, so dass das Gold vor den Arabern verborgen blieb«, schreibt er in seinem Fundbericht. »Am Abend, als die Schwarzen sich in ihre Hütten begeben hatten, trugen wir den Fund zum Zelt, und in der Nacht, als unsere Diener und Sklaven im Schlaf lagen, holte ich zusammen mit meinen Gefährten die gefundenen Kostbarkeiten aus den Beuteln. Ich war überrascht von der Menge und Schönheit der Stücke aus Gold und sah, dass sie bei weitem das hinter sich ließen, was an gleichartigen Stücken in den verschiedenen Museen Europas vorhanden war.« Vor den Männern lagen goldene Armreifen mit farbigen Einlagen, Halsbänder aus bunten Perlen, kostbare Amulette und kleine Götterplastiken, prächtige, mit Tierköpfen verzierte Schildringe, sowie 62 goldene Siegelringe, auf denen unterschiedliche Szenen abgebildet sind. Einige Stücke sind verschollen, den Großteil des einzigartigen Fundes hüten heute die Ägyptischen Museen in Berlin und München.

Als wissenschaftlich gesichert gilt, dass Ferlini den Thronschatz der meroitischen Königin Amanishakheto entdeckte, die von etwa 41 vor Christus bis 12 nach Christus regierte. Ihre Pyramide auf dem Königsfriedhof von Meroe kann den Forschern keinen Aufschluss mehr geben, da der Italiener die letzte Ruhestätte der Herrscherin fast völlig abgetragen hat und nur die Kultkapelle stehen ließ. Der Schmuck aber gehört zu den außergewöhnlichsten Schätzen der meroitischen Epoche.

Siegelringe, goldene Grabbeigaben aus Meroe und Gamai

Von besonderem Interesse sind die Siegelringe, auf denen neben Göttern und Tieren Schlüsselszenen aus dem Leben eines Gottkönigs dargestellt sind. Während frühere Forscher von über Jahrhunderte gesammeltem Familienschmuck eines anonymen Herrschers ausgingen, schlagen die Experten heute eine Neuinterpretation vor. Demnach ist die Person, die im Zentrum der kunstvollen Kompositionen steht, kein namenloser Gottkönig, sondern Königin Amanishakheto selbst. Der Schatz wurde allein für sie geschaffen und hatte die Funktion, sie als rechtmäßige Thronfolgerin auszuweisen. Das belegen vor allem die winzigen Abbildungen von der göttlichen Geburt der Regentin sowie ihrer Anerkennung durch den Reichsgott Amun.

Amanishakheto muss eine furchterregende Herrscherin gewesen sein. Zwei Pylonen ihrer Kultkapelle zeigen sie in eindrucksvoller Größe und vollem Königsornat: Das kriegerische Weib trägt die hohe Doppelfederkrone mit der Uräusschlange, dazu Amunshörner, das Symbol des Reichsgottes, dessen höchste Priesterin sie war. Sie hat breite Hüften, wie es dem afrikanischen Schönheitsideal entspricht und krallenartige Fingernägel. Als Waffen trägt die Machthaberin Pfeil, Bogen und einen Speer, mit dem sie gerade die gefangenen Feinde durchbohrt, die sie an einem Strick zusammenhält. Die schaurige Pose des »Triumphators« ist ein geläufiges Motiv aus der ägyptischen Ikonographie, wird dort aber grundsätzlich nur männlichen Regenten zugeordnet. Dass in Meroe eine Frau die Gegner erschlägt, rief bereits in der römisch-hellenistischen Welt lustvolles Erschauern hervor. Auf einem anderen Relief an der Südwand der Kapelle sitzt Amanishakheto auf dem Löwenthron, ebenfalls in königliche Gewänder gekleidet. In der Kartusche steht ihr Name in meroitischen Hieroglyphen. Wie die Forscher inzwischen wissen, trug sie zwei Titel, den der »Kandake« und den der Könige: »Qore«. War sie die in den Quellen genannte »einäugige Kandake«? Ihre geschätzte Regierungszeit fällt zwar genau in den von den römischen Autoren erwähnten zeitlichen Rahmen, dennoch existiert nach wie vor keine wirklich zuverlässige Datierung für die Amtszeiten der Herrscherinnen. Auch bieten die Reliefs der Königin keinen Anhaltspunkt, dass Amanishakheto auf einem Auge blind war. Sie hinterließ Stelen mit Inschriften, die wahrscheinlich Aufschluss geben, aber die Wissenschaftler verstehen den Text nicht. Sie kennen zwar die meroitischen Buchstaben und können sie zu Wörtern zusammensetzen, aber die Sprache dahinter bleibt rätselhaft. Lesbar sind lediglich die Namen der Herrscher und Herrscherinnen sowie einige stereotypen Formeln auf Opfersteinen.

Seit Jahrzehnten arbeitete ein Team des Ägyptischen Museums Berlin in der meroitischen Stadt Naga, um die Zeitenwende ein bedeutendes kultisches Zentrum des Reiches. Kuschitische Architekten errichteten dort gewaltige Tempel zu Ehren des nubischen Löwengottes Apedemak und des Reichsgottes Amun. Der aus Ägypten stammende Amun erhielt in Kusch eine afrikanische Gestalt. Dem Ideal des alten Hirtenvolkes entsprechend, präsentiert er sich als wohlgenährter Widder mit dicht gelocktem Fell und sieht seinem Vorbild aus dem Nachbarland kaum noch ähnlich. Die Widderallee, die zu seinem Hauptheiligtum führt, gilt als herausragendes Zeugnis der Baukunst. Als geradezu einmalig betrachten Forscher die Darstellung des Herrscherpaares auf den Pylonen am Eingang des Löwentempels, den König Natakamani und Kandake Amanitore vermutlich im 1. Jahrhundert errichten ließen. Jedem Besucher des Heiligtums fiel das herrschaftliche Paar in Siegespose sofort ins Auge. Auf dem linken Pylon hält der Monarch die Feinde am Schopf und tötet sie, während der Kampflöwe zu seinen Füßen einen Mann zerfleischt. Der rechte Pylon zeigt die Kandake in der gleichen Situation: Auch sie hat die Feinde am Haar gepackt und holt mit dem Speer weit aus, um sie zu erschlagen. Sie steht auf den Köpfen der Besiegten und führt einen Kampflöwen mit sich, der die Gefangenen angreift. Dr. Karla Kroeper vom Ägyptischen Museum in Berlin interpretiert das Relief als starken Beleg dafür, dass Kandake Amanitore als völlig gleichberechtigte Herrscherin neben König Natakamani steht. »Es ist ganz klar, dass sie als selbständiges Wesen und Kämpferin gesehen wird, sie ist die Regentin und auch diejenige, die das Land befriedet. Sie hat die gleiche Funktion wie der König, der ihr gegenübersteht.« Ob sie an der Seite ihres Gatten auch in der Realpolitik mitmischte, bleibt Spekulation. Noch konnte das Verwandtschaftsverhältnis des Königspaares nicht geklärt werden. Amanitore könnte sowohl seine Ehefrau als auch Mutter oder Schwester gewesen sein. Ebenso ist ungewiss, ob Amanitore die Tochter von Amanishakheto war, wie viele Experten annehmen.

Im ganzen Land zeugen Ruinen von der regen Bautätigkeit der beiden Machthaber. In Wad Banaga, 50 Kilometer von Napata entfernt, stand einst ein Isis-Tempel, von dem allerdings kaum noch etwas zu sehen ist. Unweit der spärlichen Überreste holten die Ausgräber jedoch einen weitläufigen Gebäudekomplex aus dem nubischen Sand. Säulen, farbige Verputzreste, die Vielzahl der Räume, vor allem aber die Namenskartusche der Königin legen den Schluss nahe, dass es sich um einen Palast der Amanishakheto handelt. Anlass zur Diskussion geben die Mauerreste eines riesigen, kreisrunden Baus, zu dem eine Rampe führt – womöglich ein Getreidesilo. Wofür brauchte die Königin so viel Vorrat, fernab ihrer Residenz Meroe? Vielleicht ließ sie die Anlage als Dependance bauen, um mit ihrem Hofstaat längere Zeit nahe des heiligen Ortes Naga oder zu besonderen Feierlichkeiten im Isis-Tempel zu verweilen. Fest steht nur: Als Amanishakheto durch die Räume in Wad Banaga flanierte, hatte ihr Land schon eine lange, bewegte Geschichte hinter sich.

Bereits vor viertausend Jahren hatten die schwarzen Fürsten die Region am oberen Nil, zwischen Assuan und Khartoum, zu politischer und kultureller Blüte gebracht. Das alte Kusch mit seiner Hauptstadt Kerma war Afrikas erste Großmacht, die auch in der Bibel eine Rolle spielt. Dem Alten Testament zufolge war Moses mit einer »Kuschiterin« verheiratet. Um 1500 vor Christus überfielen die Ägypter die zu mächtig gewordenen Nachbarn, machten die Städte dem Erdboden gleich und verschleppten die Söhne der Elite. Sie sollten am Pharaonenhof zusammen mit den ägyptischen Prinzen erzogen werden und später die Ägyptisierung ihres Landes vorantreiben. Die Grenze legte der Pharao auf den 4. Nilkatarakt. Das zerschlagene Südland wurde in zwei Bezirke aufgeteilt, in

»Wawat«, Unternubien, und in »Kusch«, Obernubien. Als Regierungssitz von Kusch bestimmten die Eroberer den Ort Napata am Fuß des Heiligen Berges Jebel Barkal. An der Spitze der Kolonialmacht stand ein Vizekönig als Stellvertreter des Pharao. Mit Vorliebe nahmen die Ägypter jene jungen Männer in den Verwaltungsapparat auf, die sie am Königshof in Theben ausgebildet hatten. Ein kluger, politischer Schachzug, um das einst gefährlich starke Reich nachhaltig klein zu halten und die ägyptische Kultur und Religion fest zu verankern.

Kusch war in jener Zeit ägyptische Kolonie und diente den Herren am Nil als Rohstoffquelle. Unersättlich vor allem ihre Gier nach Gold, dem »Fleisch der Götter«. Allein Thutmosis III. (1490–1436 vor Christus) übergab dem Amun-Tempel in Karnak die unvorstellbare Menge von 15 000 Kilogramm. Das glänzende Metall musste in unterschiedlichsten Minen abgebaut werden, die kuschitischen Vorkommen waren die ergiebigsten und so avancierte Kusch zu Ägyptens größtem Goldlieferanten. Hunderte von Arbeitern schufteten im Wadi Allaqi. Ohne den zuverlässigen Nachschub aus dem Süden wären der ägyptische Tempelkult und die aufwändige Ausstattung der Toten nicht möglich gewesen. Schon zu Beginn des Alten Reiches schickten die Pharaonen Expeditionen nilaufwärts, um mit den Herrschern des »Südlands« ins Geschäft zu kommen. Die spätere Bezeichnung »Nubien« leitet sich möglicherweise von »nub«, der Hieroglyphe für »Gold« ab.

Nach dem Zusammenbruch des Neuen Reiches um 1070 vor Christus versank das Land der Pharaonen in den Wirren der so genannten 3. Zwischenzeit. Damit endete die nahezu 500-jährige Kolonialherrschaft in Kusch. Das Südland erstarkte. Im 9. Jahrhundert vor Christus leitete ein einheimisches Herrschergeschlecht eine neue Epoche der nubischen Geschichte ein. Um die Mitte des 8. Jahrhunderts vor Christus zählte das gesamte Niltal oberhalb des 1. Katarakts zum Machtbereich von Kusch. Um 747 vor Christus errangen seine Könige sogar den Horusthron des geschwächten Ägypten. Etwa 80 Jahre lang regierten schwarze Pharaonen in beiden Ländern am Nil und bildeten die 25. ägyptische Dynastie. Der Einfall der Assyrer beendete die nubische Herrschaft in Ägypten. Danach beschränkte sich der Machtbereich des Südlands auf das Gebiet zwischen dem 1. und dem 6. Katarakt. Die Hauptstadt wurde nach Napata verlegt. In Religion, Kunst und Architektur behielt Kusch jedoch sein ägyptisches Gepräge. Auch für Inschriften und Urkunden benutzten die Kuschiten die Hieroglyphen des Nachbarstaates, denn sie verfügten noch nicht über eine eigene Schrift.

Aus der Zeit der 25. Dynastie sowie der darauf folgenden napatanischen Epoche stammen die meisten Informationen über die königlichen Frauen in Kusch. Anders als im Pharaonenland scheint es damals im Rahmen der Inthronisation des neuen Königs ein nominelles Wahlrecht des Heeres gegeben zu haben. Vor allem aber spielte die Kandake, die als »Königsmutter« und »Herrin von Kusch« ausgewiesen ist, eine besondere Rolle bei der Krönung. Auf einer Stele des Königs Taharqa (690–664 vor Christus) wird berichtet, dass die »Königsmutter« von Kusch nach Memphis reiste, um der Amtseinführung ihres Sohnes beizuwohnen. »Ober- und Unterägypten und jedes Bergland neigten die Stirn bis zum Boden für diese Königsmutter … Sie jauchzten dieser Königsmutter zu mit den Worten: ›Wenn Isis ihren Sohn Horus empfängt, ist sie wie die Königsmutter, die sich mit ihrem Sohn vereinigt hat, dem König von Ober- und Unterägypten, Taharqa, er lebe ewiglich, geliebt von den Göttern.‹« Nur die Mutter des Königs, die Kandake, konnte die Rechtmäßigkeit des Thronanspruchs ihres Sohnes bezeugen. Nur durch sie, die Auserwählte des Amun, vermochte sich der künftige Herrscher als Gottessohn zu legitimieren. Unter allen königlichen Frauen hatte der Reichsgott sie zu seiner Gattin auserkoren und ihr den höchsten Rang unter den Frauen verliehen. So wie die Göttin Isis von Osiris das Horus-Kind empfangen hatte, vollzog die Kandake die Heilige Hochzeit mit Amun. Das männliche Kind, das sie zur Welt brachte, war als göttlicher Sohn Amuns der alleinige rechtmäßige Thronfolger und künftiger Horus. Und sie stand als Gottesmutter schützend hinter ihm.

Prof. Dr. Piotr O. Scholz geht davon aus, dass die Kandake während der 25. Dynastie und danach, in der napatanischen Epoche, die eigentliche Herrscherin war. Die »Gottesgemahlin« und »Hand Gottes« übte die reale politische Macht im Reich aus. Sie führte die Regierungsgeschäfte, bestimmte die Außenpolitik und zog an der Spitze des Heeres in die Schlacht. Der König hingegen war als Sohn Gottes viel zu heilig, um die alltäglichen Staatspflichten zu übernehmen. Er residierte im Tempel und kümmerte sich allein um kultische Belange. Der lebende Horus, »Qore«, der nach ägyptischem Vorbild mit dem Kopf des Falken dargestellt wurde, agierte meist im Verborgenen. Bei Strabon heißt es: »Als Götter verehren sie ihre Könige, welche meist eingeschlossen und Haushüter sind.« Auf keinen Fall durfte sich der Gottkönig Gefahren aussetzen, denn sein Leben garantierte die Existenz des Reiches. Er sorgte für Wohlergehen, Fruchtbarkeit und Harmonie im Staat.

Der amerikanische Archäologe Timothy Kendall dagegen vertritt die Auffassung, dass göttliche und menschliche Aspekte des Königtums ineinander übergingen. Der Herrscher konnte als irdische Manifestation seines göttlichen Vaters sehr wohl als lebender Horus das Land regieren. Nach seinem Tod jedoch ging er ein in das Reich der Götter. Als Auserwählte Amuns verkörperte seine irdische Mutter gleichzeitig die lebende Göttin Isis. »Es gibt einen Text, aus dem hervorgeht, dass eine Göttin den neuen König krönt«, so Kendall. »Diese Göttin aber ist entweder die Mutter oder die Gemahlin des Königs, jedenfalls eine sterbliche Frau, die als Göttin verehrt wird und in der Rolle der Göttin agiert. Die Menschen versuchten, die Mythologie zu leben.« In napatanischer Zeit begab sich der neue Herrscher nach der Inthronisation auf eine Krönungsreise, auf der er alle heiligen Stätten des Landes besuchte. An erster Stelle stand dabei der Heilige Berg, Jebel Barkal, der Wohnsitz seines Vaters Amun.

Das gewaltige Bergmassiv, das sich nahe am Nil in der Ebene der nubischen Wüste erhebt, galt in Kusch als wichtigster und heiligster Ort des Reiches, als Ursprungsort des sakralen Königtums, als Zentrum der Welt. Die etwa 60 Meter hohe Felsnadel an der Flanke des Berges symbolisiert der Legende nach die aufgerichtete Kobra, die göttliche Uräusschlange, die den Wohnsitz der Himmlischen bewacht. Ein wenig unterhalb haben die Menschen vor Jahrtausenden einen geheimnisvollen Tempel in die Bergwand geschlagen und ihn Mut, der Gemahlin Amuns, geweiht. Dorthin pilgerten die Könige des kuschitischen Reiches, um den Segen und die Anerkennung des Götterpaares zu erbitten. Amun, so belegen es die Relief-Darstellungen, berührte den neu gekrönten Herrscher am Ellbogen und erkannte ihn damit als Sohn an. Wahrscheinlich vollzog der König danach ein Ritual, bei dem er symbolisch von seiner göttlichen Mutter gestillt wurde. So wie das Horus-

Kind von der Isis genährt wird, musste der neue Herrscher die göttliche Kraft seiner himmlischen Mutter aufnehmen. Nur wenn der König diesen heiligen Akt vollzogen hatte, war seine Herrschaft legitimiert. In einer Inschrift des Königs Nastasen aus napatischer Zeit heißt es: »Am 24. ging ich hinauf zur Göttin Bastet von Tar, meiner guten Mutter. Sie gab mir Leben, ein sehr hohes Alter und die linke Brust.«

Dr. Timothy Kendall nimmt an, dass das Anerkennungsritual im Heiligen Berg jeweils am Neujahrstag stattfand, wenn der Nil zu steigen begann, sein Wasser sich über die Felder ergoss und das Land fruchtbar machte. Der Forscher interpretiert die Felsnadel am Jebel Barkal als Phallus-Symbol und den engen Tempel im Fels darunter als Geburtskanal. Wenn der König durch den finsteren Tempel unter dem Phallus Amuns schritt, wurde er von seiner göttlichen Mutter symbolisch neu geboren. Wenn er wieder ans Licht der Sonne trat, war er ein Gott. Von nun an war es seine wichtigste Aufgabe, zwischen dem Diesseits und dem Jenseits zu vermitteln und die Ordnung des Landes zu gewährleisten. In jener Zeit blieb es allein männlichen Thronfolgern vorbehalten, als göttlicher Horus aufzutreten und die Rituale am Jebel Barkal zu zelebrieren. Erst in der Ära von Meroe vom 3. Jahrhundert vor Christus bis etwa 350 nach Christus traten auch Herrscherinnen vor Amun. Die große Königin Amanishakheto jedenfalls scheint sich die Legitimation im Heiligen Berg geholt zu haben. Das zeigen die entsprechenden Motive auf einigen ihrer Ringe aus dem prächtigen Goldschatz. Die Funktion der Frauen auf dem Horus-Thron, so glauben die meisten Forscher, unterschied sich nicht von der ihrer männlichen Kollegen, nämlich den Göttern im Tempel zu dienen und die Ordnung im Staat aufrecht zu halten. Doch warum übernahmen Kandaken, die Königsmacherinnen, nach Jahrhunderten männlicher Herrschaft plötzlich das heilige Amt des »Qore« und traten nun selbst als Horus auf?

Der Beginn der meroitischen Epoche wird allgemein auf etwa 275 vor Christus datiert, als der königliche Friedhof von Napata am Heiligen Berg nach Meroe verlegt wurde. Es gibt keine archäologischen Hinweise, warum unter König Arkamani der Bestattungsort am bedeutenden Jebel Barkal aufgegeben wurde. Der griechische Historiker Diodorus Siculus (etwa 80–29 vor Christus) berichtet jedoch von einem seltsamen Brauch in Aethiopia und einem einschneidenden Ereignis, das auf eine gewaltsame Veränderung in der Thronfolge hindeutet: »Die Priester in Meroe nämlich, welche mit dem Dienst und der Verehrung der Götter betraut sind und den höchsten und einflussreichsten Rang einnehmen, schicken, wenn es ihnen in den Sinn kommt, einen Boten zum König mit dem Befehl, dass er zu sterben habe, gleich als ob die Götter ihnen dies offenbart hätten, und dem Gebot der Unsterblichen dürfe ein Sterblicher nicht zuwiderhandeln ... Und in den ältesten Zeiten gehorchten die Könige den Priestern wirklich, obgleich weder durch Waffen noch sonstige Gewalt dazu gezwungen, sondern allein durch den Aberglauben betört. Zur Zeit des zweiten Ptolemäus aber hat der König Ergamenes, der griechische Bildung erhalten und der Philosophie obgelegen hatte, zuerst es gewagt, jenen Befehl zu verachten. Er erhob sich zu dem stolzen Mute, wie es einem König würdig ist, drang mit seinen Soldaten in das unnahbare Heiligtum ein, in welchem der goldene Tempel der Aethiopier stand, und ließ die Priester in Stücke hauen, jenes Gesetz aber hob er auf und traf neue Anordnungen nach seinem Gutdünken.«

Ob sich dieser blutige Vorfall wirklich ereignete, ob die Kuschiten den rituellen Königsmord überhaupt praktizierten, diskutieren Wissenschaftler kontrovers. Mit Sicherheit aber führte um 300 vor Christus ein dramatischer Wechsel in der Führungsschicht zum politischen Umbruch. Der berühmte Ethnologe Leo Frobenius stieß Anfang des 20. Jahrhunderts in Kordofan noch auf Erzählungen, die Diodors Aussagen bestätigen. Aus dem nordost- und westafrikanischen Raum ist der Brauch als integraler Bestandteil eines sakralen Königtums belegt. Auch Dr. Timothy Kendall, der seit vielen Jahren am Jebel Barkal forscht, hält den antiken Text für zuverlässig. Seine Recherchen ergaben, dass bei vielen südsudanesischen Stämmen die Tradition des Königsmordes noch bis in die Neuzeit fortlebte. Als gesichert gilt, dass sich hinter »König Ergamenes« der kuschitische Herrscher Arkamani I. verbirgt. Er regierte zur Zeit Ptolemäus II. und wurde als erster Würdenträger auf dem neuen Friedhof von Meroe bestattet. Seit Arkamani, so Kendalls These, war der Königsmord in Meroe abgeschafft. Ein neuer Abschnitt in der Geschichte des kuschitischen Reiches begann – die Epoche von Meroe.

In vielen Bereichen der Kultur und Religion kam es zu um-

Relief im Amun-Tempel von Naga. König und Königin bringen Gott Amun Opfer dar.

wälzenden Veränderungen. Während in der Zeit davor keine Schrift für das Meroitische existierte und alle Texte in ägyptischer Sprache und Hieroglyphen geschrieben wurden, entwickelte Kusch jetzt eine eigene Hieroglyphen- und Kursiv-Schrift. Damit befreiten sich die Menschen immer mehr vom Einfluss des starken Nachbarn und besannen sich auf ihre Wurzeln. Wie Reliefs und Rundplastiken zeigen, folgte auch das Schönheitsideal eher afrikanischen Vorstellungen. Einheimische Gottheiten, die zuvor im offiziellen Pantheon nicht vertreten waren, tauchten auf. Auf gleicher Stufe mit Amun stand schon bald der traditionelle nubische Löwengott Apedemak. Auf der Tempelwand in Musawwarat führt er die Prozession der Himmlischen an, in Naga berührt er als dreiköpfiger Löwe das Königspaar gar am Ellbogen. Damit vollzieht er den heiligen Akt des Auserwählens, der früher allein dem widderköpfigen Amun zustand. Die meroitischen Königinnen wiesen sich als Töchter Apedemaks aus, indem sie lange, spitze Fingernägel züchteten, ähnlich den Krallen des königlichen Tieres. Nicht zuletzt verlagerte sich die Bautätigkeit vom Norden in den Süden des Landes, weit weg von Ägypten. Der dramatische Umbruch im Reich könnte dazu geführt haben, dass sich auch die Idee des sakralen Königtums wandelte. Denkbar, dass ein gewaltsames Ereignis der Übermacht der Priester ein Ende setzte. Folglich bedurfte es auch einer neuen Ausrichtung für das heilige Amt des »Qore«. Jedenfalls ergänzten neue Aspekte die Horus-Tradition, und die Kandake, die Mutter des Königs, gewann noch mehr Bedeutung als zuvor.

Mit Shanakdakheto, der noch mindestens neun weitere kuschitische Herrscherinnen folgten, betrat um 170 bis 150 vor Christus die erste Kandake die Bühne der Geschichte, die den Titel »Qore«, Gottkönig, trug. Ihr Name erscheint bereits in meroitischen Buchstaben. Unter ihrer Herrschaft intensivierte das Land die Beziehungen zu den Ptolemäern und zur hellenistischen Mittelmeerwelt. Die Pyramide der Regentin gehört zu den größten, die je für einen Herrscher in Meroe errichtet wurde. Die Wände der Grabkapelle bedecken Darstellungen von Militäraktionen, gefangenen Feinden und entführten Rinderherden. Die Motive lassen Professor Zach jedoch annehmen, dass der Amtsantritt der Königin nicht reibungslos vonstatten ging: »Zunächst einmal ist die Pyramide ihres Vorgängers unvollendet geblieben, darin fand nie ein Begräbnis statt, woraus wir rückschließen können, dass eine gewaltsame Machtübernahme stattgefunden haben könnte.« Der ungarische Forscher Professor Laszlo Török vertritt hingegen die Auffassung, dass es keines gewaltsamen Ereignisses bedurfte, um eine Frau auf den Horus-Thron zu bringen. Er geht aber davon aus, dass Shanakdakheto an Stelle ihres minderjährigen Sohnes das Amt übernahm. Eine Plastik, die Archäologen in der Grabanlage fanden, zeigt die Regentin neben einer männlichen Person. In der Vorderansicht ist die Königin – nach ägyptischem Vorbild – überschlank dargestellt, von der Seite jedoch eindeutig als üppige, nubische Schönheit. Sie trägt Halsschmuck und Schärpe, die Attribute des heiligen Amtes. Der unbekannte Mann daneben besitzt keine königlichen Merkmale, aber er berührt ihre Krone. Török hält ihn für den eigentlichen Thronfolger, der mit seiner Anwesenheit ihre Regentschaft legitimiert. Zach vermutet, dass Shanakdakheto zur Thronfolge nicht berechtigt war und daher gezwungen war, einen Vorgänger zu integrieren. Ein Relief aus dem Grabmal der Königin Amanishakheto bietet eine ähnliche Szene. Die Ausgräber kennen sogar den Namen ihres Begleiters. Er hieß Akinidad und war ein Feldherr. Stand also in Wirklichkeit hinter jeder Königin ein starker Mann, der die Regierungsgeschäfte führte? Waren die Fürstinnen von Kusch doch nur die Marionetten männlicher Machthaber im Hintergrund?

Die zahlreichen Inschriften in meroitischer Sprache könnten vermutlich das Geheimnis lüften. Aber noch ist der bekannte Wortschatz viel zu gering. Ein Barkenuntersatz aus dem Isis-Heiligtum von Wad Banaga mit dem Königspaar Amanitore und Natakamani trug viel dazu bei, wenigstens einen Grundstock an Worten zu schaffen. Der Text ist nämlich zweisprachig geschrieben, in ägyptischen und meroitischen Hieroglyphen.

Nach Schätzung des französischen Sprachforschers Dr. Claude Rilly dauert es noch zwischen zehn und zwanzig Jahren, bis die meroitischen Texte nicht nur gelesen, sondern auch verstanden werden können. Die von Opfersteinen bekannten stereotypen Formeln, mit denen Isis und Osiris angerufen und um Wohlwollen gebeten werden, sind inzwischen entschlüsselt, nicht aber die Texte auf den Königsstelen. Die inzwischen bekannten etwa 55 Begriffe reichen noch lange nicht aus, um komplexe Zusammenhänge zu übersetzen. »Auch von Verben haben wir noch nicht die geringste Ahnung«, stellt Dr. Rilly bedauernd fest. Dennoch gibt es auch aus Sicht des Sprachexperten klare Hinweise darauf, dass Frauen in Meroe eine bedeutende Stellung einnahmen. Auf den Opferstelen, die den Toten beigegeben wurden, bezeichnen sich die Verstorbenen stets als Söhne oder Töchter einer bestimmten Mutter, während der Vater erst an zweiter Stelle steht oder gar nicht genannt wird. Rilly sieht darin ein starkes Indiz für eine matrilineare Orientierung der Kuschiten.

Musawwarat es-Sufra, ein nubischer Grabungsort, an dem Archäologen der Humboldt Universität Berlin seit Jahrzehnten tätig sind, offenbart einen weiteren Aspekt der starken Frauen. Die riesige Anlage, an der acht Generationen von Herrschern und Herrscherinnen bauten, gilt als einmalig für Kusch. Die Ausgräber legten monumentale Rampen und verschachtelte Räume frei. Die auffallend häufigen Darstellungen von Elefanten jedoch geben noch Rätsel auf. Für Fürst Pückler-Muskau, einen der frühen Sudan-Reisenden, der sich 1837 an einer der Wände in Musawwarat verewigte, war die Sache klar. Er schrieb in sein Tagebuch: »Der Gedanke also, mich in einem ehemaligen Lustschloss der Königin Candace zu befinden, die ich mir natürlich als eine ungemein schöne und lebenslustige Schwarzbraune vorstellte, gab der Besichtigung des vor mir liegenden Labyrinths ein doppeltes Interesse.«

Die Mehrheit der Forscher geht heute davon aus, dass Musawwarat ein sakrales Zentrum mit einer großen Pilgerherberge war. Ein ausgegrabener Türsturz mit einem von Widdern flankierten Löwen weist auf eine Weihestätte für den Reichsgott Amun und den Löwengott Apedemak hin. Professor Steffen Wenig glaubt sogar, Musawwarat sei der Ort, an dem die »Heilige Hochzeit« gefeiert wurde. Während der Kampagne im Jahr 2000 stieß er auf ein Gebäude aus hellen, gestampften

Sandsteinbrocken, die sonst in der Anlage als Baumaterial nicht vorkommen. Die Räume erhielten ausreichend Außenlicht, ließen aber keinen Einblick von außen zu. Ein in den Boden eingelassenes Gefäß, in dem sich Reste von Holzkohle befanden, interpretiert der Forscher als Dampftopf, wie er auch heute noch benutzt wird. In den sudanesischen Dörfern nehmen die Bräute vor der Hochzeit ein Dampfbad aus besonderen Kräutern, das die Haut glatt und wohlriechend machen soll. Der Topf mit der glühenden Holzkohle und den Duftstoffen ist in den Fußboden der Hütte eingelassen. Zu Wenigs These passt ein antikes Graffito, das einen jungen Mann mit einem Palmzweig im Haar zeigt. Genauso schmücken sich die jungen Männer im Sudan, wenn sie an einer Hochzeit teilnehmen. Besonders die erotische, für den kuschitischen Raum einmalige Szene auf der äußeren Südwand des Raumensembles bezieht sich nach Ansicht des Archäologen eindeutig auf das bedeutende kultische Fest: Eine üppige Königin küsst einen Mann mit erigiertem Penis. Vermutlich traf sich in Musawwarat das göttliche Königspaar, um am Neujahrstag das heilige Ritual zu vollziehen, das den ewigen Kreislauf der Natur symbolisierte und die Harmonie des Reiches gewährleistete. 1844 fand Carl Richard Lepsius auf seiner »großen preußischen Sudan-Expedition« in Musawwarat eine Tafel mit einem in holprigem Latein verfassten Neujahrsgruß, vermutlich aus dem 3. oder 4. Jahrhundert nach Christus: »Gutes Glück! Für unsere Herrin, die Königin, mit Wünschen für Erfolg für viele kommende Jahre.« Einige Forscher interpretieren die Inschrift als Hinweis auf den Isis-Kult und die rituelle Gleichsetzung der regierenden Königin mit der bedeutenden Göttin.

Unumstritten ist, dass die ägyptische Isis in Meroe als große Mutter verehrt wurde. Das entsprach dem uralten afrikanischen Weltbild von der Macht der Frau, die Kinder zur Welt brachte und damit den Fortbestand der Gemeinschaft sicherte. Bei vielen kuschitischen Festen und Ritualen ging es allein darum, die weibliche Fruchtbarkeit zu beschwören, sagen Experten. Isis, die in ihrem Tempel in Philae mit dem Horuskind auf dem Schoß dargestellt ist, bediente genau diese Vorstellungen und Bedürfnisse der Menschen. Zwar war Amun der höchste Gott des Reiches, Isis aber, der großen Mutter, galt die innigste Verehrung des Volkes. Wie die antiken Schriftsteller berichten, versammelten sich in Meroe einmal im Jahr die

Frauen, um die Mysterien der großen Muttergöttin zu feiern. Juvenal (um 60 – 130 nach Christus) weiß sogar von Pilgern, die aus Rom und Alexandria zu den »Isiaca« zogen. Die römischen Matronen sollen sogar über eigene Schiffe verfügt haben, die im Roten Meer kreuzten und sie zu den meroitischen Häfen brachten. Den Quellen nach ging es bei den Isis-Mysterien hoch her. Bei dem wilden, ekstatischen Fruchtbarkeitsfest spielten Tanz und Trance neben Wein und Orakelsprüchen eine große Rolle.

Nicht auszuschließen, dass auch die junge Kleopatra während ihres Aufenthalts in Meroe an dem Fest teilnahm. Zu ihrer Zeit lebte in der pulsierenden Stadt eine weltoffene, tolerante Gesellschaft – soviel steht fest. Das meroitische Reich war keineswegs ein Randgebiet der Zivilisation, das seine Impulse allein von Ägypten empfing, sondern Knotenpunkt bedeutender Handelsrouten von Nord nach Süd und Ost nach West. Als Brücke zwischen den Mittelmeerländern und Schwarzafrika kam dem Land eine wichtige Funktion im kommerziellen und im kulturellen Austausch zu. Bei Diodorus heißt es: »Alles floss … hier zusammen; und erst durch dieses allgemeine Zusammenwirken erwuchs Meroe unter der Leitung seines Heiligtums zur großen und wichtigen Stadt.«

Der so genannte Kiosk von Naga, ein Bauwerk, in dem sich kuschitische, ägyptische, sowie römisch-hellenistische Elemente vereinen, belegt die Vielfalt des kulturellen Zusammenwirkens. Auch die königlichen Bäder der Hauptstadt, in denen nubische, griechische und römische Motive aufeinander treffen, sprechen für den Kontakt der Kuschiten mit dem Mittelmeerraum. Objekte wie fein bemalte Gläser aus Griechenland, eine römische Satyr-Lampe, Keramik und Bronzefiguren, sowie ein Kopf des Weingottes Dionysos lassen keinen Zweifel aufkommen, dass Meroe eine blühende Handelsmetropole war. Zudem besaß die Stadt eine florierende Eisenindustrie. Jüdische Einwanderer aus Phönizien sollen das komplizierte Handwerk eingeführt haben. Zur Zeit der schwarzen Königinnen lebte in Elephantine, innerhalb der Dreißigmeilenzone, eine starke jüdische Kolonie, die das Eisenschmieden beherrschte. Aufgrund des großen Interesses an der Produktion von Waffen siedelte Meroe die Experten vielleicht sogar um. Die vermehrte Herstellung von Eisen hatte jedoch langfristige Folgen für die Natur. Die Wälder, die sich einst in der Butana-

Steppe ausdehnten, wurden gefällt und zu Holzkohle verarbeitet. Der Kahlschlag führte schließlich zur völligen Veränderung der Landschaft und des Klimas. Ursprünglich war die Region um die antike Hauptstadt reich an Wasser und fruchtbarem Land, wie Funde von Samen und Pflanzenteilen bezeugen. Pharao Ptolemaios II. jagte in dem Gebiet Elefanten, Giraffen und Gazellen. Heute fegen Sandstürme über das Gebiet, Hitze und extreme Trockenheit bieten den Menschen immer knapperen Lebensraum.

Im 4. Jahrhundert nach Christus verschwand das Reich der schwarzen Königinnen. Die christlichen Stämme aus Aksum im heutigen Äthiopien sowie die ständigen Überfälle der Beduinen hatten ihren Machtbereich immer mehr geschwächt und schließlich ausgelöscht. Die rätselhaften Herrscherinnen samt ihrer matrilinearen Hochkultur gerieten in Vergessenheit, ihre prächtige Hauptstadt versank im Sand. Erst seit kurzem sind internationale Forscherteams den Powerfrauen auf der Spur. Ob Amanishakheto die gefürchtete »einäugige Kandake« war, von der die antiken Quellen berichten, bleibt vorerst ungeklärt. Solange ihre Sprache nicht entschlüsselt ist, bewahren Kleopatras schwarze Schwestern ihr Geheimnis.

WEIHRAUCH FÜR DEN PHARAO – AUFBRUCH NACH PUNT

Jahrtausende lang bezogen die Pharaonen Gold, Elfenbein und Ebenholz, Leoparden, Affen, exotische Tierfelle und tanzende Zwerge aus einem fernen, rätselhaften Land. An erster Stelle der gefragten Importwaren standen jedoch Weihrauch und Myrrhe, ohne die eine religiöse Zeremonie im Altertum nicht denkbar war. Die Räucherharze galten schon allein deshalb als Luxusgüter, weil sie im gesamten Mittelmeerraum nicht gewonnen werden konnten und über endlose Transportwege herangeschafft werden mussten. Dass die Abnehmer in Babylon, Griechenland oder Rom lange Zeit überhaupt nicht wussten, woher die Duftstoffe eigentlich kamen, hatten die Händler clever eingefädelt. Denn nur der strikten Trennung zwischen Erzeuger und Endverbraucher verdankten sie ihren Wohlstand. So kannte zwar jeder den Namen »Punt« als Herkunftsort des Weihrauchs, aber niemand vermochte das Gebiet zu identifizieren. Die Alten Ägypter hingegen pflegten den direkten Kontakt zu dem legendären Reich und rüsteten immer wieder eigene Expeditionen aus. Seit Generationen diskutieren Wissenschaftler, wohin die Schiffe fuhren, um das begehrte Material zu holen, ob vielleicht verschiedene Regionen gleichzeitig oder in Abfolge als Lieferanten in Frage kommen. Aus den zahlreichen Inschriften konnte jedenfalls keine genaue Reiseroute rekonstruiert werden. Vielmehr betonen die Texte eher den politisch-religiösen Aspekt der Beziehung zu dem entlegenen Paradies und rühmen es als Wohnsitz der Götter. Vor allem die ausführlichen Darstellungen im Tempel der Hatschepsut glorifizieren die erfolgreiche Mission der Regentin zu der sagenumwobenen Weihrauchquelle. Der Mythos Punt lebte über Jahrhunderte ungebrochen fort.

Welch hohen Stellenwert das Thema selbst noch in der Spätzeit unter den Ptolemäern einnahm, zeigt ein spektakuläres wissenschaftliches Projekt in Oberägypten. Seit 2003 legen

Arabische Buchmalereien und Beschreibungen von Weihrauch und Myrrhe

Königin Hatschepsut

Professor Christian Leitz und sein Assistent Dr. Rafed El-Sayed von der Universität Tübingen gemeinsam mit ägyptischen und polnischen Kollegen den letzten noch unerforschten Tempel des Nillandes frei. Das majestätische Monument erhob sich einst auf dem östlichen Flussufer über der Stadt Athribis. Ptolemaios XII. (80 – 51 vor Christus), Vater der berühmten Kleopatra, ließ den 75 mal 45 Meter großen Bau zu Ehren der Löwengöttin Repit errichten. Bereits 1906/07 grub der englische Archäologe Flinders Petrie Teile der Anlage aus, brach die Kampagne aber nach kurzer Zeit ab. Das Gelände wurde wieder komplett zugeschüttet, so dass die Ruinen gut geschützt die Zeit überdauerten. Ein Glücksfall für die Archäologen von heute, denn im luftdicht abgeschlossenen Raum blieben besonders die Farben auf den zahlreichen Reliefs besser erhalten. Eine kleine Kammer neben dem Allerheiligsten birgt einen einzigartigen Schatz für Punt-Forscher. Darstellungen sämtlicher Weihrauchbaumarten bedecken die Wände, eine Inschrift erläutert, der Herrscher habe an dem Ort eine »Punt-Kapelle« für seine Mutter Repit errichtet und ein Laboratorium mit allen Wohlgerüchen für seinen Vater Min. Grabungsleiter El-Sayed erläutert: »Das sind die Hieroglyphen für ›Punt‹, ganz unverwechselbar die Schreibung mit dem Zeichen des Hasen. Der Name taucht schon in sehr alten Quellen auf, lässt sich aber nicht aus einer ägyptischen Wurzel ableiten. Deswegen gehe ich davon aus, dass der Begriff an einen ganz konkreten Ort geknüpft war und nicht etwa ein Traumland wie Atlantis bezeichnete. Die Vokabel hat ihren Ursprung wahrscheinlich in dem Sprachraum, in dem Punt tatsächlich lag.« Die Ägypter benutzten jedoch auch ein eigenes Wort, und zwar sprachen sie von »Tanetscher«, dem »Gottesland«. Dort, in einer lieblichen Berglandschaft voller Wohlgerüche, so stellten sie

Der Tempel der Löwengöttin Repit in Athribis, erbaut von Ptolemaios XII., dem Vater von Kleopatra

sich vor, nahmen die wichtigsten Vertreter ihres Pantheons wie Hathor, Thot, Horus und sogar der Reichsgott Amun ihren Wohnsitz.

Schon aus dem Alten Reich sind Wirtschaftskontakte zu Punt bekannt. Zum ersten Mal erwähnt ist das Wort auf dem so genannten Palermostein, der in der sizilianischen Hauptstadt aufbewahrt wird. Vor fast 4500 Jahren verzeichnet ein Schreiber in den Annalen des Pharao Sahure (ca. 2500 vor Christus), dass der Herrscher im 12. Jahr seiner Regierung 80 000 Maß Myrrhe aus Punt importieren ließ, außerdem Gold, Malachit, Elektrum und Holz. Aus der Botschaft geht jedoch nicht hervor, ob der Herrscher seine eigenen Leute ausschickte oder die kostbaren Güter über den Zwischenhandel bezog. Eine neue Entdeckung beantwortet die Frage. Bei der Grabung an der Pyramide des Sahure in Abusir förderten Mitarbeiter der ägyptischen Antikenverwaltung einen Steinblock zu Tage. Eingemeißelte Zeichnungen und Hieroglyphen schildern die Rückkehr einer Schiffs-Expedition aus Punt – der Beweis, dass die Gesandten bereits in früher Zeit auf dem Seeweg ins Gottesland fuhren. Die Kundschafter brachten auch vollständige Myrrhebäume mit, die Sahure laut Inschrift in seinen Palastgarten pflanzen wollte. Diesem Motiv messen die Experten besondere Bedeutung bei, war es doch bislang nur aus späteren Dynastien bekannt. Die Szene dokumentiert die symbolische Verfügungsgewalt des Pharao über Punt, denn militärisch oder politisch hatten die Ägypter dort keine Macht.

Sie brauchten aber die kostbaren Produkte des Landes, in erster Linie Unmengen an Weihrauch und Myrrhe. Denn die Aromaharze waren unentbehrlich für den Kult und galten als Nahrung der Götter. Das ägyptische Wort »se-netscher« für Weihrauch bedeutet »göttlich machen«. Im Mittelpunkt aller

Der Löwengöttin Repit war der Tempel von Athribis geweiht.

religiösen Handlungen stand der Pharao, die Priester agierten lediglich als seine Stellvertreter. In jedem Tempel zelebrierten die heiligen Männer drei Mal täglich ein Darbringungsritual, das die kosmische Ordnung erhalten sollte. Sie öffneten das Allerheiligste, in dem der Schrein der Gottheit stand, und »weckten« die Statue. Sie wurde gewaschen, gesalbt, neu bekleidet und mit Speisen versorgt. Jedes Mal brannten die Priester ein anderes Räucherwerk ab: am Morgen meistens Weihrauch, mittags Myrrhe und zum Sonnenuntergang Kyphi, eine Mischung aus mehreren Stoffen. Die Wohlgerüche dienten als Medium, um mit dem unsichtbaren Wesen der Himmlischen Verbindung aufzunehmen. Die Menschen glaubten sogar, dass die Körper der Unsterblichen die Düfte aussenden, allen voran das Auge des falkenköpfigen Horus. Eine Inschrift aus El-Amarna, der Hauptstadt des Ketzerkönigs Echnaton, zitiert einen der Gesänge, den die Tempeldiener vor der Götterstatue beim Räucheropfer anstimmten. Der Hymnus war in ein Tablett eingraviert, auf dem die Weihrauchschale stand:

Der Weihrauch kommt, der Weihrauch kommt,
Sein Duft kommt über dich,
Der Duft des Horus-Auges kommt über dich …
Er reinigt dich, er verehrt dich.
Heil dir, oh Weihrauch!
Nimm das Auge des Horus in dich auf,
Sein Duft ist über dir!

Nach Vorstellungen der Spätzeit soll der göttliche Falke sogar das Königtum aus Punt ins Nilland gebracht haben. Im Gegensatz zu allen anderen Regionen, mit denen Ägypten Handel trieb, spielte Punt eine zunehmend wichtige, politisch gefärb-

Pyramide des Pharao Sahure in Abu Sir

te Rolle in Religion und Mythologie. Die extreme Entfernung, der schwierige Weg dorthin, das exotische Flair und der Reichtum an Rohstoffen dürften zu der Sonderstellung entscheidend beigetragen haben. Keine Inschrift bezeichnet das Gebiet als Feindesland oder würdigt seine Bewohner herab. Die Pharaonen priesen sich gar als »geliebt von Punt«. Um das zu beweisen, mussten die Herrscher einerseits ihrer wirtschaftlichen Pflicht nachkommen, die Versorgung der Tempel mit den kostbaren Essenzen sicherzustellen, und daher immer wieder Expeditionen aussenden. Gleichzeitig aber galt es, das ägyptische Selbstverständnis von allumfassender Macht und der Beherrschung der gesamten Welt zu dokumentieren. Daher vereinnahmten die Pharaonen das Land auch als Heimat der Götter. Reisen nach Punt waren keine üblichen Handelsfahrten, sondern heilige Missionen.

Niemand in der Geschichte Ägyptens nutzte den Mythos geschickter zu Propagandazwecken als Hatschepsut (ca. 1500 vor Christus). Für die erste Frau auf dem Pharaonenthron war die göttliche Legitimation ihres Amtes besonders wichtig. Um jeden Zweifel an ihren Rechten auszuräumen, leitete die Herrscherin in der so genannten Geburtslegende ihre Abkunft von Amun persönlich ab: Der Reichsgott kam in Gestalt des Gatten, Thutmosis I., zu ihrer Mutter Ahmes. Als er sich ihrem Lager näherte, erkannte sie ihn als überirdisches Wesen, denn »der Palast flutete von seinem Duft, und alle Wohlgerüche waren Düfte von Punt«. In jener Nacht wurde die Thronfolgerin gezeugt, heißt es. In ihrem neunten Regierungsjahr verkündet Hatschepsut dem Hofstaat, ihr Vater Amun habe ihr durch das Orakel den Auftrag zu einer Mission nach Punt erteilt: »Suche die Wege nach Punt! Erschließe die Straßen zur Myrrhenterrasse! Führe das Heer auf dem Wasser und auf dem Lande, um

Totentempel der Hatschepsut

Die Pharaonin Hatschepsut mit ihrem göttlichen Vater Amun

die Wunder des Gotteslandes zu bringen für diesen Gott, der ihre (Hatschepsuts) Schönheit schuf!«

Die Herrscherin betraute ihren engen Vertrauten, den Schatzmeister und Offizier Nehesi, mit der Aufgabe, die Expedition auszurüsten. In Inschriften behauptet Hatschepsut, sie sei die erste, die jemals eine so gefahrvolle Handelsfahrt gewagt habe. Sicher wusste sie genau, das dies nicht der Wahrheit entsprach. Allerdings lag die letzte Fahrt in das ferne Land schon eine gute Weile zurück. Nach monatelanger Vorbereitung brachen ihre Leute auf – vor sich eine lange Zeit mit unvorstellbaren Strapazen. Zuerst mussten sie das Problem aller Handelsfahrer bewältigen, die vom Roten Meer aus in See stechen wollten. Da es an der Küste überhaupt kein Holz, geschweige denn große Bäume für den Bau von Schiffen gab, schipperten die Männer mit kleineren Booten auf dem Nil von Theben nordwärts bis nach Koptos – der Stadt, die dem Roten Meer am nächsten lag. In den Werften des Ortes konstruierten Zimmerleute von alters her hochseetaugliche Segler. Als Baumaterial verwendeten sie Zedernholz, das in den Bergen des heutigen Libanon gefällt und vom Nildelta flussaufwärts bis Koptos geschafft wurde. Sobald die Frachter fertig waren, wurden sie für den Transport durch die Ostwüste, das Gebiet zwischen Nil und Rotem Meer, wieder in ihre Einzelteile zerlegt. Das heißt: Die Mannschaft musste die meterlangen Planken auf dem Rücken durch die glühende Hitze schleppen. Kamele standen damals als Lasttiere noch nicht zur Verfügung, aber wenigstens Esel. Sie trugen die Lebensmittel für mehrere Monate, Wasser, Behälter, Waffen, Werkzeuge und Tauschwaren.

Wenn endlich alles verpackt war, setzte sich der schwer beladene Zug, nicht selten mehrere tausend Menschen und Tie-

Durch das Wadi Hammamat zogen die Karawanen auf dem Weg zum Roten Meer

re, in Bewegung. Mindestens zehn Tage dauerte der Kräfte zehrende Marsch durch das Wadi Hammamat, die kürzeste Verbindung zum Roten Meer. Schroff ragen die bizarren Felsen zu beiden Seiten des tief eingeschnittenen, ausgetrockneten Flussbetts auf. Als die Römer später ins Land kamen, errichteten sie auf den Berghöhen Wachtürme. Von dort aus bewachten die militärisch straff organisierten Kolonialisten jede Karawane, die mit märchenhaften Schätzen das unwirtliche Tal durchquerte. Etwa auf der Mitte der Strecke liegt der einzige Steinbruch für Grauwacke. Dort teilte sich der Trupp manchmal. Während die einen weitermarschierten, brachen die anderen die wertvollen Quader und transportierten die Last nach Theben zurück. Aus dem dichten, glänzenden Sandstein fertigten die ägyptischen Bildhauer Königsstatuen und Sarkophage. Archäologen entdeckten in der Umgebung des Steinbruchs insgesamt vierhundert Graffiti und Inschriften, meist Gebetsformeln mit der Bitte um himmlischen Segen für die gefahrvolle Reise. Die Botschaften aus der Vergangenheit, die älteste stammt aus der 4. Dynastie, zeugen von einem regen Verkehr in der unwirtlichen Wildnis. Tief in einer Felsnische versteckt, lag ein kleines, dem Gott Min geweihtes Heiligtum. Der Hüter der Bodenschätze und Beschützer der Karawanen, die sich durch die Ostwüste quälten, trug auch den Ehrentitel »Herr von Punt«. In Athribis verehrten ihn die Menschen zudem als Fruchtbarkeitsgott an der Seite seiner Gattin Repit.

Das Wadi Hammamat trifft in Höhe der heutigen Stadt Kosir auf die Küste. Entlang des Ufers wanderten die Einheiten dann noch etwa 60 Kilometer nach Norden zum einzigen bisher bekannten pharaonischen Hafen bei Marsa Gawasis. Erste Funde machten Forscher schon zu Beginn des 20. Jahrhunderts. Die berühmte Inschrift des Wesirs Antefoker brachte

Küste des Roten Meeres nahe dem alten Hafen Marsa Gawasis

letzte Gewissheit, dass in der Bucht Schiffe zusammengebaut wurden, die dann nach Punt fuhren. Um 1970 legten ägyptische Wissenschaftler die Überreste der Hafenanlage frei. Kurz vor Weihnachten 2004 machte die jüngste Ausgrabung internationale Schlagzeilen. Nur etwa 700 Meter vom Wasser entfernt, stießen die Bostoner Archäologin Kathryn Bard und ihr Kollege Rodolfo Fattovich von der Universität Neapel schon am ersten Tag der Kampagne auf zwei von Menschenhand angelegte Höhlen. Die Formation aus Korallengestein wirkt in der kahlen Landschaft so unspektakulär, dass sie über Jahrtausende unangetastet blieb. Im Inneren der Hohlräume öffnete sich ein Labyrinth aus großen Kammern, offensichtlich das Depot ägyptischer Seeleute. An dem sicheren Ort lagerten sie Utensilien aller Art, Keramik, Holzschüsseln, Flechttaschen, Takelage und Frachtkisten. Die beiden Entdecker konnten sogar die ersten intakten Schiffsteile aus dem Altertum bergen. Fraßspuren von Würmern und Muscheln beweisen, dass die Frachter tatsächlich das Meer befuhren und dann für eine gewisse Zeit in den Grotten gelagert wurden.

Inzwischen hat das Team die sechs unterirdischen Speicherräume untersucht und die Eingänge wieder zumauern lassen. Erst wenn sie ihren »Schatz« auch heben können, wollen die Forscher das Versteck erneut öffnen. Allerdings haben sie weder Gold noch Edelsteine entdeckt. Besonders beeindruckten sie große Rollen dicker Schiffstaue, die so nagelneu aussehen, als seien sie erst gestern dort abgelegt worden. »Es war ein tolles Gefühl, die Seile zu finden!«, sagt Fattovich. »Normalerweise graben Archäologen ja Tempel und Paläste und solche Dinge aus. Aber Stätten, in denen man wirklich etwas vom Alltagsleben der Menschen entdeckt – so etwas haben wir ja nun ganz selten. Ja, das war schon ein ergreifender Moment, als ich das zum ersten Mal gesehen habe!« Kleinfunde aus der Umgebung weisen das Magazin dem Neuen Reich zu. »Vielleicht wurden die Stricke ja wirklich von Expeditionsteilnehmern der Hatschepsut hier gelagert. Zeitlich würde es jedenfalls passen! Klar, es ist nur eine Hypothese. Aber ich liebe Hypothesen«, schwärmt der Grabungsleiter. Im vorderen Teil der Höhle kamen Planken und Zedernbretter zu Tage, womöglich gehörten sie einst zum Steuerruder eines über zwanzig Meter langen Seglers. Von der Analyse versprechen sich die Meeresarchäologen neue Erkenntnisse über die Schiffbautechnik der Pharaonen.

Rund um die Höhlen entdeckte das Team Spuren von größeren Feldlagern. Tausende von Menschen müssen zeitweise auf dem Gelände gelebt haben. Sie errichteten Hütten, backten Brot und verhütteten Kupfer. Vorläufige Datierungen lassen den Schluss zu, dass Expeditionen den Ort über einen Zeitraum von mehr als 800 Jahren aufsuchten. Die wichtigsten Ergebnisse der Grabung in Marsa Gawasis aber sind die Inschriften. Sie brachten den eindeutigen Befund, dass der Hafen Ausgangspunkt für Handelsreisen ins Weihrauchland war. Eine Stele aus der Zeit des Pharao Amenemhet III., der um 1800 vor Christus regierte, verzeichnet eine Expedition nach Punt und Bia-Punt (die Minenregion von Punt). Auch die fünfzehn hölzernen Kisten lassen keinen Zweifel: Sie enthielten »Produkte aus Punt«, wie ein mit schwarzer Tusche beschrifteter Deckel verrät. Selbst die Lehmklumpen, mit denen die Behältnisse verschlossen und die dann gesiegelt wurden, lagen noch in der Nähe. Fattovich nimmt an, dass sich im Lager königliche Beamte aufhielten, die an der Zwischenstation von Punt nach Theben alle eingehenden Waren sorgfältig registrierten, bevor der Weitertransport zum Königshof begann. Bürokraten hatten eben schon im Alten Ägypten einen sicheren Job. Mit großer Wahrscheinlichkeit machte auch Hatschepsuts Delegation an dem zentralen Sammelpunkt ihre Schiffe startklar. Da die Ägypter nicht unbedingt als geborene Seefahrer in die Geschichte eingingen, vergleichen einige Experten das »Abenteuer Punt« mit den großen Entdeckungsreisen der Spanier und Portugiesen.

Wohin die Weihrauchsucher des Altertums tatsächlich segelten, darüber grübeln kluge Köpfe nicht erst seit heute. Einen ersten folgenreichen Vorschlag machte der Deutsche Heinrich

Brugsch bereits 1857. Seine These stützte er auf ein Relief aus dem Tempel von Ramses III. in Medinet Habu auf dem thebanischen Westufer. Es zeigt Amun, der dem König das Land Punt und alle seine Produkte verleiht. Im zugehörigen Text spricht der Gott zum Pharao: »Ich wende mein Gesicht nach Osten!« Daraus folgerte Brugsch: »Ein Blick auf die Karte belehrt uns sofort, dass ein im Osten von Ägypten gelegenes Land nur Arabien sein kann!« Kurz darauf lieferte der Wissenschaftler ein weiteres Argument, das in der späteren Diskussion immer wieder auftauchen sollte. Er setzte Punt mit dem biblischen Goldland Ophir gleich, das Forscher damals in Arabien vermuteten. Das Gebiet, aus dem König Salomon dem Alten Testament zufolge seine sagenhaften Schätze bezog, wurde seither an vielen Orten der Welt gesucht, konnte jedoch bislang nicht identifiziert werden. Jedenfalls sorgte die Ophir-Theorie für reichlich Verwirrung bei der Fahndung nach Punt.

Doch Brugsch muss zugute gehalten werden: Als er seine Thesen publizierte, kannte er jenes Monument noch nicht, das in der Debatte bald die wichtigste Rolle spielen sollte. 1858, nur ein Jahr später, legte der französische Gelehrte Auguste Mariette den Totentempel der Hatschepsut in Deir el-Bahari frei. Die Lage des Heiligtums war zwar schon lange bekannt, doch die Entdeckung der einzigartigen Reliefs in den Galerien und Hallen kam einer Sensation gleich. In einem aufwändigen Bildprogramm hatte die Pharaonin die Großtaten ihrer Regierungszeit, insbesondere die Expedition nach Punt und die Heimkehr der Gesandtschaft mit den Wunderdingen des Gotteslandes, verewigen lassen – ein einzigartiges Szenario. Mariette fiel sofort ins Auge, dass Landschaften und Tiere eher zum afrikanischen Kontinent gehören als nach Arabien. Deutlich zu erkennen ist eine Giraffe. Die Umrisse eines Nashorns hingegen sind nur noch auf den Originalzeichnungen von damals dokumentiert, die Details auf der Tempelwand stark verwittert. Die Entdeckung des Franzosen legte den Grundkonflikt in der Diskussion um das Weihrauchland, die nun schon 150 Jahre andauert. Lag das Punt der Ägypter am westlichen oder östlichen Ufer des Roten Meeres? Befürworter der westlichen Seite kaprizieren sich auf den heutigen Südsudan, Eritrea, Äthiopien und Somalia. Die Vertreter der östlichen Lösung nennen die gesamte Arabische Halbinsel, vorwiegend jedoch den Jemen und Oman. Sogar Syrien kam ins Gespräch,

Expedition der Hatschepsut nach Punt. Ein Ägypter mit Weihrauchpflanzen, von Soldaten begleitet, überbringt Geschenke.

obwohl dort Weihrauch und Myrrhe nie heimisch waren. Eine Minderheit sprach sich für ein Handelsnetz Punt zu beiden Seiten des Roten Meeres aus.

Nach wie vor sind die Expeditionsreliefs in Deir el-Bahari Kronzeugen im Fall Punt. Jedes noch so kleine Detail der realistischen, mit geradezu wissenschaftlichem Ehrgeiz gestalteten Szenen haben die Forscher unter die Lupe genommen und ausgewertet: Der Bug der fünf auslaufenden Schiffe zeigt nach Süden, der zugehörige Text gibt keine Auskunft über den Weg nach Punt. Am Ziel angelangt, kommen die Ägypter in ein Dorf mit runden Pfahlhütten, wie sie aus dem südlichen Sudan bekannt sind. Palmen, Ebenholz- und Weihrauchbäume sowie Rinder mit kurzem Gehörn, Panther oder Leoparden, eine Giraffe, Paviane und womöglich ein Nashorn untermauern das afrikanische Ambiente. Zur Begrüßung der ägyptischen Delegation erscheint ein Edelmann in Begleitung seiner Frau. Ihre massige Gestalt zeichnen dicke Wülste an Bauch, Armen und Beinen aus, ebenso ein ausgeprägter Fettsteiß, der in Teilen Afrikas als besonderes Schönheitsideal gilt. Die Literatur verlieh ihr den Namen »Fürstin von Punt«. Manche Forscher identifizierten sie als Hottentottin oder Angehörige eines Buschmann-Stammes. Andere glaubten, sie leide an einer Verkrümmung der Wirbelsäule oder der Krankheit Elephantiasis. Der spitzbärtige Edelmann, im Schrifttum bekannt als »Fürst von Punt«, trägt eine eng anliegende Kappe, einen Schurz mit abgerundeten Ecken, als Schmuck einen Armreif und Ringe an den Beinen. Der Dolch im Gürtel und das Wurfholz in seiner Hand machen die Ausrüstung komplett. Der Semitist Francis Breyer sieht in der Tracht bemerkenswerte Übereinstimmungen mit Darstellungen auf äthiopischen Stelen. Er spricht sich für die Lokalisierung des Götterlandes in Nord-

Traditionelle Rundhütten im Tiefland von Eritrea

Fürstin des Weihrauchlandes Punt

ostafrika aus. Die Soldaten in Begleitung des ägyptischen Schatzmeisters sind eher als Schutztruppe zu verstehen. Denn Punt war das einzige der »Fremdländer«, das die Pharaonen nie eroberten.

Eine israelische Expedition untersuchte die Meeresfauna vor der eritreischen Küste. Die Zoologen sammelten mehr als 280 Fischarten. Im Vergleich mit den Abbildungen an den Tempelwänden versuchten sie, Punt zu lokalisieren. Doch die Reliefs erwiesen sich als zu ungenau für eine exakte Bestimmung, es gelang lediglich die Zuordnung zu Familien oder Gruppen. Das Fazit der Wissenschaftler: Einige der Meerestiere in Deir el-Bahari sind eindeutig tropischen oder subtropischen Ursprungs, sie kommen im Roten Meer, im Indischen Ozean und in der Golfregion vor.

Die erfolgreiche Mission nach Punt darf Hatschepsut als exklusive Leistung für sich verbuchen. Mit dem Import von Aromaharzen, Edelmetallen, Hölzern und anderen kostbaren Gütern kann die Herrscherin den aufwändigen Kultbetrieb weiter unterhalten. Amun weiht sie die wertvollsten Gaben. Als besonderes Geschenk will sie ihm neben dem Tempel einen Garten aus Weihrauch- und Myrrhebäumen anlegen und befiehlt, »im Gotttesland Bäume auszugraben«. Vermutlich brachten die Männer Setzlinge mit Wurzelballen, die besser transportiert und verpflanzt werden konnten. Der Erfolg der Aktion dürfte jedoch umstritten sein. Selbst wenn die Exemplare nach der langen Reise angewachsen sind, muss eine zufriedenstellende Ausbeute an Harz bezweifelt werden. Einen archäologischen Nachweis gibt es nicht. Was in den zahlreichen Pflanzgruben zu beiden Seiten der Tempelrampe einst gedieh, konnten die Experten bislang nicht feststellen. Wurzelreste, die vor dem Heiligtum aus der Erde geholt wurden, gehören zu anderen Baumarten. Der Versuch, Weihrauch und Myrrhe in Ägypten zu kultivieren, sollte wirtschaftliche Unabhängigkeit und jederzeit Zugriff auf den Rohstoff ermöglichen. Mythologisch gesehen, wollte Hatschepsut mit dem Garten eine Miniaturversion von Punt zaubern, um Amun zu erfreuen und einen für ihn angenehmen Ort zu bereiten. Wie Darstellungen in einigen Gräbern nahelegen, standen nach der Hatschepsut-Expedition Weihrauch- und Myrrhebäume regelmäßig auf der Importliste.

Der Reichsgott zeigt sich erfreut über die Zuwendung und versichert der Königin: »Die Puntbewohner ... ich habe sie freundlich gestimmt, damit sie dir Lobpreis spenden wie einem Gott, ob der Größe deiner Macht überall im Fremdland. Sie wissen, dass ich ihr Herr bin.« Die Verbindung der Wirtschaftsexpedition mit dem göttlichen Wirken Amuns, die Hatschepsut als Erste formulierte, findet unter ihren Nachfolgern mehr und mehr Eingang in die religiösen Texte. In einem Hymnus aus der Zeit Amenophis III. heißt es: »Ich lasse die Völker von Punt zu dir kommen, mit allen wohlriechenden Pflanzen ihrer Länder, um Frieden von dir zu erbitten und die Luft zu atmen, die du gibst.«

Auch die Tempeltexte der Spätzeit beschreiben die Macht des Pharao und die Besitzansprüche der Götter in Bezug auf Punt. Dass diese Thematik ausgerechnet im Tempel von Athribis einen neuen Höhepunkt fand, mag zunächst verwundern. Denn die Löwengöttin Repit, der das Heiligtum geweiht ist, stand ursprünglich nicht mit dem Weihrauchland in Verbindung. Doch der lokale Kult stellte ihr als Gatten Min, den Beschützer der Karawanen durch die Ostwüste und »Herrn von Punt«, zur Seite. In Athribis spielte er als Fruchtbarkeitsspender mit aufgerichtetem Penis die Hauptrolle. Noch heute kennen die Einheimischen die uralte Tradition. »Manchmal«, sagt Grabungsleiter El-Sayed, »kommen junge Frauen verschämt hierher und bitten uns, sie unauffällig auf das Gelände zu lassen. Es sind Kinderlose, die sich durch ein Ritual vor dem Bildnis des Gottes Hilfe versprechen.« Min gilt als einer der ältesten Götter Ägyptens, einige Forscher glauben, er sei schon in vordynastischer Zeit verehrt worden und stamme ursprünglich aus Afrika. Auf farbigen Darstellungen erschien sein Gesicht manchmal schwarz. Die so genannten Min-Hütten, die in Athribis häufig abgebildet sind, sollen vermutlich an die

Behausungen seiner Heimat erinnern. Einmal im Jahr, zum Fest der Gottheit, bauten die Gläubigen sie rund um die Tempel auf.

Auch gegenüber auf der Ostseite des Nils, in Achmim, stand Min hoch im Kurs. Schon im Alten Reich wurde der Ort gegründet und gewann als Verwaltungszentrum des 9. oberägyptischen Gaus schnell an Bedeutung. Über 37 Hektar erstreckte sich einst die blühende Metropole. Da die Fläche fast komplett überbaut ist, sind kaum Ausgrabungen möglich. Den Archäologen blutet das Herz, nehmen sie doch an, dass die Ruinen unter dem riesigen Schutthügel denen von Theben und Luxor gleichkommen. Die gewaltigen Heiligtümer Mins liegen zum großen Teil in Trümmern. Daher versprechen sich die Archäologen von den Inschriften im Athribis-Heiligtum neue Erkenntnisse über den geheimnisvollen Ur-Gott. Mindestens 1200 religiöse Hieroglyphentexte warten auf ihre Entschlüsselung. Noch weniger wissen die Experten bisher über den Kult seiner Gemahlin Repit, die schon in frühen Quellen aus dem 3. Jahrtausend vor Christus namentlich erwähnt ist. Als westliches Auge des Sonnengottes, wie einer ihrer Titel lautet, steht sie in Verbindung zu Mineralien, die sowohl aus der Ostwüste als auch aus Punt importiert wurden. Es verblüffte die Forscher, dass ihr von den Ptolemäern ein Tempel zugeeignet wurde, der zu den großen Anlagen jener Zeit gehört. Seine Lage am Wüstenrand nahe dem Ausläufer eines großen Wadi passt zu den Eigenschaften einer Löwengöttin. Oft fanden Naturbeobachtungen Eingang in die mythischen Vorstellungen der Alten Ägypter. So trotteten der Überlieferung nach die trächtigen Raubkatzen aus dem Gebirge hinunter zu den Ufern des Nils, um dort ihre Jungen zu gebären. Halb fürsorgliche Mutter, halb zorniges Raubtier brachte Repit Gefahr und Segen zugleich.

Über andere Löwengöttinnen wie Sekhmet wissen die Ägyptologen mehr. Die Mischwesen standen in Verbindung mit der jährlichen Überschwemmung, die Fruchtbarkeit schenkte und gleichzeitig mit schrecklichen Seuchen strafte. Um die Menschen zu retten, fungierten sie als Schutzherrinnen der Ärzte, und ihre Priester besaßen Kenntnisse in der Medizin. Das gesamte Ensemble von Athribis macht es wahrscheinlich, dass Gesundheit und Heilkunde im Heiligtum der Repit einen zentralen Stellenwert einnahmen. Vielleicht stellten kundige Hände in den Kammern Medizin aus seltenen Pflanzen und Kräu-

Darstellung des Gottes Bes

In Athribis fanden die Archäologen zahlreiche Inschriften über Weihrauch

tern her, die aus Punt importiert wurden. Die These scheint plausibel, denn verbürgt ist ein bescheidenes Asklepios-Heiligtum im steilen Felshang direkt neben der Ruine. Im Namen des griechischen Gottes der Heilkunst, Kräuterkunde und Chirurgie unterhielten die Priester florierende Pilgerstätten. Bis die zahllosen Texte ausgewertet sind, bleibt dies jedoch Spekulation.

Auch der zwergenhafte Bes hatte eine Kultstätte in Athribis. Den Quellen nach wanderte er ebenfalls aus Nordostafrika nach Ägypten ein. Seine hässliche Gestalt wirkte abschreckend auf Geister. Der krummbeinige Gnom genoss große Popularität. Zuverlässig schützte er Schwangere und Wöchnerinnen. »Zwergwüchsige Gottheiten sind in Ägypten schon von alters her bekannt«, sagt Rafed El-Sayed. »Auch Bes trägt den Beinamen ›Herr von Punt‹. Und in etlichen Schriftquellen wird hervorgehoben, dass unter den Wunderdingen, die von dort mitgebracht wurden, auch tanzende Zwerge waren. Sie erschienen den Leuten damals wohl als besonders exotisch. Mir ist beim Studium dieser Texte aufgefallen, dass das Wort ›Zwerg‹ ebenso wie das Wort ›Punt‹ nicht ägyptisch ist. Es stammt aus dem Kuschitischen. Und ich denke, dass wir das historische Punt dort zu suchen haben, wo damals kuschitisch gesprochen wurde.« Im Altertum umfasste der kuschitische Sprachraum den Südsudan, Eritrea und Teile Äthiopiens, eine der wenigen Regionen der Welt, in der Weihrauch und Myrrhe gedeihen. Dass dort das Punt der Ägypter zu suchen ist, dafür haben Experten wenigstens Indizien zusammengetragen. Doch warum fehlen noch handfeste archäologische Beweise?

Nach einem 30jährigen, erbarmungslosen Krieg mit Äthiopien errang Eritrea erst 1993 die Unabhängigkeit. Das Land verfügt über wenig finanzielle Mittel. So steht die Erforschung

Das Hochland von Eritrea, vermutlich Umschlagplatz für Waren aus Punt

des überwältigend reichen archäologischen Erbes erst ganz am Anfang. Bislang konnte die Wissenschaft bei der Identifizierung von Punt mit Ostafrika nur Funde aus Ägypten selbst heranziehen. Die Regionen, in denen das Gottesland zu vermuten ist, waren oder sind politische Krisengebiete, in denen kaum Grabungen stattgefunden haben. Jetzt, nach dem Ende der Kämpfe, haben die Fachleute wenigstens eine Bestandsaufnahme gemacht. Sie sind auf vielfältige Anzeichen für rege Handelsbeziehungen im Altertum gestoßen. Im Hochland, an der Straße von Asmara nach Keren, bietet sich ein atemberaubender Blick. Tief in die Berglandschaft eingeschnitten schmiegen sich Täler, an den Steilwänden haben die Bauern Terrassen angelegt. Dr. Yosief Libsekal, Leiter des Nationalmuseums von Asmara und Chefarchäologe des Landes, sagt mit weit ausholender Geste: »Allein in der Senke da vorne kennen wir fünf prähistorische Stätten. In ganz Eritrea wissen wir inzwischen von mehr als 40 000 Fundplätzen. Wir haben keine Ahnung, wie wir das bewältigen sollen!«

Auch heute noch wachsen in Eritrea Weihrauchbäume, sogar eine große Menge, doch das Gebiet ist ausgesprochen schwer zu erreichen. Die Reise führt durch die »Lowlands«, eine Savannenlandschaft mit riesigen Baobabbäumen und Rundhüttendörfern – Afrika wie aus dem Bilderbuch. Bevor die Kolonialmächte hemmungslos ihrer Leidenschaft für die Großwildjagd frönten, lebten Tausende von Elefanten in der Region. Von der Provinzstadt Barentu führt eine Staubpiste bis zu dem kleinen Nest Tokumbia unweit der sudanesischen Grenze. Ab dort wird das Gelände völlig unwegsam. Der Inspektor der Weihrauchgenossenschaft bahnt sich den Weg mit einem schweren, vorsintflutlichen Armeelaster der Marke »Ural«, gebaut in der ehemaligen Sowjetunion.

Der eritreische Weihrauchbaum unterscheidet sich durch hohen Wuchs und papierartige Rinde von der arabischen Variante.

Zwei Stunden rumpelt der altersschwache Truck durch ausgetrocknete Flusstäler und über Stock und Stein, dann hält er in einer Hügellandschaft. Mit großen Körben klettern Arbeiter die steilen Hänge empor. Weihrauchbäume brauchen eine bestimmte Höhenlage und ein trockenes Klima, um gedeihen zu können. Sie wachsen wild. Die Gewinnung des kostbaren Harzes läuft ab wie vor Tausenden von Jahren: Mit einem scharfen Messer schaben die Männer die Rinde des Baumes ab. Dann fängt der Baum an zu »weinen«, dicke Tropfen treten hervor und härten innerhalb von zwei bis drei Wochen zu weißen »Tränen« aus. »Der Schweiß der Götter«, wie die Menschen im Altertum sagten. Wenn die Perlen vom Stamm abgekratzt werden, öffnet sich die Wunde wieder, nach einiger Zeit folgt die nächste Ernte. Sechs Monate, von November bis April, dauert die Saison, dann dürfen die Bäume ein halbes Jahr ruhen. In der Weihrauchgenossenschaft Keren sortieren fleißige Hände die kleinen und großen Brocken. Die Kenner unterscheiden sechs verschiedene Qualitäten. Die billigste ist stark mit Rindenstückchen verunreinigt, die beste besteht aus großen, bernsteinfarbigen Stücken. Im Krieg kam die Produktion zum Erliegen, inzwischen exportiert Eritrea wieder Weihrauch, unter anderem nach Europa und nach Ägypten.

Die Lowlands lieferten einst neben Weihrauch auch Elfenbein und Gold, das bis heute in den Flüssen gewaschen wird. Die Produkte gelangten auf zwei Wegen zu den Pharaonen: zu Wasser und zu Lande. Rodolfo Fattovitch führte vor einigen Jahren an der Grenze zum Sudan, unweit der Weihrauchwälder, am Fluss Gash Ausgrabungen durch, die keine Zweifel daran lassen: Auch über das Niltal lief der Fernhandel bis nach Ägypten. Allerdings barg die Route große Risiken. Schmuggler und Räuberbanden lauerten den Karawanen auf, Zwischenhändler erhoben unterwegs hohe Zölle auf die Luxuswaren. Und politische Konflikte machten die Strecke oft unpassierbar. Um per Schiff ihren Bestimmungsort zu erreichen, mussten die Güter aus der Savanne über das abessinische Hochland bis an die Küste gebracht werden. Den antiken Umschlagplatz glaubt Yosief Libsekal inzwischen zu kennen.

Das Qohaito-Plateau in Eritrea ist eine Schatztruhe für die Archäologie. Auf 32 Quadratkilometern, 2600 Meter über dem Meeresspiegel, liegen 90 Fundstellen aus den unterschiedlichsten Epochen. Etliche Tempelruinen mit meterhohen Säulen stehen mitten in der Landschaft. Sie stammen aus der Zeit des Königreiches von Axum, etwa um Christi Geburt. Aber Scherben oder Tonidole, die Bauern im Gelände finden, beweisen, dass unter der Oberfläche noch viele ältere Siedlungsschichten schlummern. Yosief Libsekal folgt einem schmalen Fußweg. Er endet an der steilen Kante des Plateaus. Von dort aus geht der Blick auf einen alten, gepflasterten Pfad. In steilen Kurven windet er sich in die schwindelerregende Tiefe, bevor er im blauen Dunst der Ferne verschwimmt. »Er ist breit genug für Lasttiere. Wir haben ausprobiert, wie lange man vom Plateau mit Kamelen und Eseln bis hinunter an die Küste braucht. Es sind maximal drei Tage, aber wenn man es eilig hat, schafft man es auch in zwei.«

Die Hochebene präsentiert sich als idealer Umschlagplatz für Waren aller Art. Nach Westen ist sie mit den Lowlands verbunden, die Gold, Weihrauch und Elfenbein lieferten. Der Höhenzug erstreckt sich weiter nach Süden, bis ins heutige Äthiopien. Von dort führen wiederum Verbindungswege bis tief ins Innere Afrikas. Alle Kostbarkeiten konnten in kurzer Zeit zum Meer geschafft werden. Bisher blieben die Ruinenkomplexe bis auf kleine Sondierungen fast unberührt. Nur groß angelegte Ausgrabungen vermögen das Rätsel des Plateaus zu enthüllen. Vielleicht schlummert der endgültige Beweis für die Punt-These unentdeckt unter der Oberfläche.

Nur wenige Kilometer Luftlinie entfernt, präsentiert sich mit den Ruinen von Kaskase eine weitere imposante Fundstätte. Riesige, unvollendete Stelen liegen verstreut zwischen einem Gestrüpp aus Kakteen. Auf einem Bruchstück blieb eine Inschrift erhalten. Der Text verrät aber nur den Namen der Stifter. Vermutlich handelt es sich um ein Ahnendenkmal. Auffallend ist jedoch, dass die Buchstaben sabäisch sind. Das Reich der Sabäer, berühmt durch Weihrauchhandel und die Königin von Saba, lag auf der Arabischen Halbinsel am jenseitigen Ufer des Roten Meeres, im heutigen Jemen. Noch sind die Monumente von Kaskase, wie die meisten Stätten in Eritrea, nicht eindeutig datiert. Yosief Libsekal glaubt, dass die Hinterlassenschaften aus dem 7.–5. Jahrhundert vor Christus stammen. Auf jeden Fall belegen sie eine frühe Verbindung zwischen Arabischen und dem Horn von Afrika. Die Meerenge Bab-el-Mandab, die schmalste Stelle zwischen den Küsten, ist nur 27 Kilometer breit, sie konnte leicht überwunden werden. Die Klärung der Beziehung zwischen den beiden Weihrauchgebieten und ihren Bewohnern bleibt eine wichtige Aufgabe für die Forschung. Niemand weiß bisher, ob die Sabäer friedlich auf den afrikanischen Kontinent vorstießen und dort vielleicht Handelskolonien gründeten oder ob es zu kriegerischen Auseinandersetzungen und gewaltsamer Eroberung kam. Einige Archäologen glauben sogar, dass die Sabäer eigentlich aus dem heutigen Eritrea stammen. Die Ruinenstätte von Kaskase legt jedenfalls den Schluss nahe, dass die beiden Seiten des Roten Meeres nicht als streng getrennte Kulturräume zu betrachten sind.

Der Saumpfad vom Qohaito-Plateau an die Küste führt zu der kleinen Siedlung Zula. Auf der Fahrt vom Hochland zum Meer hinunter durchquert der Besucher verschiedene Klimazonen, er fühlt den kühlen Bergwind des Hochlands die frühlingshaften Temperaturen auf halber Strecke und die tropische Hitze nahe am Wasser. »Drei Jahreszeiten in acht Stunden«, sagen die Einheimischen. In der Nähe von Zula dehnt sich ein gewaltiges Ruinenfeld unter dem Wüstensand. Fast 200 Quadratkilometer umfassen die Überreste der antiken Hafenstadt Adulis, die ein Seefahrerhandbuch bereits im 1. Jahrhundert nach Christus verzeichnet. 1906 betätigte sich dort ein schwedischer Missionar als Hobby-Archäologe, wie tiefe Gräben heute noch zeigen. Doch machte er kaum Aufzeichnungen über die Funde. Schon mit bloßem Auge ist zu sehen, dass unter der Oberfläche ältere Siedlungsschichten verborgen sind. »Eine Grabung in Adulis«, so meint Yosief Libsekal, »könnte genau so aufsehenerregende Funde bringen wie Troja!« Vor 1500 Jahren entdeckte ein Reisender dort eine ptolemäische Stele aus dem 3. Jahrhundert vor Christus. Die Inschrift berichtet vom Handel mit Kriegselefanten, ein direkter Beleg für Beziehungen mit Ägypten in der Spätzeit der Pharaonen. Das Objekt ist leider längst verschollen. Da die Ruinen von Adulis nur zwei Kilometer vom Meer entfernt liegen, suchen eritreische Ausgräber inzwischen am Ufer nach der antiken Hafenanlage.

Weihrauch, Myrrhe, Ebenholz, Gold und exotische Tiere, alle kostbaren Waren aus dem einstigen Märchenland Punt bietet Ostafrika im Raum Eritrea, Südsudan und Äthiopien. Vermutlich vertrieben unterschiedliche Stämme ihre Produkte im Rahmen eines Handelsnetzwerkes über Jahrtausende alte Karawanenstraßen oder übers Meer. Nannten die Ägypter dieses Netzwerk »Punt«? Unscheinbare Objekte aus der Grabung von Rodolfo Fattovitch in Marsa Gawasis fügen dem Bild eine weitere Facette hinzu. In den Wüstenhöhlen fand er einzelne Scherben, die unzweifelhaft aus dem südlichen Jemen stammen, aus der Zeit um 2000 vor Christus. »Das muss nicht unbedingt heißen, dass die Ägypter selbst nach Arabien gefahren sind. Wir haben in Gawasis Reste von Ebenholz, das ist eindeutig afrikanisch. Und auch alle anderen archäologischen Erkenntnisse zeigen, dass ›Punt‹ in jedem Fall zu großen Teilen in Ostafrika gelegen haben muss. Aber in Eritrea gibt es ja genügend Hinweise auf Kontakte mit der Arabischen Halbinsel, so könnten auch die Scherben über Ostafrika nach Ägypten gelangt sein. Auf jeden Fall müssen wir davon ausgehen, dass Südarabien zumindest zeitweise Teil des Netzwerkes namens ›Punt‹ gewesen ist.«

Soviel lässt sich inzwischen sagen: Die pharaonischen Schiffsexpeditionen – auch die der Hatschepsut – segelten in jedem Fall von Marsa Gawasis bis zu den Umschlagplätzen an der Küste Ostafrikas. Dort gab es ausnahmslos alle Produkte, die mit »Punt« in Verbindung gebracht werden. Ob die Flotte dann noch zusätzlich Weihrauch im Jemen aufnahm oder über Zwischenhändler erwarb, darüber kann nur spekuliert werden. Nach rund drei bis vier Monaten kehrten die Delegationen gewöhnlich zurück. Die Männer hatten Amuns Auftrag erfüllt. »Niemals wurde dergleichen durch irgendeinen König, der seit Urzeit der Erde existiert hat, erbracht«, lässt Hatschepsut stolz in der Punthalle einmeißeln. Sie hat bewiesen, dass ihre Macht in die Ferne, bis zu den Fremdländern reicht. Sie hat die Sehnsucht der Untertanen nach dem Paradies und seinen Wunderdingen gestillt. Und sie hat die heiligen Substanzen, die in den Tempeln für den Kult unentbehrlich sind, herbeigeschafft. Politisch und wirtschaftlich ist der tatkräftigen Frau auf dem Thron ein Meisterstück geglückt.

Die Versorgung mit ausreichend Weihrauch war keine ganz leichte Aufgabe für die Herrscher Ägyptens. Das Aromaharz gehörte zu den begehrtesten Kostbarkeiten des Altertums, wurde es doch nicht nur im Kult, sondern auch in der Kosmetik und Medizin verwendet. Weihrauch galt als sehr heilkräftig und wurde gegen fast alle Leiden eingesetzt – von Entzündungen hin bis zum Krebs. In manchen arabischen Ländern hüllen sich die Frauen noch heute in die duftenden Schwaden, bevor sie den Geliebten empfangen. Zur Deckung des ungeheuren Bedarfs dürften die Schiffsexpeditionen allein nicht genügt haben. Die größten Mengen kamen mit Sicherheit immer über Land nach Ägypten. Der Transport auf Karawanen gehörte zum Alltag und wurde nicht als heilige Mission deklariert. Daher existieren darüber auch weniger Quellen. Die Route nach Ostafrika entlang des Niltals durchquert das kuschitische Reich. Die Beziehung Ägyptens zu dem südlichen Nachbarn prägten häufig kriegerische Auseinandersetzungen. In friedlichen Zeiten, wenn der Handel florierte, mussten die Karawanen hohe Zölle an die Anrainer entrichten. Denn wer das Geschäft mit dem Weihrauch kontrollierte, hatte den Schlüssel zu sagenhaften Reichtümern in der Hand. Bekannt sind die Machtkämpfe um die berühmte Weihrauchstraße vom Süden der Arabischen Halbinsel bis zum Endhafen Gaza am Mittelmeer. Die Zwischenhändler, die entlang der Handelsrouten lebten, hatten also keinerlei Interesse daran, dass die Pharaonen auf dem Meer ihren Claim umgingen.

Nach dem Ende des Neuen Reiches wurde der Seeweg ins Gottesland unpassierbar. Denn den Zugang zum Roten Meer durch die Ostwüste machten Beduinenbanden unsicher. Seit jeher fürchteten die Ägypter die Überfälle der »Asiaten«. Ein Text aus dem Alten Reich berichtet, wie sogar eine ganze Expedition mit Hunderten von Teilnehmern bis zum letzten Mann niedergemetzelt wird. Ab etwa 1070 vor Christus, der Epoche der so genannten »3. Zwischenzeit«, erschüttern Kriege, Hungersnöte und Aufstände das Land am Nil. Die Pharaonen sind geschwächt, werden der Wüstenbewohner nicht Herr und bringen auch nicht mehr die Mittel auf, große Expeditionen auf die Beine zu stellen. Über Jahrhunderte wird es in den Schriftquellen ruhig um Punt, das Gottesland. Bis die ptolemäischen Fremdherrscher mit ihrer straffen militärischen Organisation den Weg durch die Wadis wieder sichern und ein neues Kapitel der Handelsgeschichte beginnt.

Von daher ist das Bildprogramm zum Thema Punt in Athribis eine Sensation: Nach einer Pause von fast tausend Jahren erwacht der Mythos Punt zu neuem Leben. Professor Christian Leitz hat im Allerheiligsten ein ungewöhnliches Relief entdeckt. Eine lange Prozession trägt Gefäße mit Spezereien herbei. Auf jedem der Töpfe sind winzige Hieroglyphen zu sehen: Sie bezeichnen den Inhalt sowie die Menge, eine Art Etikett. Offenbar handelt es sich um ein Rezept, um die Zutaten für eine Räuchermischung, die Priester im Tempel herstellten. »Jeder der abgebildeten Götter ist der Repräsentant eines ägyptischen Kalendertages«, erklärt der Archäologe. »Rechnet man das Ganze in unser Kalendersystem um, dann stellt man fest, dass dieses monumentale Rezept etwa im November beginnt. Das ist sicher kein willkürliches Datum. Sondern der Zeitpunkt, an dem, bedingt durch die Wind- und Strömungsverhältnisse des Roten Meeres, die Punt-Expeditionen mit den nötigen Zutaten in Ägypten ankommen konnten.«

Um die Mischungen zu bereiten, verfügte Athribis über ein eigenes Laboratorium. Die Wandinschriften besagen, der Pharao habe den Raum errichtet, damit darin alle Wohlgerüche für seinen göttlichen Vater Min und seine Mutter Repit hergestellt werden. Aus der Literatur ist bekannt, dass die Priester morgens Weihrauch und mittags Myrrhe opferten, am Abend aber verbrannten sie besondere Mixturen. Einige überlieferte Rezepte bestehen aus 16 verschiedenen Zutaten. Die Herstellung des heiligen Duftes war kompliziert, sie konnte Tage oder sogar Wochen in Anspruch nehmen. Die bekannteste Mischung hieß »Kyphi«.

Mehr als 2000 Jahre nach der Entstehung des Punt-Mythos beschwört der Tempel der Löwengöttin von Athribis die Legende vom Gottesland und seinen Wohlgerüchen wieder herauf. Das hatte politische Gründe. Mit dem Bildprogramm und der einzigen detaillierten Darstellung sämtlicher Weihrauchbaumarten, insbesondere auch durch den Kult des Min, des Beschützers der Ostwüste und der Handelskarawanen, machte der Pharao klar: Er konnte seine wichtigsten Pflichten erfüllen. Er war in der Lage, Handel mit den Fremdländern zu treiben, Weihrauch und Myrrhe für die Götter herbeizuschaffen und sie zufriedenzustellen – Propaganda in Stein. Schon Hatschepsut legitimierte ihre Macht als Frau auf dem Thron durch die aufwändige Expedition ins ferne Gottesland. Die Ptolemäer hingegen mussten sich als Fremdherrscher behaupten und sich auch gegen die Römer durchsetzen. Doch während die Expedition der Hatschepsut tatsächlich eine gefährliche Fahrt ins Ungewisse war, konnten die Schiffe der Spätzeit die Küste Ostafrikas und Arabiens relativ problemlos erreichen. Seit dem 3. Jahrhundert vor Christus erschlossen die Ptolemäer ganz systematisch die Seewege auf dem Roten Meer, um die Zwischenhändler und ihre Monopole gezielt zu umgehen. Sie gründeten neue Häfen, außerdem hatten sich die nautischen Kenntnisse entscheidend weiterentwickelt. Womöglich war zur Zeit von Athribis sogar schon der Seeweg nach Indien bekannt, jedenfalls stand der Durchbruch kurz bevor. In jener Zeit liegen die Anfänge eines globalisierten Welthandels. Und so war es auch nicht mehr der Pharao selbst, der Expeditionen ausrüsten musste. Kaufleute betrieben das Geschäft professionell, investierten in Flotten und verkauften die Waren ans Herrscherhaus in Alexandria. »Punt-Fahrten« waren nun rundum kommerziell und durchorganisiert.

Das Punt der Ptolemäer war sicher ein anderes als das des Alten bis Neuen Reiches. Die Sage vom Götterland in Afrika hatte ihren Ursprung in grauer Vorzeit. Noch die Bildwelt von Athribis zitiert die uralten, überlieferten Motive: exotische Tiere, Zwerge, Aromaharzbäume. Für die geschäftstüchtigen hellenistischen Kaufleute lag Punt jedoch überall dort, wo es Luxusgüter, insbesondere Weihrauch und Myrrhe gab. Auch die Lieferanten hatten sich verändert: Am Horn von Afrika war das mächtige Reich von Axum entstanden, vielleicht genau aus jenem Handelsnetzwerk, das die Ägypter »Punt« nannten. Die Ptolemäer bewahrten die Idee vom uralten Gottesland, den Traum vom Paradies, eines der stärksten Motive, das die Menschheit von Anbeginn kennt. Der Mythos überlebte die gesamte Geschichte Ägyptens. Der Tempel von Athribis zeigt den letzten Abglanz der Punt-Legende. Die Tochter des Bauherren, Kleopatra, verlor das Ägyptische Reich endgültig an die Römer. Damit starb auch die Vision von Punt. Bis Forscher begannen, danach zu suchen.

Ausgewählte Literatur

Der Nibelungen-Code

Bauch, Mario, *Wer waren die Nibelungen wirklich? Die historischen Hintergründe der germanischen Heldensagen*, Berlin 2006

De Boor, Helmut (Hrsg.), *Das Nibelungenlied*, Köln 2004

Ehrismann, Otfrid; *Das Nibelungenlied*, München 2005

Ehrismann, Otfrid, *Nibelungenlied. Epoche – Werk – Wirkung*, München 2002

Fasbender, Christoph (Hrsg.), *Nibelungenlied und Nibelungenklage. Neue Wege der Forschung*, Darmstadt 2005

Gallé, Volker (Hrsg.), *Nibelungen Edition Band 1. Siegfried – Schmied und Drachentöter*, Worms 2005

Genzmer, Felix (Übers.), *Das Nibelungenlied*, Stuttgart 2005

Genzmer, Felix (Übers.), *Die Edda*, München 1997

Grimm, Wilhelm, *Die deutsche Heldensage*, Gütersloh 1889

Hagen, Friedrich Heinrich von der (Übers.), *Die Thidrekssaga*, St. Goar 1989

Hube, Hans-Jürgen (Übers.), *Beowulf*, Wiesbaden 2005

Hansen, Walter, *Die Spur des Helden*, Bergisch Gladbach 1993

Hansen, Walter, *Die Spur des Sängers. Das Nibelungenlied und sein Dichter*, Bergisch Gladbach 1987

Hansen, Walter, *Wo Siegfried starb und Kriemhild liebte. Die Schauplätze des Nibelungenliedes*, München 2004

Härd, John Evert, *Das Nibelungenepos. Wertung und Wirkung von der Romantik bis zur Gegenwart*, Tübingen-Basel 1996

Heinzle, Joachim; Klein, Klaus; Obhof, Ute (Hrsg.), *Die Nibelungen. Sage – Epos – Mythos*, Wiesbaden 2003

Hoffmann, Werner, *Das Siegfriedbild in der Forschung*, Darmstadt 1979

Krogmann, Willy, *Der Dichter des Nibelungenliedes*, Berlin 1962

Müller, Jan-Dirk, *Spielregeln für den Untergang – Die Welt des Nibelungenliedes*, Tübingen, 1998

Schmoeckel, Reinhard, *Deutsche Sagenhelden und die historische Wirklichkeit*, Hildesheim 1995

Vogel, Ingeborg, *Gesta Theoderici. Eine frühe Quelle der Dietrichsage*, Heidelberg 1970

Walther von der Vogelweide, *Werke Band 1: Spruchlyrik*, Stuttgart 1994

Wolfram von Eschenbach, *Parzifal, Band 1*, Stuttgart 1981

Zatloukal, Klaus (Hrsg.), *2. Pöchlarner Heldenliedgespräch. Die historische Dietrichepik*, Wien 1992

Das Phantom von Uruk – Fahndung nach König Gilgamesch

Cavigneaux, Antoine; Al-Rawi, Farouk, N. H., *Gilgamesch et la Mort. Texts de Tell Haddad VI, in: Cuneiform Monographs 19*, Groningen 2000

George, Andrew, *The Epic of Gilgamesch*, London 2003

Grundy, Stephan, *Gilgamesch. Herr des Zweistromlandes*, Frankfurt 1999 (Roman)

Hrouda, Bartel, *Mesopotamien*, München 2005

Kramer, Samuel N., *Sumerian Mythology*, Philadelphia 1972

Maul, Stefan, *Das Gilgamesch-Epos*, München 2005

Nissen, Hans Jörg, *Geschichte Alt-Vorderasiens*, München 1999

Pusch, Edgar P., *Der kleine Gilgamesch. Eine Geschichte aus dem Land Mesopotamien*, Mainz 2004
Ranke, Hermann, *Das Gilgamesch-Epos. Der älteste überlieferte Mythos der Geschichte*, Wiesbaden 2006
Schrott, Raoul, *Gilgamesch*, Frankfurt 2003
Selz, Gebhard J., *Sumerer und Akkader. Geschichte – Gesellschaft – Kultur*, München 2005
Soden, Wolfram Freiherr von, *Der Alte Orient. Eine Einführung*, Darmstadt 1992/2006
Uhlig, Helmut, *Die Sumerer. Ein Volk am Anfang der Geschichte*, Bergisch-Gladbach 1992

Im Bann des Priesterkönigs – Suche nach den drei Indien

Baum, Wilhelm, *Die Verwandlungen des Mythos vom Reich des Priesterkönigs Johannes*, Klagenfurt 1999
Brincken, Anna-Dorothee von den, *Presbyter Johannes, Dominus Dominantium, ein Wunsch-Weltbild des 12. Jahrhunderts, in: Ornamente Ecclesiae (Ausstellungs-Katalog) Bd. 1*, Köln 1985, S. 83–97
Brincken, Anna-Dorothee von den, *Finis Terrae. Die Enden der Erde und der vierte Kontinent auf mittelalterlichen Weltkarten (MGH Schriften 36)*, Hannover 1992
Buchan, John, *Prester John*, Oxford 1994
Kaltenbrunner, Gerd-Klaus, *Johannes ist sein Name. Priesterkönig, Gralshüter, Traumgestalt*, Zug 1993
Knefelkamp, Ulrich, *Die Suche nach dem Reich des Priesterkönigs Johannes*, Gelsenkirchen 1986
Knefelkamp, Ulrich, *Europa auf der Suche nach dem Erzpriester Johannes*, Forschungsstiftung für Vergleichende Europäische Überseegeschichte 1990
Runciman, Steven, *Geschichte der Kreuzzüge*, München 1995
Schmieder, Felizitas, *Europa und die Fremden. Die Mongolen im Urteil des Abendlandes vom 13. bis in das 15. Jahrhundert (Beiträge zur Geschichte und Quellenkunde des Mittelalters 16)*, Sigmaringen 1994
Silverberg, Robert, *The Realm of Prester John*, 2001
Wagner, Bettina, *Die ›Epistola presbiteri Johannis‹*, Tübingen 2000

Der Riese Goliath – Auf den Spuren der Seevölker

Bietak, Manfred, *The Sea Peoples and the End of the Egyptian Administration in Canaan, in: Biblical Archaeology Today, S. 292–306. Proceedings of the Second International Congress on Biblical Archaeology*, Jerusalem 1990
Bretschneider, Joachim; Linsmeier, Klaus-Dieter, *Das Omen von Ugarit. Spektrum der Wissenschaft*, S. 64–70, Juli 2006
Cifola.B., *Ramses III and the Sea Peoples. A Structural Analysis of the Medinet Habu Inscriptions*, S. 275–306, Orientalia NS 57, 1988
Dothan, Trude und Moshe, *Die Philister. Zivilisation und Kultur eines Seevolkes*, München 1995
Ehrlich, Carl, *The Philistines in Transition. A History from 1000–730 B. C.*, Leiden 1996
Lehmann, Gustav Adolf, *Umbrüche und Zäsuren im östlichen Mittelmeerraum und Vorderasien zur Zeit der Seevölker-Invasion um und nach 1200 vor Christus. Neue*

Quellenerzeugnisse und Befunde, in: Historische Zeitschrift 262, S. 1–38, München 1996
Lenz, Dirk, *Vogeldarstellungen in der Ägäischen und Zyprischen Vasenmalerei des 12. bis 9. Jahrhunderts vor Christus. Untersuchungen zu Form und Inhalt*, Rahden 2003
Litt, Thomas, *Holozäne Vegetations- und Klimageschichte im Einzugsgebiet des Toten Meeres. Berichte der Reinhold-Tüxen-Gesellschaft*, Hannover 2005
Reden, Sybille von, *Auf der Spur der ersten Griechen. Woher kamen die Mykener?* Köln, 1981
Sanders, Nancy K., *The Sea Peoples. Warriors of the Ancient Mediterranean 1250–1150 B. C.*, London 1978
Schuchardt, Karl, *Schliemanns Ausgrabungen in Torja. Ithaka im Lichte der heutigen Wissenschaft, in: Brockhaus*, Leipzig 1890
Stone, Bryan, *The Philistines and Acculturation: Culture Change and Ethnic Continuity in the Iron Age, in: Bulletin of the American Schools of Oriental Research 298*, S. 7–35, Jerusalem 1995
Velikovsky, Immanuel, *Die Seevölker*, Frankfurt am Main 1978
Wood, Bryant G., *The Philistines Enter Canaan: Were the Egyptian Lackeys or Invading Conquerers? In: Biblical Archaeological Review 17/6*, S. 44–52 und 89–92, 1992
Wood, Michael, *Der Krieg um Troja. Geschichte der Stadt, ihrer Wiederentdeckung und der neuesten Grabungen*, Frankfurt am Main 1985

Kleopatras schwarze Schwestern – Die Königinnen von Kusch

Hornung, Erik (Übers./Hrsg.), *Das Totenbuch der Ägypter*, Zürich/München 1979
Lepsius, Richard, *Briefe aus Ägypten, Äthiopien und der Halbinsel des Sinai*, Berlin 1852
Priese, Karl-Heinz, *Das Gold von Meroe*, Berlin/Mainz 1992
Scholz, Piotr O., *Nubien. Geheimnisvolles Goldland der Ägypter*, Stuttgart 2006
Specht, Agnete von (Hrsg.), *Lepsius – Die deutsche Expedition an den Nil. Ausstellungskatalog*, Berlin 2007
Specht, Edith (Hrsg.); Zach, Michael, *Meroe. Mythos und Realität einer Frauenherrschaft im antiken Ägypten, in: Nachrichten aus der Zeit. Ein Streifzug durch die Frauengeschichte des Altertums, Reihe Frauenforschung Band 18*, Wien 1992
Wenig, Steffen, *Ed. Meroitica 21, Neueste Feldforschung im Sudan und in Eritrea: Akten des Symposiums vom 13. bis 14. Oktober 1999 in Berlin*, Wiesbaden 2004
Wenig, Steffen (Hrsg.); Lohwasser, Angelika, *Die königlichen Frauen im antiken Reich von Kusch. 25. Dynastie bis zur Zeit des Nastasen*, Wiesbaden 2001
Wenig, Steffen, *Zur Deutung der Großen Anlage von Musawwarat es-Sufra, in: Nürnberger Blätter zur Archäologie, Sudan Sonderheft 1999, Festschrift Steffen Wenig*, Nürnberg 1999
Wildung, Dietrich (Bearb.), *Sudan. Antike Königreiche am Nil. Ausstellungskatalog Kunsthalle der Hypo-Kulturstiftung*, München 1996
Willeitner, Joachim, *Nubien. Antike Monumente zwischen Assuan und Khartum*, München 1997
Zibelius-Chen, Karola, *Die ägyptische Expansion nach Nubien*, Wiesbaden 1988

Weihrauch für den Pharao – Aufbruch nach Punt
Desroches-Noblecourt, Christiane, *Hatschepsut*, Köln 2007 (Roman)
Fagan, Brian (Hrsg.), *Die siebzig großen Geheimnisse großer Kulturen*, Frankfurt 2001
Fabre, David, *Seafaring in Ancient Egypt*, London 2004
Herzog, Rolf, *Punt*, Glückstadt 1968
Manley, Bill, *Die siebzig großen Geheimnisse des Alten Ägyptens*, London 2007
Manniche, Lise, *An Ancient Egyptian Herbal*, London 1989
Martinetz, Dieter; Lohs, Karlheinz; Janzen, Jörg, *Weihrauch und Myrrhe, Kulturgeschichte und wirtschaftliche Bedeutung. Botanik, Chemie, Medizin*, Stuttgart 1989
O'Connor, David B., *Ancient Nubia: Egypt's rival in Africa*, Philadelphia 1992.
Schulze, Peter H., *Herrin beider Länder – Hatschepsut*, Bergisch Gladbach 1976
Tildesley, Joyce, *Hatschepsut. Der weibliche Pharao*, München 2002
Vandenberg, Philipp, *Das Tal der Pharaonen*, Bergisch Gladbach 2003
Wenig, Steffen, *In Kaiserlichem Auftrag. Die Deutsche Aksum Expedition 1906 unter Enno Littmann. Forschungen zur Archäologie Außereuropäischer Kulturen Band 3.1*, Aichwald 2006

Bildnachweis

S. 8 Handschrift des Nibelungenliedes aus dem 13. Jahrhundert (Hohenemser Nibelungenlied); Quelle: Badische Landesbibliothek Karlsruhe • S. 11 Links: Jacob Hermann Obereit; Quelle: Badische Landesbibliothek Karlsruhe; rechts: Wolfger von Erla, auch Wolfger von Passau; Quelle: Dietmar Klinger Verlag, Foto: Dionys Asenkerschbaumer, Kellberg • S. 14 Links: Figurine der Uraufführung der Oper ›Siegfried‹ von Richard Wagner. Farblithographie nach Karl Emil Doepler; Quelle: akg-images, Berlin; rechts: Zeichnung von Johann Heinrich Füssli ›Brunhild beobachtet den von ihr gefesselt an der Decke aufgehängten Gunther‹ (1807); Quelle: akg-images • S. 19 Links: Gemälde von Julius Schnorr von Carolsfeld ›Streit der Königinnen‹, Residenz München; Quelle: ZDF; rechts: Das Nordportal des Wormser Doms, vor dem der Streit der Königinnen stattgefunden haben soll; Quelle: Walter Hansen, aus: ›Wo Siegfried starb und Kriemhild liebte‹, dtv 34098 • S. 21 Links: Hagens Mord an Siegfried, Gemälde von Julius Schnorr von Carolsfeld, Residenz München; Quelle ZDF; rechts: ›Siegfrieds Tod‹, Fresko von W. Hauschild; Quelle: Bildarchiv Preussischer Kulturbesitz, Berlin • S. 22 Links: Hagen-Denkmal (1905 von Johann Hirt) in Worms; Quelle: akg-images; rechts: Das Kloster Lorsch in Hessen. Nach dem Nibelungenlied soll Siegfried hier seine letzte Ruhestätte gefunden haben: Quelle: Filmszene ZDF • S. 26 Heinrich VI. und Philipp von Schwaben, aus: Die deutschen Kaiser, Farbdruck-Tafeln; Quelle: Universitätsbibliothek Braunschweig • S. 31 Links: Hermannsdenkmal im Teutoburger Wald; Quelle: Filmszene ZDF; rechts: War die sogenannte Schlacht im Teutoburger Wald Vorbild für Siegfrieds Drachenkampf im Nibelungenlied? Römischer Offizier mit Gesichtsmaske; Quelle: Filmszene ZDF • S. 33 Links: Rüdiger freit für König Etzel um Kriemhild, Farblithographie um 1910; Quelle: akg-images; rechts: Attila (Etzel), Porträtrelief in Medaillenform, italienische Arbeit aus dem 16. Jahrhundert; Quelle: akg-images • S. 37 Links: Auf der Reise zum Hof König Etzels versucht Hagen, einen Priester zu ertränken; Quelle: Filmszene ZDF; rechts: Volker von Alzey, Spielmann am Hof der Burgunder. Skulptur von Georg Wrba in Worms; Quelle: akg-images • S. 41 Gemälde von Julius Schnorr von Carolsfeld, Residenz München; Quelle: ZDF • S. 49 Links: Theoderich der Große, Kupferstich aus dem 17. Jahrhundert; Quelle: akg-images; rechts: Stephan I., der Heilige, König von Ungarn, Reiterstandbild in Budapest; Quelle: akg-images • S. 50 Der Lindenbrunnen in Heppenheim, der Siegfriedbrunnen in Odenheim, der Lindelbrunnen in Hiltersklingen: alle nehmen für sich in Anspruch, der »Tatort« von Siegfrieds Ermordung zu sein; Quelle: Walter Hansen, aus: ›Wo Siegfried starb und Kriemhild liebte‹, dtv 34098 • S. 53 Links: Dienten die 12 Recken des Nibelungenliedes als Vorlage für die 12 Apostel des Aposteltores von St. Stefan in Tulln? Quelle: Walter Hansen, aus: ›Wo Siegfried starb und Kriemhild liebte‹, dtv 34098 • rechts: Das Gefängnis von Richard Löwenherz: die Burg Dürrnstein im Donautal; Quelle: Walter Hansen, aus: ›Wo Siegfried starb und Kriemhild liebte‹, dtv 34098 • S. 54 Links: Die Burg Aggstein im Donautal. Hier soll der Sage nach der Amelungenschatz des Dietrich von Bern ruhen: Quelle: ZDF; rechts: Das Vorbild für die Etzelburg des Nibelungenliedes: die Königsburg der Arpaden bei Gran; Quelle: Walter Hansen, aus: ›Wo Siegfried starb und Kriemhild liebte‹, dtv 34098 • S. 58 Kolossalstatue des Gilgamesch aus dem Palast Sargons II. in Chorsabad; Quelle: akg-images • S. 60 Links: Sir Austen Henry Layard, englischer Politiker und Altertumsforscher, Foto um 1865; Quelle: akg-images; rechts: Monumentaler geflügelter Stier mit Menschenkopf, Eingang zur Zitadelle Sargons II. in Chorsabad; Quelle: akg-images • S. 61 Ninive, Königspalast, Aquarell nach einer Rekonstruktionszeichnung von A. H. Layard; Quelle: akg-images • S. 62 Links: Fragment des Gilgamesch-Epos, Keilschrift, gefunden bei Ninive; Quelle: akg-images; rechts: Anu Zikkurat; Foto:blm-Film • S. 63 Links: Von der einstigen Metropole Uruk (heute Irak) blieben nur Schutthügel; Foto blm-Film; Mitte: Eanna-Zikkurat, Uruk; Foto: blm-Film; rechts: Lehmziegelmauer aus der Spätzeit Uruks, ca. 1. Jahrtausend vor Christus; Foto: blm-Film • S. 65 Links: Kopf einer Frau, um 3200 v. Chr., aus Uruk; Quelle: akg-images; rechts: Tontafel mit Keilschrift. Verzeichnis von Baum- und Straucharten, um 3000 v. Chr., gefunden in Uruk; Quelle: akg-images • S. 67 Links: Siegel mit Gilgamesch, links eine Weihinschrift; Quelle: akg-images; rechts: Rollsiegel mit Gilgamesch im Kampf mit Stieren und Löwen, um 2600 v. Chr., Uruk; Quelle: akg-images • S. 69 Gilgamesch im Kampf gegen wilde Tiere, achaemenidisches Rollsiegel; Quelle: ullstein bild, Berlin • S. 77 Noah und die Taube, aus: Kölner Bibel von 1478/80; Quelle: akg-images • S. 80 Brief des Priesterkönigs Johannes (Ausschnitt); Reproduktion: Florentina Stere • S. 82 Links: Gemälde von Francesco Bassano (Ausschnitt); Quelle: akg-images; rechts: Buchminiatur von 1188/89 in Robert de Saint-Remy, Geschichte des ersten Kreuzzuges, Rom, Bibliotheca Vaticana; Quelle: akg-images • S. 83 Links: Der Priesterkönig Johannes versprach, eine große Armee gegen die Muslime zu schicken (Ausschnitt aus seinem Brief) Rekonstruktion: Florentine Stere; rechts: Eroberung von Jerusalem im Jahre 1099, Holzstich von Jules Huyot; Quelle: akg-images • S. 85 Links: Otto von Freising auf einer Glasmalerei aus dem 13. Jahrhundert; Quelle: akg-images; Mitte: Albrecht Dürer Der ungläubige Thomas,

Holzschnitt um 1510; Quelle: akg-images; rechts: Die St. Thomas-Kathedrale in Madras/Indien; Quelle: ullstein bild • S. 88 Die Ebstorfer Weltkarte: Die Welt als Scheibe, im Zentrum Jerusalem (rechts ein Ausschnitt); Quelle: akg-images • S. 90 Links: Dschingis Chan, Begründer des mongolischen Weltreichs, Seidenmalerei um 1220; Quelle: akg-images; rechts: Die buddhistische Klosteranlage Erdene Zuu, Mongolei (Karakorum); Quelle: Mauritius images • S. 92 Links: Gregor X., Gemälde aus dem Vatikanischen Museum, Rom; rechts: Kathedrale von Lyon; Foto: Martin Papirowski • S. 93 Links: Kreuzfahrerburg Yehi'am (Israel), erbaut von den Tempelrittern um 1192; Quelle: akg-images; Mitte: Persische Buchmalerei aus dem 15. Jh.; Quelle: akg-images; rechts: Der dritte Kreuzzug (1889–1192), Richard Löwenherz vor Akko, Holzstich von Gustave Doré; Quelle: ullstein bild • S. 95 Links: Marco Polo überreicht dem Großkhan seine Geschenke, Miniatur aus dem 14. Jahrhundert; Quelle: Bildarchiv Preussischer Kulturbesitz; rechts: Sir John de Mandeville, Holzschnitt um 1845; Quelle: ullstein bild • S. 97 Links: Wolfram von Eschenbach aus dem Codex Manesse, um 1300; Quelle: ullstein bild; Mitte und links: Die Goldene Kammer mit Wanddekoration aus Gebeinen (Reliquiengefäßen) in St. Ursula, Köln; Quelle akg-images • S. 98 Weltkarte von Abraham Ortelius. Reproduktion: Florentina Stere • S. 99 Die Felsenkriche St, Georg (Bet Giyorgis) in Äthiopien; Quelle: ullstein bild • S. 100 Foto: Martin Papirowski • S. 101 Foto: Martin Papirowski; rechts: Die Weisen aus dem Morgenland, Hinterglasmalerei aus dem 19. Jahrhundert; Quelle: akg-images • S. 102 Links: Heinrich der Seefahrer, Holzstich um 1890; Quelle; rechts: Christoph Kolumbus, Gemälde von Sebastiano del Piombo (Ausschnitt); Quelle:akg-images • S. 103 Katalanischer Weltatlas mit exakt gezeichneten Küstenlinien u. Abbildungen historischer Persönlichkeiten; Reproduktion: Florentine Stere • S. 108 Lebensgroße Modelle philistäischer Krieger nach dem Vorbild des Reliefs im Tempel von Medinet Habu; Foto: Friedrich Klütsch • S. 110 Links: Rembrandt, David gegen Goliath, Kupferstich; Quelle: Bildarchiv Preussischer Kulturbesitz; rechts: Belagerungsgraben in Gat, der größten Philisterstadt in Palästina; Foto: Friedrich Klütsch • S. 111 Links: Foto: Friedrich Klütsch; rechts: Achilles Kampf gegen Hector, Kreidelithographie um 1832; Quelle akg-images • S. 112 Links: Porträt Dominique Vivant Denon; rechts ägyptische Landschaft mit Denon im Vordergrund; Quelle: ullstein bild • S. 113 Links und Mitte: Wandreliefs im Tempel Ramses III., Kämpfe und Gefangennahme feindlicher Seeleute (?); rechts Porträt von Jean-François Champollion; Quelle ullstein bild • S. 115 Links und Mitte: Ausgrabungen in Ugarit, Innenhof und Königspalast; Quelle: akg-images; rechts: Rekonstruktion der Sonnenfinsternis von 1192; Filmszene ZDF • S. 116/117 Links: Funde aus Ugarit: Bronzefigur des Gottes Horus, Schwert mit dem gravierten Namen Merneptha, Elfenbeinfigur Kniende mit Trommel; Quelle: akg-images • S. 117 Rechts: Ruinen des legendären Troja am Rand der Dardanellen; Foto: Friedrich Klütsch • S. 118 Links: Diskos von Phaistos mit Hieroglyphenschrift; Quelle: akg-images; Mitte: Text im Papyrus Harris: Ramses III. siedelt die Seevölker in Kanaan an; Foto: Friedrich Klütsch; rechts: Wandmalerei aus dem Grab es Amonherchopeschef, Theben; Quelle akg-images • S. 119 Aus dem Wrack der Uluburun: links: Straußeneier, Mitte: Figuren einer Schutzgöttin, die Seeleute als Talisman mit auf die Reise nahmen, rechts: Vase mit typischer Vogeldarstellung aus der mykenisch-minoischen Kultur; Fotos: Friedrich Klütsch • S. 120 Alle Fotos: Friedrich Klütsch • S. 121 Beide Fotos: Friedrich Klütsch • S. 122 Links: Aus der Uluburun: Schwerter mykenischer Offiziere, die das Schiff begleiten; Foto: Friedrich Klütsch; rechts: Der Palast von Knossos in einem Modell Maßstab 1 : 100; Quelle: akg-images • S. 123 Beide Fotos: Friedrich Klütsch • S. 130/131 Funde aus der Kultgrube von Yavneh; alle Fotos: Friedrich Klütsch • S. 133 Links: Rekonstruktion eines philistäischen Herdheiligtums, Mitte u. rechts: Tiermotive, rekonstruiert nach einem Fresko im Palast von Pylos; Fotos: Friedrich Klütsch • S. 136 Königin Amanitore, Relief im Löwentempel von Naga • S. 138 Nubier bringen König Tutanch-Amun Tiere als Tribut, Malerei im Grab des Rekhmere, Theben; Quelle: akg-images • S. 139 Links und Mitte: Bildnisköpfe Kleopatras und Kaiser Augustus; Quelle: akg-images; rechts: Nilinsel Philae mit dem prächtigen Isis-Tempel; Foto: Thomas Gutberlet • S. 140 Links: Holzskulpturen nubischer Soldaten aus dem Grab des Mesehti in Assiut; Mitte: Nilkatarakt südlich von Assuan; rechts Alexander der Große auf einem Gemälde von Charles Le Brun; Quelle: akg images • S. 143 Amun-Tempel von Naga; Fotos: Renate Beyer • S. 144 Links: Relief im Tempel von Naga: König Natakamani hält die Feinde am Schopf; Fotos: Thomas Gutberlet; Mitte: Porträtbüste Marcus Antonius, um 82 v. Chr; rechts: Isis, den Horusknaben stillend, ca. 600 v. Chr.; Quelle: akg-images • S. 145 Naga, bedeutender Kultort im Reich von Meroe; alle Fotos: Thomas Gutberlet • S. 147 Siegelringe, goldene Grabbeigaben aus Meroe und Gamai • S. 155 Fotos: Renate Beyer • S. 162 Kopf der ägyptischen Königin Hatschepsut, um 1490 v. Chr.; Quelle: akg-images • S. 164 Links und Mitte: Beschreibung der Weihrauch- und Myrrhepflanzen in arabischen Handschriften; Quelle: akg-images; rechts: Foto: Tamara Spitzing • S. 165 Fotos: Ägyptologisches Institut der Universität Tübingen • S. 166 Fotos: Ägyptologisches Institut der Universität Tübingen • S. 167 Foto: Tamara Spitzing • S. 168 Links: Der Tempel der Hatschepsut in Deir el-Bahari; Foto: Tamara Spitzing; rechts: Hatschepsut, dargestellt als männlicher Pharao mit Gott Amun, Relief von der roten Kapelle in Karnak; Quelle: akg-images • S. 169 Fotos: Tamara Spitzing • S. 170 Foto: Tamara Spitzing • S. 173 Expedition nach Punt, Relief im Tempel der Hatschepsut, Südhalle (Punthalle); Quelle: akg-images • S. 174 Links: Foto: Tamara Spitzing; rechts: Fürstin des Weihrauchlandes Punt, Kalkstein, um 1150 v. Chr.; Quelle: akg-images • S. 177 Links: Darstellung des ägyptischen Gottes Bes, Elfenbein, ca. 1. Jahrtausend v. Chr.; Quelle: akg-images; rechts: Foto: Ägyptologisches Institut der Universität Tübingen • S. 178 Fotos: Tamara Spitzing • S. 179 Fotos: Tamara Spitzing.